Buch

Es ist nie zu spät, die Leidenschaft neu zu entfachen und die Liebe zwischen Ihnen und Ihrem Partner wiederherzustellen. Hören Sie auf, auf den ewig gleichen Streitpunkten herumzureiten, finden Sie heraus, worüber Sie wirklich streiten, und starten Sie noch heute in eine glücklichere und stärkere Beziehung. Mit diesem Buch gibt die Paar- und Familientherapeutin Dr. Tara Fields Ihnen praxiserprobte und bewährte Werkzeuge an die Hand, die Ihnen helfen sollen, Ihre Beziehung zu stärken.

Autorin

Dr. Tara Fields ist Psychotherapeutin und betreibt seit über dreißig Jahren eine Praxis für Paar- und Familientherapie in der Nähe von San Francisco. Sie tritt regelmäßig als Gastexpertin im US-Fernsehen auf, z.B. in den Sendungen von Dr. Phil und Oprah Winfrey. Sie war außerdem Gastgeberin der enorm erfolgreichen Reality-Show »Fix My Family«.

Dr. Tara Fields

Love Repair

Wie Sie Ihre Beziehung
retten und sich
wieder ineinander verlieben

Aus dem Amerikanischen
von Regina Schneider

GOLDMANN

Alle Ratschläge in diesem Buch wurden vom Autor und vom Verlag sorgfältig erwogen und geprüft. Eine Garantie kann dennoch nicht übernommen werden. Eine Haftung des Autors beziehungsweise des Verlags und seiner Beauftragten für Personen-, Sach- und Vermögensschäden ist daher ausgeschlossen.

Der Verlag weist ausdrücklich darauf hin, dass im Text enthaltene externe Links vom Verlag nur bis zum Zeitpunkt der Buchveröffentlichung eingesehen werden konnten. Auf spätere Veränderungen hat der Verlag keinerlei Einfluss. Eine Haftung des Verlags für externe Links ist daher ausgeschlossen.

Verlagsgruppe Random House FSC® N001967

Dieses Buch ist auch als E-Book erhältlich.

1. Auflage
Deutsche Erstausgabe März 2017
Wilhelm Goldmann Verlag, München,
in der Verlagsgruppe Random House GmbH
Copyright © 2016 der deutschsprachigen Ausgabe
Wilhelm Goldmann Verlag, München,
in der Verlagsgruppe Random House GmbH,
Neumarkter Straße 28, 81673 München
Copyright © 2015 der Originalausgabe Tara Fields, PhD, LMFT.
Originaltitel: The Love Fix
Originalverlag: William Morrow, an imprint of HarperCollins Publishers, LLC, New York
Umschlag: Uno Werbeagentur, München
Umschlagmotiv: FinePic®, München
Redaktion: Birthe Katt
Satz: Buch-Werkstatt GmbH, Bad Aibling
Druck und Bindung: GGP Media GmbH, Pößneck
JT · Herstellung: kw
Printed in Germany
ISBN 978-3-442-17640-3
www.goldmann-verlag.de

Besuchen Sie den Goldmann Verlag im Netz

*In liebevoller Erinnerung an Jerry Fields,
der nie zu fragen vergaß: »Wie läuft's mit dem Buch?«
Dad, ich glaube, du wärst stolz auf mich.*

Inhalt

Vorwort 9

1. Wie konnte es so weit kommen? 31

2. Die Beziehung ändern –
   aber wie? 53

3. Die Elternfalle ∞
   Gleichwertige Partnerschaft 79

4. Komm her, geh weg ∞
   Harmonischer Gleichklang 133

5. Die Scham-Schuld-Spirale ∞
   Eigenverantwortung und Respekt 187

6. Test, Test, 1, 2, 3 ... ∞
   Tiefes Vertrauen 251

Inhalt

7. **Auseinanderleben ∞
 Zusammenwachsen** 289

8. **Gebrauchsanleitung für
 eine glückliche Partnerschaft** 333

 Nachwort 356
 Dank 361
 Quellen 365
 Register 366

Vorwort

»Ich bin es so leid, ignoriert zu werden. *Nie* hörst du mir zu.« Sara hielt das winzige Kissen fest vor ihrer Brust gepresst und ließ sich tiefer in das Sofa sinken.

»Ich habe keine Ahnung, wovon du redest, ich höre dir die ganze Zeit zu.«

»Ach? Gestern habe ich dir erzählt, dass deine Mutter angerufen und ihren Besuch angekündigt hat. Und du hast einfach nur dagesessen. Hast du mich überhaupt *gehört?*«

Sean sah sie irritiert und ratlos an. »Ich erinnere mich nicht daran.«

»Siehst du? Genau das meine ich, genau davon rede ich. Du hast einfach nur dagesessen und die Nachrichten geschaut. Es kommt mir vor, als würdest du dich mehr für die Nachrichten als für mich interessieren!«

»Das ist nicht wahr.«

Sara verschränkte die Arme fest vor ihrer Brust und funkelte ihren Ehemann zornig an. Ihre Körpersprache vermittelte Frust und Enttäuschung. »Okay, dann sag mir, wann wir uns das letzte Mal hingesetzt und richtig geredet haben«, sagte sie und schraubte die Tonlage ihrer Stimme einen Tick höher. »Wann haben wir das letzte Mal etwas zusammen gemacht, nur wir zwei? Ich kann mich nicht einmal mehr daran erinnern! Weil du immer beschäftigt bist, arbeitest oder Nachrichten schaust, während ich versuche, über wichtige Dinge mit dir zu reden.«

»O mein Gott. Nicht schon wieder die Platte.« Sean verdrehte die Augen, warf die Hände in die Luft und sah reflexartig auf die Uhr.

»Sehen Sie?« Sara zeigte mit einem Finger in Seans Richtung. »Genau so macht er es immer. Er macht zu. Ich meine, es ist doch offensichtlich, dass ihm alles egal ist. Ich bin ihm egal, unsere Ehe ist ihm egal, das ist doch offensichtlich.«

Und damit heftete Sean seinen Blick an das Fenster meines Büros und sah dem Regen zu, der sanft auf die Mammutbäume fiel, und dem dichten Nebel, der um den Fuß des Mount Tamalpais waberte.

Als diplomierte Paar- und Familientherapeutin mit mehr als 28 Jahren Erfahrung habe ich hunderte von Klienten beraten, und fast alle von ihnen kommen zu mir, weil sie frustriert oder todunglücklich sind, oder weil ihre Beziehung feststeckt. Wie Sara und Sean lieben sie sich, aber irgendetwas scheint zerbrochen. Sie haben das Gefühl, sich verändert zu haben, sich auseinandergelebt zu haben, oder dass einfach zu viel passiert ist. Sie wissen nicht, wie sie ihre Beziehung wieder kitten können, und haben Angst, dass der einzige Weg aus der Krise die Trennung bedeutet.

Klingt das vertraut?

Nun, da Sie zu diesem Buch gegriffen haben, lautet die gute Nachricht: Sie haben ganz offenbar den Wunsch, die Dinge zum Besseren zu wenden. Egal, mit welchen Problemen Sie gerade zu kämpfen haben oder wie viele davon Sie mit sich herumschleppen, Sie wissen, dass Ihre Beziehung noch eine Chance hat. Sie erinnern sich an die Liebe und die Leidenschaft, die Sie einmal geteilt haben, und Sie wünschen sich eine Chance, den Weg zurück zu finden zu der Person, die Sie einmal waren, und zu der Person, die Ihr Partner einmal war – und zu dem Paar, das Sie zusammen einmal waren, bevor alles schiefzulaufen begann.

Möglicherweise wissen Sie gar nicht, wo Sie anfangen sollen. Wenn Sie das Gefühl haben, den Tag verpasst zu haben, an dem das Handbuch der Liebe ausgegeben wurde, dann sind Sie nicht allein. Keiner von uns hat ein solches Handbuch in der Tasche, das erklärt, wie man kommuniziert und eine liebevolle Beziehung erschafft. Anstatt also nach gemeinsamen Regeln zu spielen, werden wir von den Mustern, die wir in unserer Kindheit und in früheren Beziehungen ausgebildet haben, geformt. Da mehr als 50 Prozent aller Ehen in einer Scheidung enden, gibt dieses Beziehungsmodell oft kein gutes Beispiel ab. Viel zu oft fühlen wir uns wütend oder missverstanden, verletzen einander, geben die Hoffnung auf und leben uns währenddessen immer weiter auseinander.

Bis Paare wie Sara und Sean mich dann um Rat aufsuchen, sind sie bereits derart in Konflikte verstrickt – fühlen sich jeder für sich verletzt und einsam –, dass sie sich auf gegenseitige Schuldzuweisungen verlegt haben. Ich werde oft gebeten, entweder direkt oder indirekt, mich auf eine Seite zu schlagen, zu bestätigen, dass der jeweils andere (Ehe-)Partner Schuld habe. (»Sehen Sie? Genau so macht er es immer. Er macht einfach dicht.«). Dabei kann sich die eine wie die andere Seite derart darauf versteifen, immer Recht haben zu wollen, dass die reflexhaften Reaktionen auf die Äußerungen des Partners einen liebevollen Umgang miteinander allmählich ersticken. Und irgendwann kommt es zu dem Punkt, da scheint es, als würde man ein wesentliches Stück von sich selbst verlieren, wenn man den Kampf verliert, sprich in einem Streit den Kürzeren zieht. Und das wiederum kann man keinesfalls zulassen. Man verliert alle Maßstäbe und mithin die Fähigkeit zu erkennen, dass man gerade aktiv dabei ist, die Chance auf eine friedliche Einigung und damit einen »Sieg für beide« zu verspielen.

Und genau hier komme ich ins Spiel. Zu meinem Job als Familientherapeutin gehört es, Paare mit klaren Augen zu sehen – und sie an Folgendes zu erinnern: Egal, wie schlimm die Dinge stehen mögen, es gibt immer einen Weg, sie zum Besseren zu wenden. Woher ich das weiß? Weil in allen Beziehungen eine einfache Wahrheit steckt, die die meisten von uns nicht sehen: Es sind nicht der Streit, der Groll, das eisige Desinteresse oder die Tatsache, dass »er nie zuhört«, die die Partnerschaft zerstören. Mit anderen Worten, es geht nicht um den Inhalt des Streits. Vielmehr um die Muster, in die Sie verfallen, wenn Sie streiten. Sie können eine Beziehung auseinanderreißen. Klienten kommen zu mir und sagen: »Tara, ich kapiere es nicht. Ich habe noch nie jemanden so geliebt, und ich habe noch nie mit jemandem so gestritten. Bin ich mit der falschen Person zusammen? Sollten wir uns trennen? Ticke ich nicht richtig? Habe ich einen Fehler gemacht?«

Nein! Sie sind nicht verrückt, und es bedeutet auch nicht, dass Sie in Sachen Partner die falsche Wahl getroffen haben. In den meisten Fällen bedeutet es, dass Sie eine gute Wahl getroffen haben. In dem Buch *Ein Kurs in Wundern* von Helen Schucman, herausgegeben von der Foundation for Inner Piece (FIP) gibt es eine Zeile, die besagt, dass die Liebe zu ihrer Heilung alles hervorbringe, was ihr selbst unähnlich sei. Die Liebe bringt also alles zum Vorschein, was Sie verborgen hielten: nicht aufgearbeitete Wunden, Traumata und Ängste. Vielleicht fühlen Sie sich gerade in dieser Liebe sicher genug, verletzlich genug, um diese alten Gefühle und Erfahrungen wieder zum Vorschein kommen zu lassen. Indem Sie es zulassen, dass die Liebe den Deckel der Büchse der Pandora hebt, setzen Sie Ihren persönlichen Dämonen frei – und einmal von ihm befreit, können sie geheilt werden.

Und das geschieht: Sie stecken sich Ringe an, ziehen zusammen, Sie vereinen Ihre Herzen – Sie werden Teil der Welt eines anderen, und dieser andere wird Teil Ihrer Welt –, und dann fangen die Konflikte an. Vielleicht waren sie schon die ganze Zeit vorher da, und Sie dachten, sie würden sich mit diesem nächsten Schritt der Bindung in Wohlgefallen auflösen. Wie dem auch sei, wenn ein Konflikt anfängt oder wächst, machen viele den Fehler zu glauben, es läge daran, dass sie mit der falschen Person zusammen sind. Sie sagen: »Hey, wenn ich mit der *richtigen* Person zusammen wäre, würden wir nicht streiten, oder?«

Die wichtige Wahrheit aber ist die, dass die Liebe nie immer nur Sonnenschein und rosarot ist. Wenn Sie die Person finden, die Sie lieben, und diese Person Sie ebenfalls liebt, so wird diese Liebe die Schutzmauern, die Sie um sich herum aufgebaut haben, durchdringen, und sie wird an den Kern so vieler Dinge kommen, an denen Sie nie zuvor gerührt haben. Und dass Sie sich nun streiten, mag genau daran liegen, dass Sie die richtige Person dafür gefunden haben – nun, da Ihr Herz geöffnet ist. Und da ist er, dieser Moment, in dem Sie sich mit sich selbst konfrontiert sehen, in einer Weise wie nie zuvor; doch nun haben Sie durch diese Beziehung die Chance, all die unverarbeiteten Themen und Ängste aus Ihrer Vergangenheit emporsprudeln zu lassen, sie ganz authentisch anzugehen und zu heilen. Sie haben es in der Hand: Wenn Sie es schaffen, Ihre Beziehung durch einen Streit neu auszurichten, können Sie den Weg zurück zur Leidenschaft wiederfinden und das Staunen über das Wunder der Liebe neu entdecken. Darüber hinaus können Sie sich in der sicheren Geborgenheit einer Beziehung auch getrost in die ausgestreckten Arme Ihres Partners zurückfallen lassen, um mehr über sich *selbst* zu erfahren. Die Frage ist: Schaffen Sie es, den Streit als Chance zu begreifen, und zwar nicht nur, um die Beziehung mit Ihrer/m Liebste/n zu kitten und zu stärken, sondern auch, um Ihre eigenen Wunden zu heilen?

Ich erlebe es tagtäglich, dass Paare ihren Frieden finden, einander wieder näherkommen, ihre Beziehung retten, einfach nur, indem sie verstehen, wie sie ihre Probleme angehen müssen, und einfache Änderungen in ihrem Kommunikationsverhalten vornehmen. Sie wären erstaunt, wie viele Beziehungen funktionieren würden, wie viele Familien zusammenbleiben würden und wie viele Menschen eine glückliche und erfüllte Beziehung hätten, wenn jeder es schaffen könnte, sich in einem Streit nur ein wenig zurückzunehmen. Wenn Sie just in diesem Moment, da Sie diese Zeilen lesen, mit Ihrem Partner zerstritten sind oder Ihre Beziehung in einer Sackgasse steckt, dann haben Sie hier und jetzt eine der wohl größten Chancen Ihres Lebens, eine neue, tiefe Verbindung sowohl mit Ihrem Partner als auch mit sich selbst einzugehen. In diesem Buch erläutere ich die fünf typischen Streitmuster, denen Paare in einer Beziehung anheimfallen, zeige Ihnen anhand von exemplarischen Fällen, wie Sie diese Konfliktschleifen durchbrechen können, und gebe Ihnen Werkzeuge an die Hand, die Ihnen helfen, eine stabile, langwährende Beziehung aufzubauen. Und so ist dieses Buch, wie ich hoffe, ein praktischer Ratgeber, der Ihnen Mut machen soll, sich Wege in eine wunderschöne, glückliche und erfüllte Beziehung zu erschließen und alles in Ihren Kräften Stehende dafür zu tun. Sie haben es in der Hand!

Die fünf Konfliktschleifen und die fünf Liebeskreise

Kreise sind ein traditionelles Symbol für die Einheit, die Eintracht und die Verbundenheit aller Dinge. Die runde Form des Eherings, zum Beispiel, symbolisiert ein ewiges Band zwischen den Ehepartnern, ein immerwährendes Bekenntnis. In der keltischen Kultur stellen Kreise Schutzgrenzen dar, die Feinde und Unheil abwehren sollen. Wir stellen uns das Leben als einen sich schließenden Kreis vor, angefangen bei den regelmäßig wiederkehrenden Verrichtungen des täglichen Lebens bis hin zu dem sehr viel größeren Kreis von der Geburt bis zum Tod.

Wenn es um Beziehungen geht, stelle ich mir gerne vor, dass Paare sich in einem Kreis der Liebe vereinigen. In gesunden Beziehungen findet sich ein gewisses Maß an Auf und Ab, an Geben und Nehmen. Sie geben Ihrem Partner Liebe, und Ihre Liebe wird erwidert. Sie stecken Energie in Ihre Beziehung hinein und bekommen dafür Energie zurück.

Doch Kreise symbolisieren nicht nur Eintracht und Zusammenschluss; sie symbolisieren auch Vergeblichkeit. Man denke nur an einen Hund, der seine eigene Rute jagt, oder an Filmfiguren, die sich im Wald verirren und immer rein zufällig wieder an ihren Ausgangspunkt zurückzukommen scheinen. Man kann in einem Kreis also nicht nur geborgen und behütet sein, sondern man kann auch darin *festhängen*. Und so können immer wiederkehrende Streitereien Ihren Liebeskreis in eine Konfliktschleife verwandeln.

Nehmen wir Sara und Sean. Sara war frustriert darüber, dass Sean ihr nie zuhört. Und Sean war es leid, ständig von Sara angegriffen zu werden. Die beiden waren drauf und dran, das Handtuch zu werfen – nicht, weil sie sich nicht mehr liebten, sondern weil sie sich auf der Negativspirale schon so lange nach unten bewegten, dass sie sich gar nicht mehr vorstellen konnten, den Weg zurück in die liebevolle Beziehung zu finden, die sie anfangs einmal führten. Er schleppte einen ganzen Wust alter Wunden aus seiner Jugend mit sich herum, vor denen er immer wieder davonlief. Sie wiederum versuchte, ihn eng an sich zu ziehen und festzuhalten. Und er stieß sie zurück, was sie wiederum empfindlich traf. Als Sara und Sean zu mir kamen, steckten sie fest in einer Konfliktschleife, die ich als »Komm her, geh weg« bezeichne – ein Beziehungsmuster, das aus der schleichenden Progression von Gleichgültigkeit, bewusster Ignoranz und Selbstgefälligkeit erwächst.

Doch für jede düstere Konfliktschleife gibt es ein Licht namens Liebeskreis – einen Weg, den Konflikt in einsichtsvolles Verständnis umzuwandeln. Das Gegenstück zur Konfliktschleife »Komm her, geh weg« ist der Liebeskreis des harmonischen Gleichklangs. Wie viele Paare kennen Sie, die ähnlich extrem sind wie Sara und Sean? Wie viele Paare stecken Ihrer Meinung nach in Konflikten fest, die unter der Oberfläche brodeln, diese aber nie wirklich durchbrechen? Paare können Monate, Jahre oder Jahrzehnte oder gar ihr ganzes Leben lang in ständigen Konflikten leben, ohne sich je die Pflaster abzureißen, um diesen oder jenen Konflikt ans Tageslicht zu befördern. Aber wenn Sie lernen, einen Konflikt zu erkennen, können Sie ihn bearbeiten. Gut möglich, dass es Ihnen anfangs scheint, als würden Sie in den Höllenabgrund starren, aber genau am Rand des Abgrunds liegt auch die Chance, die Beziehung zu erschaffen, die Sie sich schon immer gewünscht haben.

Alles in allem gibt es fünf Konfliktschleifen, die mit fünf Liebeskreisen einhergehen:

- Elternfalle ⟷ Gleichwertige Partnerschaft
- Komm her, geh weg ⟷ Harmonischer Gleichklang
- Die Scham-Schuld-Spirale ⟷ Eigenverantwortung und Respekt
- Test, Test, 1, 2, 3 ⟷ Tiefes Vertrauen
- Auseinanderleben ⟷ Zusammenwachsen

Springen Sie gerade auf und ab wie ein Kind, das in der Schule den Arm in die Luft reckt und ruft: »Das bin ich!« Manchmal reicht es schon, wenn Sie Ihren Namen hören. Manchmal sind diese Muster aber auch sehr viel schwieriger auszumachen, insbesondere, wenn Sie versuchen, eine Konfliktschleife aus der Innenperspektive einer Beziehung zu erkennen. In diesem Fall müssten Sie vielleicht zuerst alle Geschichten, Beschreibungen, Tests und Übungen in diesem Buch durchlesen, ehe Sie sich selbst finden. Und es gibt eine Vielzahl von Gründen, warum wir in diese oder jene Muster verfallen. Sie haben vielleicht das Gefühl, Teile von sich, die Sie nicht für liebenswert halten, verstecken zu müssen; oder Ihr Partner entwickelt sich in Richtungen, die Sie nicht verstehen können oder in die Sie nicht mitgehen wollen; oder es gibt einen scheinbar so abgrundtiefen Vertrauensbruch, dass Sie keinen Weg sehen, ihn zu überbrücken und wieder zueinanderzufinden. Manche Paare erkennen vielleicht sogar mehr als nur ein Verhaltensmuster, das jeweils auf die Beziehung einwirkt. Doch ganz egal, mit welcher Konfliktschleife Sie sich am meisten identifizieren – hat sie erst einmal begonnen, verstärkt und verfestigt sie sich, und es wird immer schwieriger, sie zu durchbrechen. Ohne ein Eingreifen wird dieser toxische Kreis, dieser Teufelskreis, nur schlimmer werden.

Und es gibt noch etwas, was diesen Schleifen gemein ist: Konfliktschleifen entstehen aus einem tiefen Wunsch heraus, geliebt und verstanden zu werden. Die Person, die Sie in einem fort angreift, fragt vielleicht: »Liebst du mich überhaupt noch? Bin ich dir überhaupt noch wichtig? Wie lange machst du das noch mit, bevor du mich verlässt, wie alle anderen vor dir auch?« Indem Sie verstehen, was Ihr Partner braucht – auch wenn er selbst nicht weiß, was mit ihm los ist, was er von Ihnen will, wie er sich Ihnen begreiflich machen soll und was Sie in diesen schwierigen und hoffnungslos scheinenden Zeiten brauchen –, können Sie einen Konflikt in Kommunikation, Verständnis, Akzeptanz, Leidenschaft und Mitgefühl umwandeln.

Ich möchte, dass Sie auf den Verlauf Ihrer Beziehung zurückblicken. Gab es einmal eine Zeit, in der Sie beide leidenschaftlich ineinander verliebt waren, sich als gleichwertige Partner behandelt haben, sowohl Liebende als auch treue Freunde waren? Wenn Sie diese Liebe einst gehabt haben, wenn Sie diese Leidenschaft einst gelebt haben, dann verspreche ich Ihnen, dass Sie all das zurückbekommen können. Das bedeutet Arbeit. Um die Muster, die im Spiel sind, zu erfassen, anzuerkennen und anzugehen, muss man Ängste ergründen sowie Unsicherheiten, alte Wunden und unrealistische Erwartungen durchleuchten, durch die diese Muster überhaupt erst entstanden sind.

Es gibt in einer Beziehung zwei Arten von Kreisen – der eine erzeugt Vergeblichkeit und Frustration, der andere hingegen Leben, Liebe und einen sicheren Raum. Mit den Anleitungen in diesem Buch und intensiver Beziehungsarbeit können Sie die Konfliktschleifen in Liebeskreise umwandeln.

Beziehungskiller Nummer eins

Entgegen der weitläufigen Meinung gehen bissige Bemerkungen, kalte Gleichgültigkeit, blinder Zorn und beleidigende Verhaltensweisen nicht aus einem Gefühl der tiefsten Verachtung hervor. Egal, wie kontraproduktiv sie sein mögen, diese Verhaltensweisen sind »Schutzmechanismen«, Mittel und Wege, um weitere unbehagliche Emotionen wie Angst, Schmerz oder Scham zu vermeiden.

Sean und Sara waren sich dessen zwar nicht bewusst, dennoch verhielt sich Sean in einer Weise, mit der er sich sicher wähnte; und Sara verhielt sich in einer Weise, mit der sie sich sicher wähnte. Vielleicht haben die beiden diese Verhaltensweisen im Laufe ihrer Beziehung erlernt, oder diese Form des Umgangs miteinander hatte sich bereits vor langer Zeit ausgebildet. Vielleicht hatte Sean als Kind gelernt, dass Abwarten und Aussitzen die besten Methoden waren, um sich vor dem Seelenleid zu schützen, das durch den Zwist seiner Eltern sowie durch Belehrungen, Maßregelungen und emotionale Angriffe verursacht wurde. Nun, da er erwachsen ist, mag diese Verhaltensweise bockig, abweisend und respektlos erscheinen, doch wenn Sie näher betrachten, warum er sich verhält, wie er sich verhält, werden Sie möglicherweise sehen, dass der »gute Grund« dafür in der Vergangenheit vergraben liegt – in der Kindheit, als er lernte, sich zu distanzieren, um sich vor Kummer und Schmerz zu schützen.

Und Sara, die ständig das Gefühl der Sicherheit braucht? Welchen »guten Grund« könnte sie haben? Vielleicht wuchs sie mit einem Vater auf, der nicht greifbar war und sich irgendwann komplett davongemacht hat, während Saras Mutter den Kopf in den Sand steckte. Vielleicht hatte Sara sich damals geschworen, dass ihr so etwas nie wieder passieren würde. Oder sie hatte es sich in ihrer letzten Beziehung recht bequem eingerichtet und bereute es nun, nicht mehr dafür getan zu haben. Und statt ihre Ängste mit Sean zu teilen, zog sie ihn immer enger an sich. Im Fall Sean und Sara lässt sich sehr gut erkennen, wie sich eine

Konfliktschleife bildet: Die Verhaltensweisen der beiden Einzelpersonen sind so gegeneinander ausgerichtet, dass zwangsläufig ein Konflikt entsteht. Sara hatte ein emotionales Bedürfnis, das Sean nicht erfüllte – und vielleicht nicht erfüllen konnte –, und er hatte ein Bedürfnis, das *sie* nicht erfüllen konnte. Beide verhielten sich in einer Weise, die beim jeweils anderen an tiefsten Ängsten rührte. Es gilt also herauszufinden – und dazu werden Sie im Laufe der Lektüre dieses Buches noch ausreichend Gelegenheit bekommen –, ob diese Verhaltensmuster letztlich dazu führen, das zu bekommen, was man bekommen will. Dummerweise bringen die jeweiligen Konfliktreaktionen, mit denen man sich vermeintlich auf der sicheren Seite wähnt, am Ende genau die Dinge hervor, vor denen man sich schützen wollte. So war es bei Sean und Sara, und so war es bei all den vielen anderen Paaren, die ich im Laufe der Jahre kennengelernt und begleitet habe. Seans Distanzierung führte dazu, dass Sara noch mehr Nähe einforderte; und Saras ständige Belehrungen führten dazu, dass Sean sich nur noch weiter zurückzog.

Wenn Sie andauernd über die ewig gleichen Dinge in Streit geraten, sollten Sie dies als Zeichen nehmen, dass irgendetwas in Ihrer Beziehung rumort. Betrachten Sie es als ein Indiz dafür, dass es *in Ihrem Streit gar nicht um die Sache oder die Situation an sich geht*. (Das werden Sie mich in diesem Buch noch öfter sagen hören.) Reaktive Verhaltensweisen – verletzende Bemerkungen, die direkt ins Herz treffen, Anschuldigungen, der Hang, sich zurückzuziehen oder nachzugeben – mögen als Schutzmechanismus in Kindertagen oder in früheren Beziehungen funktioniert haben. Aber jetzt nicht mehr, wie Sie im Laufe der Lektüre erfahren werden.

Als Erwachsener haben Sie die Wahl. Sie müssen dem angstvollen Kind, das in Ihnen wohnt, nicht hörig sein. Jetzt sind Sie bereit, neue Wege auszuprobieren. Jetzt ist es Zeit, sich zu fragen, worum Sie wirklich streiten. Was verlangen Sie von Ihrem Partner, das er nicht willens ist zu geben? Und was steht auf der anderen Seite des Streits? Was bekommt Ihr Partner nicht, das er braucht, um sich gehört, verstanden, respektiert, geliebt oder erfüllt zu fühlen? Sie müssen verstehen lernen, dass in einer Konfliktschleife beide Partner mitwirken. Überlegen Sie doch mal: Eine Komm-her-geh-weg-Konfliktschleife kann sich nur dann erhalten, wenn der eine »Komm her« und der andere »Geh weg« fordert.

Im Eifer des Gefechts jedoch will keiner der Beteiligten die Verantwortung für den eigenen Anteil am Konflikt übernehmen. Keiner hört auf und sagt: »Warte, lass mich kurz einen Schritt zurückgehen, meinen Standpunkt überprüfen und die Verantwortung für meinen eigenen Anteil übernehmen.« Verantwortung anzunehmen ist schwierig, Verantwortung zu meiden ist üblich. Doch es kann zu einem großen Problem werden, wenn Paare sich gebärden wie knurrende Hunde mit einem Knochen im Maul und geradezu tollwütig darauf beharren, dass ihre Beziehungsprobleme – einzig und allein – die Schuld des jeweils anderen sind. »Er hört nicht zu.« – »Sie klammert und ist immer so fordernd. Es ist alles ihre Schuld.« – »Er ist an allem schuld.« Den eigenen Anteil an einem Konflikt herauszufinden ist ein wichtiger Teil des Prozesses.

Auszeit vom »Ich-Land« nehmen!

Um die notwendigen Veränderungen herbeizuführen, die Ihnen helfen werden, Ihren Weg zurück zueinanderzufinden, ist es wichtig, dass Sie sich über Ihre Rolle und die Rolle Ihres Partners in Ihrer Beziehung im Klaren sind. Wenn Sie Ihre Beziehung retten wollen, müssen Sie bereit sein, dafür zu arbeiten. Ihre Verhaltensweisen stehen in einem direkten Zusammenhang mit denen Ihres Partners. Indem Sie Ihre Energien in eine andere Richtung lenken, steigen Sie aus dem Streitkreislauf aus und haben so die Macht, diesen komplett zu verändern.

Wer von Ihnen beiden hat dieses Buch erworben? Sie? Haben Sie Angst, dass Ihrem Partner nicht daran gelegen ist, Ihre Beziehung neu und besser zu machen? Lassen Sie Ihre Angst los! Nur, wenn Sie Mut zur eigenen Verletzlichkeit haben, werden Sie auf Ihrem Weg vorankommen. Das bedeutet, dass Sie Ihre eigenen Bedürfnisse zeitweilig beiseitestellen und sich aus Ihrer Wohlfühlzone, aus Ihrem Ich-Land, wie ich es nenne, herausbewegen müssen. Im Ich-Land heißt es nämlich: »Hier dreht sich alles um mich«. Sie leben dort in Ihrem eigenen Kreis, in dem Sie alles »Gute« für sich horten, und alles Fordernde, sprich das »Schlechte«, an sich abprallen lassen.

Wer sich im Ich-Land befindet,
- schreit seinen Partner an,
- macht ihm Vorwürfe,
- stellt ihn bloß,
- beschuldigt ihn,
- bestimmt, was richtig und was falsch ist,
- mauert, macht dicht,
- bleibt stur,
- ist selbstgefällig,
- ist reaktiv.

Wer sich nicht im Ich-Land befindet,
- hält auch mal inne,
- atmet tief durch und überlegt, wie er reagieren soll,
- ist sanft und offen,
- ist neugierig,
- fragt sich, wie eine liebevolle Reaktion aussehen könnte,
- pocht nicht darauf, dass es nur die »eine« richtige Lösung gibt,
- übernimmt Verantwortung,
- sieht im Konflikt eine Chance.

Erkennen Sie Aspekte des Ich-Landes in der Beschreibung von Sean und Sara? Entdecken Sie einige dieser Punkte in Ihrer eigenen Beziehung? Während wir diese Reise gemeinsam machen, behalten Sie bitte im Hinterkopf, dass die Geschichten, die ich hier beispielhaft illustriere, zwar aus dem wirklichen Leben gegriffen sind, aber sich nicht ausschließlich auf eine bestimmte Person oder ein bestimmtes Paar beziehen. Ich wähle diese Geschichten aus, weil ich die darin enthaltenen Konflikte häufig erlebt und genau denselben Wortlaut von sehr vielen verschiedenen Einzelpersonen und Paaren im Verlauf der Jahre immer wieder gehört habe. Die Szenarien sind real, Namen und Berufe sowie andere Details habe ich verändert.

Beim Lesen denken Sie vielleicht: *Genau so bin ich!* Oder: *Genau so sind wir!* Oder: *Genau das tut mein Mann/meine Frau immer!* Wenn Sie sich selbst in diesen Geschichten wiedererkennen, werden Sie feststellen, dass Sie mit Ihren Problemen nicht allein sind. Und wenn die Neugestaltung Ihrer Beziehung nicht ganz so schnell gelingt wie bei den Paaren in den Beispielgeschichten, dann sind Sie auch damit in bester Gesellschaft. Ich wünschte, es wäre genauso leicht, eine Beziehung zu heilen, wie eben schnell ein paar aufschlussreiche Betrachtungen anzustellen und ein paar Verhaltensänderungen zu empfehlen. Im wirklichen Leben und in Echtzeitgeschwindigkeit jedoch braucht es viel Zeit und Geduld, Einlassung und Mut, um die Konfliktschleifen (von denen meist mehr als eine am Werk ist) zu identifizieren, das typische Streitmuster allmählich zu verändern, die Veränderungen über einen langen Zeitraum beizubehalten und die notwendige Beziehungsarbeit zu leisten, um Ihren Liebeskreis zu finden oder wiederherzustellen.

Aber ich verspreche Ihnen, dass Sie mit einem starken und engagierten Willen zur Veränderung die Leidenschaft und enge Verbundenheit, die Sie einmal hatten, wiederherstellen, erneuern und neu entfachen können. Wenn Sie es schaffen, eine Auszeit vom Ich-Land zu nehmen, wird sich die gesamte Dynamik Ihrer Beziehung zu verändern beginnen, Schritt für Schritt. Die erste große Frage lautet daher …

Gehen oder bleiben?

Dies ist eine der ersten Fragen, die ich den Paaren, die gemeinsam zu mir in die Paartherapie kommen, stelle: »Gehen oder bleiben?« Gewiss, auf diese Weise stelle ich sicher, ob sich beide Partner auf diesen Prozess der Neuentdeckung und Veränderung überhaupt einlassen wollen und es ernst damit meinen. Außerdem schafft diese Fragestellung ein visuelles Ziel. Wollen Sie eintreten in einen Liebeskreis, oder haben Sie sich eingeschworen auf die Konfliktschleife, die zur toxischen Gewohnheit geworden ist?

Auch für Sie beginnt der erste Schritt mit dieser Frage: *Gehen oder Bleiben?* Fürs Erste reicht es, wenn Sie den Neubeginn *wollen*, auch wenn Sie noch nicht so recht wissen, wie das funktionieren soll. Schließlich fallen Sie nicht über Nacht in diese Konfliktschleifen hinein. Unser eigenes Verhalten in einem Streit- oder Konfliktmuster zu ändern ist schwierig genug. Und erst recht, wenn eine zweite Person miteinbezogen wird, denn das verlangt die doppelte Arbeit. Sind Sie bereit und gewillt, Zeit und Mühe zu investieren, um in einen Liebeskreis einzutreten?

Love Repair gibt Ihnen die Werkzeuge an die Hand, die Sie brauchen, um Ihrer Beziehung eine neue Wende zu geben – es sind die gleichen Werkzeuge, mit denen ich bereits unzähligen Paaren in meiner Praxis geholfen habe. Sie finden eine Kombination aus Übungen (z. B. die »Quick Tipps«, wie ich sie nenne) und Ratschlägen, die Sie umgehend umsetzen können, um destruktive Streitmuster zu durchbrechen. Mit der sogenannten HEARTwork-Übung dringen wir tiefer vor, um die Verletzungen, Schmerzen und Ängste, die hinter den Verhaltensmustern verborgen liegen, aufzuspüren.

Ich habe viele Paare erlebt, deren Beziehung mit dem Gebrauch dieser Werkzeuge wieder überaus innig, erfüllt und leidenschaftlich erblühte, trotz der Tatsache, dass sie sich jahrelang zermürbt haben. Ich habe Paare erlebt, die kurz vor der Scheidung noch abgesprungen sind, um eine neue, gemeinsame Liebe zu erleben, die noch stärker und intensiver wurde als die, die sie anfangs einmal hatten. Alles das kann passieren, das garantiere ich Ihnen.

Wunder können geschehen, auch wenn Ihr Partner sich an diesem Prozess nicht beteiligt. Ganz gleich, ob Sie frisch verliebt sind, Silberhochzeit feiern oder zuversichtlicher Single sind – indem Sie lernen, auch die Sehnsüchte und Wünsche Ihres Partners zu erkennen, zu deuten und nachzufühlen, können Sie Problemmuster ab- und umwenden, um ein dauerhaft starkes Band der Liebe wiederzuerschaffen und zu erhalten.

1.
Wie konnte es so weit kommen?

Vor nicht allzu langer Zeit war ich mit einer alten Freundin von mir zum Mittagessen verabredet. Ich traf am verabredeten Restaurant zuerst ein und wählte einen Tisch draußen im Garten. Es war ein herrlicher Tag – sonnig, wolkenloser Himmel, leichte Brise –, und der Garten war proppenvoll mit Menschen, die den legendären Indian Summer in der San Francisco Bay Area genossen. Am Tisch neben mir saß ein Händchen haltendes Pärchen Ende 20, und ich sah die Eheringe in der Sonne funkeln.

Ich erinnere mich, wie sanft und liebevoll sie miteinander waren, wie zärtlich sie einander in die Augen sahen und wie sie zusammen lachten. Ist das nicht wunderbar?, dachte ich bei mir und schwelgte in diesem stillen Moment, während ich auf meine Freundin wartete. Dann hörte ich das typische »Pling« eines iPhones – mein Tischnachbar bekam eine SMS.

»Sieht aus, als würden die Jungs die Fahrradtour von

Samstag auf Sonntag verschieben«, sagte der Mann, der seine freie Hand am Handy hatte.

Seine Frau wich prompt zurück. »Du sagst hoffentlich nicht zu.«

»Na ja …«, erwiderte er, während er bereits dabei war, eine Antwort zu tippen. »Ist unsere Wochenend-Radtour.«

»Gut, aber Sonntag ist unser Familientag. Und wir wollten auf den Bauernmarkt? Dim Sum probieren?«

»Oh, entspann dich, ist ja nur dieses eine Mal.«

Ich konnte förmlich zusehen, wie seine Frau immer angespannter wurde. »Aber, Schatz, wir hatten das fest vor!«

»Es ist doch nur dieses eine Mal«, sagte er wieder und verlieh seiner Stimme einen übertrieben nachdrücklichen Tonfall. »Ich weiß gar nicht, warum du immer gleich so ein Fass aufmachen musst.«

Und schon ging es hin und her, der Streit schaukelte sich rasch auf, und es war herzzerreißend. Eben noch hielten sie Händchen, und von einer Minute zur nächsten gerieten sie in einen erbitterten Streit über so etwas Banales wie die Wochenendplanung.

Alle Paare streiten. Aber wie kann es sein, dass manche Paare an einen Punkt gelangen, von dem aus es scheinbar kein Zurück mehr gibt? Wie gelangen sie von der Euphorie des ersten Kusses, vom alles überwältigenden Hochgefühl, den Traummann oder die Traumfrau gefunden zu haben, vom Glück einer gemeinsamen Zukunftsplanung, an den Punkt, an dem sie sich fragen, was um alles in der Welt sie in ihrem Partner einmal gesehen haben?

Die Sache ist die: In einer Beziehung streiten Sie sich fast nie über genau das, worüber Sie sich gerade streiten. Ob es Ihnen bewusst ist oder nicht, Sie streiten über etwas, dass am vergangenen Abend oder vor einem Jahr passiert ist, oder ja, es kann sogar sein, dass Sie alte Kamellen aus früheren Beziehungen wiederkäuen oder dass Sie Beziehungskämpfe wiederholen, wie Sie sie aus der Familie kennen, in der Sie aufgewachsen sind. Sie *denken* vielleicht, dass Sie über eine Radtour, ein Abendessen, Urlaubspläne oder finanzielle Ausgaben streiten, und Sie *denken* vielleicht, dass Sie viele verschiedene Ansichten über viele verschiedene Dinge haben. Sehr viel wahrscheinlicher aber ist, dass Sie den gleichen Streit immer und immer wieder führen, ein Streit, der viele verschiedene Facetten hat und der genau das widerspiegelt, was Ihnen an jedem beliebigen Tag den größten Verdruss zu bereiten scheint.

Immer wieder der gleiche Streit

Wenn ein Paar zu mir in die Praxis kommt, dann weiß ich meist, dass es nur eine Frage der Zeit ist: Sobald jeder der beiden in einer neutralen und kontrollierten Umgebung zu Wort kommen und darlegen konnte, worüber sie immer wieder streiten, kommen langsam die Ängste, die hinter diesen toxischen Wutausbrüchen stecken, zum Vorschein. »Es einfach wegzustecken« funktioniert deshalb nicht. Und genau deshalb streitet man sich auch immer und immer wieder wegen der gleichen Dinge. Nicht nur über dreckiges Geschirr im Spülbecken oder Wochenendpläne, sondern auch über Fragen wie: »Liebst du mich überhaupt noch?« – »Hörst du mir überhaupt zu?« – »Bin ich dir noch wichtig?« – »Werden wir irgendwann mal wieder Sex haben?«

Sie beide, Sie und Ihr Partner, bringen nicht nur Ihre jeweils eigenen unbewussten Reaktions- und Verhaltensmuster in die Beziehung mit ein, vielmehr bildet auch das Rohmaterial, das Ihnen jeweils zur Verfügung steht, eigene und neue Beziehungsmuster aus. Je mehr Sie mit reaktiven Mustern und eigenen Plänen auf Ihre Beziehung einwirken, desto stärker wirbelt es sie derart durcheinander, dass jede Menge Konfliktschleifen entstehen. Und je länger diese Konfliktschleifen bestehen bleiben, desto schwieriger wird es, sich davon zu lösen.

Nur, indem Sie die tieferen Wurzeln Ihres Beziehungsverhaltens gründlich erforschen, können Sie erkennen, worüber Sie wirklich streiten, und zum ursprünglichen Konflikt vordringen. Nur, indem Sie diesen Konflikt von seinem Schattendasein ans Licht holen, indem Sie ihn an der Wurzel packen und ausreißen, können Sie bewirken, dass er nicht immer wieder neu erwächst – als ein neuer

Streit im neuen Tarnkleid. Stritt das Pärchen an meinem Nebentisch *wirklich* über eine Radtour? Wohl kaum. Aber wenn nicht über eine Radtour, worüber dann? Worüber streiten Sie *wirklich* in Ihrer aktuellen Beziehung?

Die sechs häufigsten Gründe für Beziehungsstreit

In jeder Konfliktschleife, die in den folgenden Kapiteln erörtert wird, liegt der Schlüssel darin, das tiefer liegende Problem zu ergründen, um von der Konfliktschleife in den Liebeskreis gelangen zu können. Doch es gibt auch häufige Gründe für einen Beziehungsstreit, die nicht auf eine Konfliktschleife beschränkt sind. Diese Ursachen zu erkennen und sie zu verstehen wird Ihnen helfen, sich Ihrer Verhaltensmuster bewusst zu werden. Ein kleiner Vorausblick an dieser Stelle lohnt daher durchaus.

»Da hast du meinen wunden Punkt getroffen!«

Waren Sie als Kind der Liebling oder das schwarze Schaf der Familie? Wurden Sie für Ihre Leistungen belohnt oder für Ihre Misserfolge bestraft? Wurden Sie gedrängt, einem naturwissenschaftlichen Verein beizutreten oder Tennis zu spielen – so wie Ihr Vater –, obwohl das überhaupt nicht Ihre Leidenschaft war? Oder mussten Sie sich Ihren

Weg selbst suchen, mit wenig Orientierungshilfe ... und möglicherweise noch weniger Unterstützung? Die Erfahrungen, die Sie als junger Mensch gemacht haben, haben Ihre Persönlichkeit geformt, und die Beziehungen, die Sie aufgebaut haben – mit Eltern, Geschwistern, Freunden und Liebespartnern –, haben tiefsitzende Ängste, Unsicherheiten, Wunden und Erwartungen geschaffen. Niemand ist immun gegen die eigene Vergangenheit. Sie lässt sich nicht auslöschen. Wir alle tragen Gepäck aus unserer Vergangenheit mit uns herum. Vielleicht sind Sie schon ein Leben lang dabei, Ihre Probleme aufzuarbeiten. Vielleicht haben Sie sich noch nie damit befasst. Vielleicht wussten Sie bislang auch gar nicht, dass Sie Probleme hatten. Manchmal kommen erst durch das Sichverlieben die Hemmnisse zum Vorschein, sich der Liebe zu öffnen. Erst in einem Liebeskreis ist es möglich, sich so weit zu öffnen, dass ureigene Probleme an die Oberfläche treten.

Tiefe Liebe macht tief verletzlich. Wenn Sie von ganzem Herzen lieben, sind Sie einem höheren Risiko ausgesetzt, verletzt zu werden. Das Gefühl von besorgter Unsicherheit (*Was, wenn er mich verlässt? Was, wenn wir uns trennen?*) kann Ängste wachrufen, die tief verborgen in Ihrem Innersten liegen (*Bin ich liebenswert? Bin ich gut genug?*).

Bei meiner Arbeit mit Einzelpersonen, Paaren und Familien habe ich festgestellt, dass ungelöste Traumata und Verletzungen aus der Vergangenheit die häufigsten

Hemmnisse sind, um gesunde Beziehungen in der Gegenwart zu erhalten. Anstatt diese alten Wunden zu heilen, projizieren wir sie nur allzu oft auf unseren Partner. »Da hast du meinen wunden Punkt getroffen« – wir alle kennen diesen Satz (und benutzen ihn wahrscheinlich auch). Nun, Ihre eigenen »wunden Punkte«, ebenso wie die Ihres Partners, wurden angelegt, lange bevor Sie beide sich kennenlernten. Doch indem Sie unbeabsichtigterweise immer wieder die wunden Punkte des anderen berühren, schaffen Sie die Voraussetzungen für eine fortwährende Konfliktschleife.

Zurück zu besagtem Pärchen an meinem Nebentisch im Gartenlokal und dem frustrierten Ehemann: Was, wenn er das Gefühl hätte, dass seine Frau seine Wochenendradtour durchaus respektieren könnte, als Ausdruck ihrer Wertschätzung dafür, dass er während der Woche so hart arbeitet? Was, wenn der sonntägliche Ausflug zum Bauernmarkt ihr nie genügen würde? Wenn sie (aufgrund ihrer persönlichen Geschichte) grundsätzlich immer eine zusätzliche Bestätigung dafür bräuchte, dass die Familie an erster Stelle steht? Dieses Pärchen vom Gartenlokal stritt wahrscheinlich gar nicht über die Wochenendpläne; gut möglich, dass sie in einem eskalierenden Machtkampf verfangen waren, in dem ihre Vorstellungen über den Stellenwert von Ich- und Wir-Zeit kollidierten. Ganz gleich, wie man es nennen mag – ob Altlast, wunder Punkt oder Problem –, der einzige Weg, einen Kreis wie diesen zu durchbrechen, besteht darin zu erkunden, woher er rührt. Fragen Sie sich, ob unverhältnismäßig heftige Reaktionen auf scheinbar kleine Ereignisse – etwa, wenn Ihr Partner die Wochenendpläne ändert – *tatsächlich* durch einen gegenwärtigen Umstand ausgelöst werden oder eher durch alte Ängste, die sich plötzlich entladen.

Sie könnten in einem immer wiederkehrenden Streit zum Ausdruck kommen oder auch darin, dass Sie nie streiten. Mit diesem Buch werden Sie lernen, bis tief an die Wurzel des Problems vorzudringen, und dort, so meine Erfahrungen, liegen oft Unsicherheit, Angst, Zweifel oder ein irriges Bild von sich selbst oder der Liebe vergraben. Die Quelle für einen wiederkehrenden Konflikt ist das kleine Kind, das in Ihrem eigenen Herzen oder in dem Ihres Partners wohnt – oder vielmehr in Ihnen beiden –, ein Kind, das sich nach Empathie sehnt, das verzweifelt nach Liebe sucht, das aber nicht weiß, wie es sie erbitten, annehmen oder erkennen soll, selbst, wenn sie direkt vor ihm liegt.

Große Erwartungen

Die meisten ernsten Beziehungen beginnen mit großen Hoffnungen – oder wirken zumindest darauf hin, diese zu erfüllen. Doch auch, wenn dieses Ziel nicht explizit formuliert wird, so haben Sie und Ihr Partner zumindest die Absicht, eine lebenslange Bindung einzugehen. Doch leider gehört diese unausgesprochene Hoffnung zu den wenigen, in denen sich beide Partner wirklich einig sind. Einen der typischen Fallstricke sehe ich immer dort lauern, wo ein oder beide Partner mit unrealistischen, unausgegorenen oder unausgesprochenen Erwartungen in die Beziehung gehen.

Kommen wir noch einmal zurück auf das Pärchen im Gartenlokal. Was, wenn die Frau zum Beispiel fest davon ausgegangen war, dass sie und ihr Gatte nach der Heirat partout immer alles zusammen machen würden? Dass sie immer gemeinsam einkaufen gehen, Badematten und Handtücher aussuchen und sich stets zu zweit mit all ihren Freunden treffen würden, und dass eben nicht der eine dies und der andere das macht, Mädelsabend hier, Männerabend dort … oder eben eine sonntägliche Männerradtour. Was, wenn Verheiratetsein für sie gleichbedeutend wäre mit Nie-mehr-allein-Sein? Wenn eine ihrer Erwartungen darin bestünde, einen permanenten Begleiter zu haben? Und was, wenn ihr Mann genau in diesen Punkten andere Erwartungen hätte? Was, wenn er die Ehe als einen sicheren Raum sähe, in dem er getrost sein eigenes Ding machen kann, im sicheren Wissen, dass die Beziehung nach wie vor besteht, wenn er wieder nach Hause kommt?

Wenn wir unterschiedliche Vorstellungen von Beziehung haben, kann es vorkommen, dass wir einander in einer subtilen, scheinbar belanglosen Art und Weise enttäuschen, ohne dies zu wollen. Doch im Laufe der Zeit summieren sich diese kleinen Enttäuschungen. Grund genug, so möchte man meinen, dass wir über unsere Erwartungen miteinander sprechen. Doch die meisten von uns tun dies nicht.

Warum? Weil wir irgendwann einige wirklich kuriose Vorstellungen von der Macht der Liebe entwickelt haben. Weil wir alle dem Mythos vom Märchenprinzen hinterherlaufen, weil wir den oder die Richtige/n finden wollen, als hinge unser ganzes Lebensglück allein davon ab. *Wenn ich den perfekten Partner finde*, so reden wir uns selbst ein, *werde ich das perfekte Leben haben*. Wir glauben, dass die über Jahre angehäufte emotionale Altlast verschwinden werde, ohne dass wir unsererseits irgendetwas dafür tun müssten. Dass es vermeintlich einfach sei, wenn wir *wirklich* verliebt seien. Dass wir gar nicht an unserer Beziehung arbeiten müssten, wenn wir perfekt zueinanderpassen würden, weil uns dann alles glücke und ganz einfach klappe ..., stimmt's? Dass wir nur Liebe bräuchten, sonst nichts!

Ein Teil dieser Naivität ist biologisch bedingt. In den frühen Phasen der Anziehung wird unser Gehirn geflutet mit einem Cocktail aus Wohlfühl-Chemikalien. Es stimmt, was man sagt: Die Liebe ist so kraftvoll und macht so süchtig wie Drogen. Doch oft legen wir so viel Wert darauf, den »richtigen« Partner zu finden und dann die Hochzeit haarklein durchzuplanen, dass wir darüber häufig vergessen, den Rest unseres Lebens zu planen!

Ich will damit nicht sagen, dass Sie Ihre Erwartungen in Sachen Liebe dämpfen sollten. Nein, aber es gibt Dinge, die Sie tun können, um eine wunderbare Liebe in ein lebenslanges Glück zu wandeln, und dazu gehört unter anderem, dass Sie auch über Ihre jeweilige Einstellung zu Themen wie Kinder, Verwandtschaft, Religion oder Finanzen sprechen, und zwar *bevor* Sie sich auf ewig binden. Wenn Sie keinen Fahrplan erstellen, wie Sie gewisse Dinge zusammen handhaben wollen, als ein Team, werden Sie wohl früher oder später von diesen Dingen überrollt werden. Und dann passiert es, dass Sie von der anfänglichen Liebe mit all ihrem Potenzial zur ganz großen Liebe in einen Zustand der Verstörung rutschen und sich denken: *Moment mal! Darüber haben wir nie gesprochen! Wollen wir ein gemeinsames Bankkonto führen oder ein getrenntes? Wollen wir jetzt Kinder haben oder später? Wo wollen wir unsere Urlaube verbringen? Welche Farbe für die Bademmatten schwebt dir vor? Warum ist alles so schwierig? Ich dachte, die Liebe wäre uns genug! Und was ist mit Sex?*

Sie wollen wissen, warum die Scheidungsrate so hoch ist? Das liegt teils daran, dass wir keine Zukunftsplanung betreiben, und dann, wenn die Zukunft uns wie aus heiterem Himmel trifft, und Meinungsverschiedenheiten unvermeidbar werden, sind wir noch immer nicht imstande, über unsere eigene Nase hinauszuschauen. Jeder Konflikt *muss* die Schuld unseres Partners sein. Wir denken: *Ich bin gar nicht mehr so glücklich, wie ich einmal war, also muss ich mit der falschen Person zusammen sein. Wenn ich nicht mehr glücklich bin, dann ist er/sie nicht der/die Richtige.*

Genau deshalb liegt es mir so sehr am Herzen, dass Paare eine voreheliche Beratung in Anspruch nehmen, sei es von einem Ehetherapeuten, einem Geistlichen oder auch bei einem Wochenend-Intensivtraining. Trotzdem führe ich nahezu täglich Gespräche (z. B. mit dem Inhaber meines Yogastudios, der Nichte einer Freundin oder dem Nachbarn um die Ecke), in denen ich höre: »Na ja, *unsere* Liebe ist anders. Warum sollen wir sie verderben, indem wir über Geld, Schwiegereltern oder Religion sprechen?« Wir sprechen nicht über elementarste Fragen (und mithin gewiss nicht über die profaneren Details des alltäglichen Lebens), weil sie nicht romantisch sind und weil wir zu viel Angst haben (sofern wir willens sind, dies zuzugeben).

Wir haben Angst, Konflikte zu kreieren, wenn wir uns mit unserem Partner hinsetzen, um derlei Fragen durchzusprechen. Aber indem wir dies nicht tun, sind die Konflikte so gut wie vorprogrammiert. Und schwelen verschiedene Erwartungen erst einmal über Jahre dahin, kann es umso schwieriger sein, einen Kompromiss zu finden. Außerdem: Wenn Sie die Diskussion darüber erst spät beginnen, um dann vielleicht zu entscheiden, dass es Ihnen besser ginge mit einem Partner, der die gleichen Erwartungen hat wie Sie selbst, werden die Folgen daraus dramatischer sein, als wenn Sie sich früher zusammen hingesetzt und darüber gesprochen hätten. Diesem Schema werden Sie in diesem Buch noch häufiger begegnen: Sie versuchen um jeden Preis, einen Konflikt zu vermeiden, doch genau dadurch beschwören Sie ebendiesen erst recht herauf. Sie weichen dem kurzfristigen Schmerz zwar aus, bereiten aber das Feld für langfristigen Schmerz.

Wenn wir diese Ängste doch nur vertreiben könnten! Wenn wir frühe Gespräche doch nur als eine Chance begreifen könnten, um elementarste Fragen auf den Tisch zu bringen und sie zu klären, bevor sie sich in beziehungszerstörende Zeitbomben verwandeln. So Sie darauf vertrauen, dass die Liebe, die Sie füreinander haben, nicht kontaminiert wird, wenn Sie wichtige Themen des alltäglichen Lebens gemeinsam besprechen, kann dieser Beziehungsarbeitsprozess sogar als TÜV-Siegel für Ihre Partnerschaft dienen. Zu wissen, dass Sie in der Zukunft nicht über eine dieser versteckten Zeitbomben stolpern werden, befähigt Sie umso mehr, den Liebeskreis Ihrer Beziehung im Hier und Jetzt mit aller Kraft zu gestalten. Ein wesentlicher Unterschied zwischen dem märchenhaften Wunsch, glücklich und sorglos bis ans Ende unseres Lebens zusammenzuleben und der Realität eines immerwährenden Liebeskreises im Alltag besteht darin, dass es im echten Leben sowohl Kopf als auch Herz braucht, damit überzogene Erwartungen nicht zu Missverständnissen führen, Ihre Liebesverbindung überschatten und Ihre geöffneten Herzen wieder verschließen.

Große Gefühle

Wenn große Gefühle im Spiel sind, agieren wir manchmal bescheuert und unvernünftig. Wenn unser Partner irgendetwas sagt oder tut, das uns empfindlich trifft (wenn er z. B. eine alte Wunde aufreißt oder eine Erwartung nicht erfüllt), reagieren wir. Wir lassen uns fortreißen von der Flut unserer Gefühle und vergessen, was es heißt, ein liebender, fürsorglicher Partner zu sein. Wir sind einzig darauf bedacht zurückzuschlagen, ihm/ihr zu beweisen, dass er/sie Unrecht hat und wir Recht – so wie Sara im Beispiel zu Beginn des Buches (»*Nie* hörst du mir zu!«) oder das Pärchen im Gartenlokal (»Ich weiß gar nicht, warum du immer gleich so ein Fass aufmachen musst.«). Unsere reflexartigen Reaktionen sind nicht nur hochemotional, sie sind auch körperlich.

Achten Sie einmal darauf, was in Ihrem Körper passiert, wenn mal wieder die Gefühle mit Ihnen durchgehen: Ihre Herzfrequenz steigt, Ihre Muskeln spannen sich an, und Sie halten vielleicht sogar die Luft an. In diesem Moment wird Ihr sympathisches Nervensystem aktiviert, unsere Kampf-oder-Flucht-Reaktion, wie man es auch nennt.

Die Kampf-oder-Flucht-Reaktion ist ein recheffizientes System, das unseren Körper bereit macht, sich einer akuten, körperlichen Gefahr zu stellen. Weniger effizient jedoch erweist sie sich in Situationen, die durch Stress oder Angst ausgelöst sind und keine sofortige Linderung zu erwarten steht, wie zum Beispiel bei andauerndem Beziehungsstress.

Aber was sind die langfristigen Folgen? Dass Stress und Angst krank machen können, ist kein Geheimnis. Wie Forschungen des Gottman Institute zeigen, können stressbelastete Beziehungen bei Frauen Krankheiten verursachen, für Männer allerdings gilt dieses Ergebnis nicht. Der männliche Körper schüttet in Streit- und Konfliktsituationen das Stresshormon Cortisol aus und baut es prompt wieder ab, sobald der Stress vorüber ist; der weibliche Körper hingegen tendiert dazu, das freigesetzte Cortisol sehr viel länger im Blutkreislauf zu behalten. Das Klischee besagt, dass ein Mann sich nach einem Streit einfach umdrehen und einschlafen kann, während die Frau noch immer kochend vor Wut die ganze Nacht wachliegt. Darin mag ein Körnchen Wahrheit stecken, da für die meisten (wenngleich nicht alle) Paare gilt, dass der Mann die Stresshormone sehr viel schneller abbaut als die Frau. Unseligerweise kann ein anhaltend stark erhöhter Cortisolspiegel aufgrund von Stress das Immunsystem der Frau schwächen, wodurch die Risiken für Infektions- oder Krebserkrankungen steigen.

Fokus auf alles Negative

Es kann passieren, dass genau die Dinge, die Sie an Ihrem Partner einst so bezaubernd fanden, Sie mit der Zeit zu nerven beginnen: Der Mann, den Sie einst für seine Abenteuerlust und Spontaneität so sehr liebten, erscheint Ihnen plötzlich nur noch albern und unverantwortlich. Die Partnerin, die Sie einst für ihre menschliche Reife und hohe Arbeitsmoral so sehr liebten, erscheint Ihnen plötzlich nur noch fade und langweilig.

Am Anfang sind es meist Kleinigkeiten, die hin und wieder eine negative Reaktion auslösen – die Socken, die er überall verstreut auf dem Boden liegen lässt, die leidige Tatsache, dass sie immer zu spät zum Abendessen kommt. Doch mit der Zeit schleift sich dieser Fokus auf das Negative ein und schlägt irgendwann in eine schlechte Angewohnheit um. Kennen Sie den Spruch »Neurons that fire together wire together«, der auf Deutsch so viel heißt wie: »Neuronen, die gemeinsam feuern, bilden eine gemeinsame Verbindung«? Man fokussiere sich nur lange genug auf das Negative, und Ihr Gehirn beginnt, die neuronalen Netzwerke zu verändern, so lange, bis es die sich wiederholende mentale Aktivität fest mit dem negativen Gedankenmuster verschaltet hat. Sie fangen an, alle guten Dinge in Ihrer Beziehung als selbstverständlich vorauszusetzen: Sie bemerken nur noch, was Ihr Partner falsch macht, und nicht mehr die Dinge, die er richtig macht. Und Sie fangen an, all das zu vergessen, das Sie einst glauben ließ, den Mann/die Frau Ihrer Träume gefunden zu haben.

Gleichzeitig werden Sie übersehen, inwiefern Ihr Negativfokus das Verhalten Ihres Partners in direkter Weise beeinflusst. Beispiel: Wenn Sie sich den ganzen Nachmittag vorstellen, dass Ihr Partner wahrscheinlich auch heute wieder von der Arbeit nach Hause kommen und ohne ein Hallo an Ihnen vorbeifegen wird, … dann wird er das wahrscheinlich auch tun. Warum? Weil er bemerkt, dass Sie angespannt sind. Ihr Körper versteift sich, und Sie senden sehr wahrscheinlich Signale aus, die unweigerlich genau die Reaktion auslösen, die Sie erwarten. Während Sie sich also um sein Verhalten sorgen, denkt er vermutlich: *O Gott, schon wieder dieser Blick! Sie hat bestimmt gleich wieder was zu nörgeln*. Und schon verzieht er sich vor den Fernseher oder den Computer, ohne überhaupt einen Gedanken daran zu verschwenden, Sie zu begrüßen. Ihr Herz mag enttäuscht sein, Ihr Kopf aber sagt – »Na bitte, hatte ich doch Recht!«

Wie das Leben so spielt

Vielleicht hatten Sie sich alles schön zurechtgelegt und gedacht, Sie würden Ihren gut bezahlten Job ewig behalten, und Sie hätten schon bald genug Geld, um auf den wohlverdienten Ruhestand zu sparen, sich das lang ersehnte Traumhaus zu kaufen und fünf Jahre früher in Rente gehen zu können. Doch dann kamen Entlassungen und – *wumm* –, Ihre ganze Lebensplanung war mit einem Schlag im Eimer! Vielleicht bekam Ihre geliebte Frau nach drei Jahren Beziehung die Diagnose Brustkrebs. Oder die Erziehung des Kindes, das Sie sich so sehr gewünscht hatten, erwies sich als sehr mühsam und schwierig. Wir können nicht alles im Leben vorausberechnen, das ist schlicht unmöglich. Eins ist gewiss: Das Leben verläuft nicht immer nach Plan. Es passieren laufend Dinge, auf die wir nicht vorbereitet sind. Dabei ist es gar nicht immer ein riesiges, unerwartetes Lebensereignis, das eine Veränderung bewirkt – es geschieht manchmal einfach im Lauf der Zeit, dass Sie oder Ihr Partner die Hoffnung auf das Leben verlieren, das Sie sich einmal vorgestellt hatten. Doch wenn die Veränderung kommt – wenn etwas passiert, das Sie zwingt, Ihre Erwartungen anzupassen, wenn das Leben Wege nimmt, die die bisher bewährten Abläufe in Frage stellen –, lautet die Frage, ob Sie und Ihr Partner daran wachsen oder sich auseinanderleben.

Eine Veränderung stellt für viele Paare eine entscheidende Weggabelung dar. Sie müssen sich entscheiden: Schlagen Sie gemeinsam den gleichen Pfad ein, oder entscheiden Sie sich, jeder seinen eigenen Weg zu gehen, selbst dann, wenn Sie die Beziehung aufrechterhalten? Das Auseinanderleben ist ein häufiger Trennungsgrund, auch bei Paaren, die viele Jahre zusammen waren. Warum? Weil Beziehung nicht statisch ist; sie ist heute nicht so, wie sie gestern war, und auch nicht so, wie sie morgen sein wird. Wenn ein Partner danach strebt, die Beziehung so zu bewahren, wie sie immer war, während der andere sich weiterentwickelt, oder wenn zwei Partner auf unterschiedliche Weise auf einschneidende Lebensereignisse reagieren, können sie zurückfinden in den Liebeskreis, den sie anfangs einmal teilten, und sich fragen, wie sie sich nur so weit voneinander entfernen konnten.

Das Wenn-Dann-Spiel

An einer Beziehung zu arbeiten ist … nun ja, Arbeit. Viel leichter tun wir uns daher, es immer wieder aufzuschieben, bis die »richtige« Zeit dafür ist oder wir glauben, »bereit« dafür zu sein. Bis wir aber bereit und willens sind, etwas zu verändern, kann es zu spät sein. Fest steht: Es ist sehr viel schwieriger, all das, was sich über einen langen Zeitraum angestaut hat oder schiefgelaufen ist, zu beheben oder zu bereinigen, und genau das ist der Haken an der Sache.

Es ist nicht nur die psychologische Hürde, die Sie abhalten kann, Ihre Beziehung zu »reparieren«. Haben Sie und Ihr Partner zum Beispiel einmal vereinbart, einen ausgedehnten Urlaub zu machen, auf Weltreise zu gehen oder einen romantischen Abend zu zweit zu verbringen, wenn Sie eines Tages das Geld dafür haben würden? Oder haben Sie sich immer wieder gesagt, sich mehr Zeit für sich einräumen zu wollen, wenn die Kinder erst einmal ihr Studium abgeschlossen haben? Haben Sie sich schon einmal selbst versprochen, dass Sie sich wieder sexy und glücklich fühlen würden, wenn Sie endlich ein paar lästige Pfunde los wären? Ich nenne das das Wenn-Dann-Spiel – wenn X oder Y passiert, dann werden Sie sich um Ihre Beziehung kümmern. Es ist ein gefährliches Spiel; eines, das dadurch umso gefährlicher ist, weil uns oft gar nicht bewusst ist, dass wir es spielen.

Es mag bisweilen sinnvoll und naheliegend scheinen, ein schönes oder vergnügliches Vorhaben aufzuschieben (z. B. wird wohl kaum einer zweite Flitterwochen planen, wenn der Partner soeben seinen Job verloren hat). Allzu oft aber konzentrieren wir uns darauf, dieses oder jenes auf morgen zu verschieben, so dass wir damit auch unser Glück aufschieben und Gelegenheiten verpassen, um das Schöne zu erleben, das direkt vor uns liegt, und jetzt und heute unsere Liebe zu zelebrieren. Spielt man das Wenn-Dann-Spiel zu lange, wird man sich irgendwann verwundert umsehen und sich fragen: *Was ist passiert? Warum sind wir schon so lange so unglücklich? Wo ist unser glückliches Leben geblieben?* Ihre Beziehung begann einmal mit einem Liebeskreis, doch mit jedem Mal, da Sie sich sagten: »Wenn X passiert, tun wir Y für unsere Beziehung«, rückten Sie einen Schritt weg von diesem Kreis und hin zu einer Konfliktschleife. Dabei sind Sie nie ganz aus diesem Kreis hinausgefallen. Doch mit der Zeit haben sich die einzelnen Schritte zu vielen Kilometern aufaddiert. Und nun müssen Sie die ganze kilometerlange Strecke zurückgehen, um die Liebe wiederzufinden, die Sie einmal hatten.

Jeder Bühnenautor weiß, dass der dramatische Konflikt ein wesentliches Element einer Geschichte ist. Und der Konflikt ist auch inhärenter und unvermeidbarer Teil jeder Partnerschaft. Das heißt nicht, dass Ihre Beziehung besser oder schlechter wäre als die anderer Paare (auch wenn die vermeintlich keinerlei Probleme haben). Konflikte an sich sind nicht gut oder schlecht. Es kommt auf die Art und Weise an, wie Sie mit ihnen umgehen, um Ihren Liebeskreis zu stärken. Denn wenn Spannungen nicht gelöst werden und sich immer weiter verhärten, können Sie zu Konfliktschleifen werden, in denen Sie sich festfahren und stecken bleiben. Was also tun? Lesen Sie weiter!

2.
Die Beziehung ändern – aber wie?

An jenem Tag im Gartenlokal, als ich das Pärchen am Nebentisch über die Wochenendpläne streiten hörte, kam mir der Gedanke, dass beide – trotz ihrer hitzigen Auseinandersetzung – vielleicht doch eine ganze Menge richtig gemacht hatten.

Vielleicht war *er* auf dem traditionellen Ausflug zum Bauernmarkt immer mit dabei, weil er wusste, dass seine Frau großen Wert darauf legte. Und vielleicht drängte *sie* ihn, die Radtour abzusagen, genau aus diesem Grund, eben weil sie großen Wert auf Familientraditionen legte. Wenn wir uns in den gegenwärtigen Moment hineinbegeben und uns öffnen, können partnerschaftliche Konflikte zu einer Chance werden, um ungelöste Probleme aufzuarbeiten und mehr übereinander zu lernen, ja sogar, um enger zusammenzuwachsen. Doch die meisten von uns haben nicht die geringste Ahnung, worum es wirklich geht, wenn ein Streit losbricht. Als Paartherapeutin traf mich der kleine Streit des Pärchens am Nebentisch schmerzlich. Weder er noch sie schien in der Lage, ihn mit einem kleinen Satz zu beenden: »Warte mal, wir verrennen uns da gerade.« Hätte ich einen Zauberstab schwingen können, wäre das Gespräch in etwa so verlaufen:

> **Er:** »Weißt du, auf dem Bauernmarkt sind wir jedes Wochenende. Was ist denn so schlimm daran, für diesen einen Sonntag mal umzuplanen? Warum ist dir der Bauernmarkt denn so wichtig?«
> **Sie:** »Na ja, ich liebe eben unsere kleinen Rituale. Als Kind hatte ich so etwas nie. Wir saßen nie um den Familientisch und haben geredet. Und ich liebe es, dass die gemeinsame Familienzeit bei uns ganz oben steht. Ich dachte, es bedeutet dir ebenfalls etwas? Stimmt das etwa nicht?«
> **Er:** »Doch, es bedeutet mir ebenfalls viel, weil es dir viel bedeutet. Ich liebe es, dich glücklich zu machen. Aber meine Wochenendradtour ist etwas, das mich glücklich macht. Wenn du mir dafür nun ein schlechtes Gefühl gibst, fühlt sich das so an, als würdest du alles, was ich sonst für dich tue, nicht wertschätzen.«

Diese Variante beinhaltet die Art von neutraler, wertfreier Ehrlichkeit und Offenheit, die echtes Verständnis füreinander schafft. Bis heute denke ich oft an dieses Pärchen zurück. Ob es ihnen je gelang, ihre Meinungsverschiedenheiten produktiv auszudiskutieren? Oder begann dieser Streit langsam, seine Kreise zu ziehen, bis sie sich in einem Dauerkonflikt Ich-Zeit vs. Wir-Zeit verfangen hatten? Das fand ich natürlich nie heraus, denn irgendwann traf meine Freundin ein, und meine Aufmerksamkeit galt meiner eigenen Unterhaltung. Aber ich habe mich später noch oft gefragt, ob dieses Pärchen jemals erkannt hat, wie viele wunderbare Dinge sie füreinander taten.

Ich wünschte, ich hätte mit diesem Pärchen arbeiten können. Denn manchmal braucht es die professionelle Außenperspektive, damit sich ein Paar seiner Konfliktschleifen bewusst wird. Veränderung geht einher mit bewusster Einsicht. Wenn Sie beginnen, mit einer Grundhaltung der Offenheit und Neugier auf Ihren Partner zuzugehen – mit dem aufrichtigen Wunsch, verstehen zu lernen, warum er so tickt, wie er tickt –, können Sie die zarten und verletzlichen Gefühle, die hinter der Maske von Wut und Zorn verborgen liegen, erkennen (und heilen helfen). Wenn Sie besser verstehen, warum Sie streiten, wissen Sie auch, wie Sie einen Konflikt mit Ihrem Partner in eine Chance verwandeln, um sich noch inniger lieben zu lernen. Veränderung geht einher mit bewusster Einsicht. Wenn Sie lernen, die Muster zu erkennen, in denen Sie sich verfangen haben, lernen Sie auch, wie Sie diese durchbrechen können.

Vier Wege, um Beziehungskonflikte abzubauen

Im vorherigen Kapitel haben wir einige der häufigsten Ursachen für das Entstehen von Beziehungskonflikten betrachtet. (Wir werden später noch einmal darauf zurückkommen, wenn wir uns mit typischen Verhaltensmustern befassen). Es gibt zum Glück aber auch Wege, Konflikte schnell und effektiv abzubauen – hilfreiche Ideen und Methoden, ganz gleich, worum es in einem Streit gerade geht.

1. Umdenken – Konflikt als Chance

Ich hatte bereits fünf Jahre mit Audrey gearbeitet, als sie eines schönen Dienstags zu ihrer regulären Sitzung in meiner Praxis erschien, glücklicher als je zuvor.

»Ich denke, die Arbeit hat sich wirklich ausgezahlt«, sagte sie, während sie sich auf die Couch plumpsen ließ. »Ich muss Ihnen unbedingt erzählen, was passiert ist.«

Audrey und Aiden, ihr Ehemann, waren seit zehn Jahren verheiratet. Aiden, so erzählte sie mir, war neulich auf eine Geschäftsreise nach New York beordert worden, und sie erwartete ihn am Wochenende zurück in Kalifornien. In der Zwischenzeit habe sie (eine aufstrebende Romanschriftstellerin) eine Einladung zur Teilnahme an einem Autoren-Workshop unter Leitung eines preisgekrönten Autors erhalten und sich dermaßen darüber gefreut, dass sie sich umgehend dafür anmeldete. Es gab nur ein Problem: Audrey musste genau an dem Tag, an dem Aiden wieder zurück aus New York kommen würde, nach Los Angeles reisen. Als sie ihm beim abendlichen Telefongespräch davon erzählte, war er stinksauer.

»Er war außer sich, dass ich mich einfach angemeldet habe, ohne ihm davon zu erzählen«, sagte sie. »Und er wollte nicht, dass ich hingehe.«

»Was haben Sie gesagt?«, fragte ich.

»Nun, es ist mir gelungen umzudenken und den eskalierenden Konflikt zu stoppen«, sagte sie, »indem ich beschlossen habe, einen Schritt zurückzugehen, kurz innezuhalten und nachzudenken, bevor ich reagiere.«

Die »alte Audrey«, so erklärte sie, hätte überreagiert. Sie hätte Aidens Reaktion augenblicklich als einen Versuch gedeutet, sie zu kontrollieren, und ihn zurückgestoßen. Sie hätte ihm wahrscheinlich vorgeworfen, egoistisch zu sein, und das Telefonat wäre wohl in einen hässlichen Streit ausgeartet, an dessen Ende sie beide einfach wütend aufgelegt hätten.

»Diesmal aber war ich imstande, mich bewusst dafür zu entscheiden, seine Reaktion aus einer positiv-neugierigen, liebenden Perspektive zu sehen. Und ich erkannte, dass es ihm gar nicht darum ging, mich zu kontrollieren. Er liebt mich, und er will Zeit mit mir verbringen. Er war enttäuscht, dass ich nicht da sein würde, wenn er nach Hause käme. Ich erkannte, wie dankbar ich eigentlich bin, einen Ehemann zu haben, der – auch nach zehn Jahren Ehe noch – gern Zeit mit mir verbringt. Viele meiner Freundinnen sind mit Männern verheiratet, die sie ignorieren oder ausblenden. Mein Mann aber sagt: ›Ich vermisse dich. Ich will mehr von dir haben.‹ Viele der Frauen, die ich kenne, würden alles tun, um so einen Mann zu haben.«

Jedem Streit geht immer ein kleiner, kostbarer Moment voraus, ein winziges Fenster der Chance, und dieses Fenster öffnet sich just in dem Moment, da Ihr Partner seinen Satz beendet hat, Sie aber noch nicht reagiert oder geantwortet haben. Doch ein Wimpernschlag, und das Fenster ist wieder zu – Chance vorbei! Unsere erlernten Verhaltensmuster können derart tief verwurzelt sein, dass uns eine hässliche Bemerkung über die Lippen rutscht, noch ehe unser Partner ausgeredet hat. Deshalb ist das, was Audrey gelang – zumal im Eifer des Gefechts –, so überaus wichtig. Sie beschloss, den Konflikt nicht als Machtkampf zu sehen, sondern als eine Chance, die Dinge aus Aidens Perspektive heraus besser verstehen zu lernen. Wenn Sie sich bewusst entschließen, Ihrem Partner einen Vertrauensbonus zu gewähren – indem Sie eine veränderte Perspektive der Offenheit und Neugier anstelle der Verurteilung einnehmen –, glätten Sie die Wogen, nehmen dem Streit die Luft und schaffen Raum für einen liebevollen Umgang miteinander.

2. Den Reaktionskreis durchbrechen

Zu lernen, das winzige Fenster zu finden, das sich öffnet, kurz nachdem Ihr Partner seinen Satz beendet hat und noch bevor Sie reagiert oder geantwortet haben, ist nicht leicht. Es braucht Übung. Um mehr darüber zu erfahren, wie dies gelingen kann, kommen wir noch einmal zurück auf Sara und Sean, die sich in meiner Praxis munter weiterstritten.

»Genau das sage ich die ganze Zeit«, fuhr Sara fort. »Er hört einfach nicht zu. Als wäre ich ihm egal. Immer wenn ich versuche, ihm klarzumachen, wie ich mich fühle …«

»Nicht schon wieder.« Sean fiel ihr ins Wort. »Immer dieses Genöle.«

»Sehen Sie? So macht er es immer! Er …«

»Okay, stopp!«, sagte ich sanft. »Ich habe das Gefühl, keiner holt mehr Luft. Also hören wir einmal alle auf zu reden und … atmen tief durch.«

Sean legte die Hände in den Schoß und atmete tief ein, während Saras Blicke wild durch den Raum schossen. Kaum waren ein paar Sekunden vergangen, da fing sie wieder an: »Was ich sagen wollte, …«

»Nein«, sagte ich bestimmt und schnitt ihr das Wort ab. »Wir holen jetzt wirklich erst einmal tief Luft. Ich denke nicht, dass irgendwer hier gerade weiß, was er sagt. Also, tief einatmen … und ausatmen. Dann kehren wir langsam wieder zurück in den Moment und betrachten uns ganz ruhig, worum es geht.«

Ich unterbrach Sara und Sean, weil ihre Unterhaltung nirgends hinführte. Sie hingen fest in einem Reaktionskreis; Sara war wütend und geladen, weil Sean dichtmachte; und Sean machte dicht, weil Sara so wütend und geladen war. (Es heißt ja nicht umsonst Konfliktschleife, nicht wahr?). Aber es bringt nichts, sich deshalb schlecht zu fühlen. Wir alle kennen das aus eigener Erfahrung. Wir alle wurden schon mal an einem wunden Punkt getroffen und fingen an zu schreien und grässliche Dinge zu sagen, die wir gar nicht so meinten. Einige Menschen berichten, sich hilflos zu fühlen, wenn sie derart reagieren. Ich höre das immer wieder: »Ich kann nicht anders. Ich werde einfach richtig zornig. Und kann gar nicht mehr aufhören!«

Aber vergessen Sie nicht: Veränderung geht einher mit bewusster Einsicht. Der erste Schritt, den Reaktionszyklus zu durchbrechen, besteht darin zu erkennen, in welchem Moment Ihr wunder Punkt berührt und Ihre Emotionen ausgelöst werden. Dann machen Sie sich bewusst, dass Sie kurz davor sind zu reagieren (anstatt zu warten, bis Sie reagiert haben, um dann entsetzt in den Rückspiegel Ihres Lebens zu blicken). Rast Ihr Herz? Sind Ihre Fäuste geballt? Knirschen Sie mit den Zähnen? Atmen Sie schwer, oder halten Sie die Luft an? Das alles sind Zeichen dafür, dass Ihr sympathisches Nervensystem aktiviert ist. Und genau dort ist Ihr Fenster – jener winzige

Schimmer der Chance, aktiv zu entscheiden, was Sie als Nächstes tun oder sagen werden.

Ich habe Sara und Sean also nicht von ungefähr gebeten, tief Luft zu holen. Ein bewusstes, fokussiertes Atmen erfordert, dass man seine Aufmerksamkeit auf die Luft lenkt, die in die Lunge und aus der Lunge strömt, und vorübergehend alle anderen Gedanken und Ablenkungen ausblendet. Es regt das parasympathische Nervensystem an, die natürliche, biologische Antwort auf unsere Kampf- oder-Flucht-Reaktion. Tiefes Atmen setzt eine wahre Flut an Hormonen frei, die den Herzschlag verlangsamen, die Muskeln entkrampfen und den Blutdruck senken. Mit anderen Worten: Es reicht oftmals aus, eine 30-sekündige Auszeit einzulegen, um sich klarzumachen, dass gerade ein emotionaler Zustand ausgelöst wird, und tief durchzuatmen, um die Situation zu beruhigen. Zwar wird Ihr Zorn nicht wie durch Zauberhand verfliegen, doch diese kleine Auszeit kann Sie davon abhalten, in der gewohnten negativen Weise zu reagieren.

Also: Wenn Sie erkennen, dass Sie tief getroffen sind und Ihre Wunden bluten, halten Sie inne, atmen Sie tief durch und fragen Sie sich selbst: »Was will ich bezwecken? Muss ich diesen Streit unbedingt gewinnen? Muss ich unbedingt Recht haben? Oder will ich ein liebender und stützender Partner sein? Stehe ich hinter meinen Handlungen und Worten, oder reagiere ich nur in blinder Wut? Trage ich zur Verbesserung der Situation bei, oder mache ich sie nur noch schlimmer?« Das Gegenteil von Reaktivität ist Intention. Nehmen Sie sich eine 30-sekündige Auszeit, um die eigenen Verhaltens- und Reaktionsweisen zu reflektieren sowie zu überlegen, inwieweit sie der eigenen Absicht dienlich sind. So bleiben Sie auf das Ziel fokussiert, einen Liebeskreis zu erschaffen, statt sich von blinder Wut und negativen Gewohnheiten leiten zu lassen und in eine Konfliktschleife hineinzukatapultieren.

In unserem täglichen Leben bieten sich haufenweise Gelegenheiten, um sich in reaktiven Momenten im bewussten Atmen zu üben – auf der Autobahn, im Supermarkt, im Berufsalltag, im Umgang mit unseren Kindern. Aber setzen Sie sich bloß nicht unter Druck! Fassen Sie lediglich den Entschluss, es einmal zu probieren. Erwarten Sie keine Perfektion! Wie beim Muskeltraining gilt auch hier: Übung macht den Meister. Die automatische, sprich unbewusste negative Reaktion weicht nach und nach einer überlegteren, positiven Reaktion.

3. Das Körperbewusstsein schulen

Die sich stetig wandelnde Kultur zwingt uns alle, zu hochkompetenten und hochleistungsfähigen Multitaskern zu werden: Wir essen vor dem Fernseher, während wir gleichzeitig aktuelle Sporttabellen oder Statusaktualisierungen auf unseren Smartphones überprüfen. Wir nehmen Anrufe entgegen, während wir auf dem Weg zur Arbeit sind und gleichzeitig überlegen, was wir heute Abend kochen wollen. Doch obwohl wir oft mehrere Dinge gleichzeitig erledigen, sind wir nur selten auf eine Sache wirklich konzentriert. Eine recht gedankenlose, oberflächliche Lebensweise. Gegenstück zu einem Leben, das von gedankenlosem, reaktivem Verhalten bestimmt wird, ist die Achtsamkeitsmeditation: ein Übungsweg, auf dem man lernt, sich auf nur eine einzige Sache zu konzentrieren, in jedem Augenblick unseres täglichen Lebens wirklich präsent zu sein, sich auf den Moment einzulassen und das, was damit einhergeht, bewusst wahrzunehmen und zu spüren.

Ich selbst habe die Praktik der Achtsamkeitsmeditation seit Jahrzehnten schon in mein persönliches Leben ebenso wie in meine praktische Arbeit als Therapeutin integriert. Es freut mich daher sehr, dass sie derzeit so großen Zulauf findet, denn es ist ein effektives und mächtiges Instrument, um sich mit den eigenen Gefühlsreaktionen und Körperempfindungen zu verbinden. Wenn wir in jedem Augenblick unseres Alltags wirklich präsent sind, werden wir weniger von äußeren Vorgängen berührt und beeinflusst. Indem wir achtsam sind, können wir uns sehr viel besser selbst regulieren und unsere persönlichen Beziehungen auf eine positivere, produktivere Weise gestalten.

Beispiel: Monica, eine Klientin von mir, erlebt eine regelrechte Welle der Angst, wann immer ihr Mann Ted, Hausmann und Papa, sich darüber beklagt, dass sie ständig bis in die Puppen arbeitet. Das weckt in ihr den spontanen Drang, sich zurückzuziehen, zu mauern und dichtzumachen. Genau das aber führt dazu, dass ihr Mann erst recht darauf herumreitet, was bei Monica wiederum eine noch größere Angst schürt und letztlich eine immer größere Distanz zwischen den beiden schafft. (Dies ist ein weiteres Beispiel für eine Konfliktschleife, in dem *sein* Bedürfnis und *ihr* Bedürfnis derart aufeinanderprallen, dass der Konflikt kräftig angeheizt wird.) In einer unserer ersten gemeinsamen Sitzungen sprach ich mit Monica darüber, inwiefern die Achtsamkeitsmeditation ihr helfen könne, ihr reaktives Muster zu durchbrechen. Ein paar Wochen später, als Ted eine bissige Bemerkung machte, weil Monica wegen einer Telefonkonferenz das Fußballspiel des kleinen Sohnemanns verpasst hatte, dachte sie sich: *Gut, ich erkenne, dass dieser Kommentar irgendetwas in mir auslöst. Nur was? Zeit, den nächsten Schritt herauszufinden.*

Wenn unser Körper die Oberhand zu gewinnen droht, ist es hilfreich, sich in den gegenwärtigen Augenblick zurückzuholen. Nachdem Monica mir von diesem Ereignis erzählt hatte, bat ich sie, die Augen zu schließen, die Hände locker auf die Oberschenkel zu legen und ein paarmal langsam und tief durchzuatmen. »Wo in Ihrem Körper fühlen Sie Verspannungen?«, fragte ich.

Sie überlegte kurz. »Nun ... ich denke mal, in meinem Bauch.«

»Gut, und wie fühlt sich Ihr Bauch an?«

»Er fühlt sich ... flattrig an? Voller Schmetterlinge ... fast so, als könnte ich nicht atmen. Auch in meiner Brust fühlt es sich ein bisschen so an. Ich spüre Angst.«

Zum ersten Mal seit Langem war Monica bewusst im gegenwärtigen Augenblick und verband sich mit ihren Gefühlen, anstatt vor ihnen davonzulaufen. Das Achtsamkeitstraining erwies sich für Monica damit nicht nur als effektiver Weg, um zu erkennen, wo und wann ihre Angst die Oberhand über ihren Körper gewann, sondern auch als Schlüssel zur Veränderung.

4. Dankbarkeit pflegen

In einer Beziehung wirkt sich alles, was unser Partner sagt und tut, unmittelbar auf uns aus und umgekehrt. Wer gibt, dem wird gegeben. Wer sich in einem Liebeskreis bewegt, gibt Liebe, und bekommt ein Vielfaches von seinem Partner zurück. Wer in einer Konfliktschleife feststeckt, sieht und erntet nur das Negative.

Stellen Sie sich vor, Ihr Partner macht Ihnen ein aufrichtiges, tiefempfundenes Kompliment oder plant eine Überraschung für Sie. Was passiert? Sie empfinden nicht nur große Freude – vielmehr werden Sie sich bedanken und revanchieren wollen. Laut Forschungsberichten, veröffentlicht in der Zeitschrift *Social Psychology Quarterly*, entstehen neue Nervenbahnen, indem wir uns auf das Positive fokussieren und es würdigen, was das Gehirn wiederum in seiner inneren Struktur fundamental verändert. Mit ausreichend Übung können Sie das bedrückende Gefühl der Negativität besiegen; anstatt immer nur das zu sehen, was der Partner falsch macht, sollten Sie den Blick darauf lenken, was er richtig macht.

Zugegeben, das ist leichter gesagt als getan, wenn Sie sich in einer jahrelangen Abwärtsspirale befanden. Manchmal kommen Paare in meine Praxis, die einander derart feindselig-distanziert gegenüberstehen, dass sie mich ansehen, als hätte ich eine Schraube locker, wenn ich sie bitte, doch einmal aufzuschreiben, was sie am anderen lieben. Und dennoch kehren positive Gefühle und Erinnerungen zurück, nach und nach und in kleinen Schritten. Der eine gesteht zum Beispiel ein, dass der andere eine prima Mutter oder ein prima Vater ist. Oder der eine dankt dem anderen dafür, dass er ein so verlässlicher Familienversorger ist. Auf diese Weise fangen die Partner an, ein neues, gesundes Muster zu kreieren – indem sie daran arbeiten.

Wenn Paare zu mir kommen und ich merke, dass sie sich gegenseitig nur niedermachen und sich offenbar gar nicht mehr erinnern können, was sie am anderen mögen, geschweige denn lieben, bitte ich sie zunächst, fünf Dinge zu formulieren, die sie an ihrem Partner mögen oder für die sie ihm dankbar sind. Ich lasse nicht locker und ernte meist völlig konsternierte Blicke. Dabei muss es gar nichts Großes sein – ein Klient zum Beispiel erwähnte, dass seine langjährige Partnerin wisse, dass er nur Popcorn möge, dass in Kokosöl erhitzt wird, nicht in Butter oder Olivenöl. Selbst Dinge, die Ihnen selbst albern oder banal erscheinen, haben für den Partner eine Bedeutung, da sie ihm das Gefühl vermitteln, geliebt zu werden im sicheren Wissen, dass keiner ihn so gut versteht wie Sie.

Anfangs mag es schwierig oder seltsam scheinen, die Beziehung aus einer neuen Perspektive heraus zu betrachten – insbesondere, wenn man gewohnt ist, sich einfach nur wütend und aggressiv zu verhalten –, doch es ist alle Mühe wert. Es ist erstaunlich, wie gut es gelingen kann, diejenigen Dinge, die Sie an Ihrem Partner lieben, wiederzufinden. Sobald sich ein Paar darauf einlässt, beginnen die Mauern zu bröckeln, die Spannungen zu weichen und die Herzen langsam ineinanderzufließen. Das ist erst mal nicht leicht, aber es ist eine wichtige Übung. Ich kann jedem Paar nur raten, sie täglich auszuführen. Dieses Buch stellt viele solcher Übungen vor. So werden wir zum Beispiel später noch sehen, wie Sie die Kraft der Dankbarkeit für Ihre Beziehung nutzen können.

Drei geheime Zutaten für eine dauerhaft glückliche Beziehung

Im Rahmen meiner Praxistätigkeit erlebe ich nicht nur die fünf Konfliktschleifen sowie die Liebeskreise, die daraus erwachsen können, sondern ich sehe auch, was Paare tun müssen, um sich einander anzunähern. Achtsam zu sein, ist hier ein Schritt in die richtige Richtung. Doch es braucht überdies drei weitere, sehr spezifische Zutaten. Schauen wir uns einmal an, wie die Übungen in diesem Kapitel zusammenspielen können, um die drei geheimen Zutaten für eine dauerhaft glückliche Beziehung hervorzubringen.

Die erste geheime Zutat ist die gute *Absicht*. Warum lesen Sie jetzt gerade, in diesem Moment, dieses Buch? Ich tippe mal, weil Sie Ihre Beziehung retten – oder zumindest verbessern – wollen; weil Sie sich mit Ihrem Partner wieder verbinden und ihn inniger spüren wollen; weil Sie wieder mehr Liebe in Ihrem Leben haben möchten. Und doch ist es so leicht, sich genau gegenläufig zu dieser *Absicht* zu verhalten. Sie wollen Recht haben; Sie wollen gewinnen; Sie wollen tun, was immer nötig ist, um den Schmerz augenblicklich auszuschalten. Solange Sie nicht in der Lage sind, Ihre *Absicht* bewusst zu steuern, können diese Bedürfnisse dem, was Sie wirklich wollen – dem Liebeskreis –, in die Quere geraten. Kommen wir noch einmal zurück zu Sara und Sean, denen es immerhin gelang, ihre Reaktivität ausreichend lange einzubremsen, um tief durchzuatmen.

»Gut«, sagte ich danach. »Versuchen wir es noch einmal. Wer von Ihnen beiden verzichtet darauf, unbedingt Recht haben zu wollen? Wer will versuchen, die Dinge aus der Partnerperspektive zu sehen?«

»Ganz ehrlich«, sagte Sara. »Wer Recht hat und wer

nicht, ist ein ewiger Streit zwischen uns. Immer schon gewesen.«

»Immer schon?«, fragte ich. »Es war schon immer so? Wenn das wirklich stimmt, dann frage ich mich, warum Sie überhaupt geheiratet haben?«

Beide mussten schmunzeln.

»Na ja, gut. Es war nicht immer so«, fuhr Sara fort. »Ich erinnere mich, dass es früher anders war ... damals, als wir frisch verliebt waren, und auch noch, als wir frisch verheiratet waren. Ich konnte es kaum abwarten, bis er abends nach Hause kam! Er arbeitete damals richtig hart, aber trotzdem schafften wir es, uns abends Zeit füreinander zu nehmen. Das mochte ich sehr.«

»Sean, können Sie Sara etwas sagen, das Sie an ihr schätzen?«, sagte ich.

»Nun, Sara ist eine fantastische Mutter«, sagte Sean. »Wirklich, sie geht super mit den Kindern um. Ich weiß gar nicht, was sie ohne sie täten.«

»Freut mich zu hören«, sagte Sara und setzte sich in ihrem Stuhl etwas aufrechter. »Sean arbeitet wirklich hart, damit es der Familie gut geht. Was das betrifft, kann ich 100-prozentig auf ihn zählen, das wusste ich schon immer.«

Nun war es Sean, der sich etwas aufrichtete. »Okay, ich bin dran. Ich mag es sehr an ihr, dass sie sich Mühe gibt, eine gute Beziehung mit meiner Mutter zu pflegen, zumal ich weiß, dass die sehr ... schwierig sein kann.«

»Ich kann dir gar nicht sagen, wie schön es ist, das aus

deinem Mund zu hören. Ich gebe mir mit deiner Mutter wirklich alle Mühe.« Sara tupfte sich mit einem Taschentuch die Augenwinkel, lachte sogar ein bisschen.

Während Sara sprach, bemerkte ich, wie präsent und fokussiert Sean war. »Schauen Sie mal Ihren Mann an«, sagte ich. Sie nickte. »Das ist das erste Mal seit langem, dass ich das Gefühl habe, er hört mir wirklich zu.«

Es lag auf der Hand, dass Sean und Sara sich einmal geliebt hatten und auch immer noch liebten, nur war diese Liebe durch die Konfliktschleife tief verschüttet. Wir hatten die zweite der drei geheimen Zutaten für eine dauerhaft glückliche Beziehung gefunden: die *Bereitschaft zum emotionalen Mut*. Es gibt genau genommen zwei Arten von Mut. Es gibt den körperlichen Mut, der sich darauf bezieht, knallhart und tapfer zu sein; und es gibt den emotionalen Mut, der sich auf die Fähigkeit bezieht, angstvolle Gefühle zu bewältigen und emotionale Risiken einzugehen. Letzteres ist Thema in diesem Buch.

Wenn es um die *Bereitschaft zum emotionalen Mut* geht, tut sich der eine vielleicht leichter als der andere, seine Gefühle zuzulassen, sich ihnen zu stellen und sie zum Ausdruck zu bringen. Dafür beweist der andere vielleicht körperlichen Mut. Über Gefühle zu reden und sich damit auseinanderzusetzen mag dem einen so etwas wie Ausgleichssport sein, etwas, das Spaß macht. Dem anderem hingegen macht es ungefähr genau so viel Spaß wie ein Besuch beim Zahnarzt.

Eric, mein Ehemann, ist ein furchtloser Mountainbiker. Im Sport findet er sein größtes Glück. Als wir uns kennenlernten, war seine Leidenschaft für das Mountainbiking unübersehbar, und ich wollte diese Leidenschaft unterstützen und teilen ... also fing ich ebenfalls damit an. Dank Erics Geduld und Beifallsrufen sowie mein absolutes Vertrauen in ihn, der mich niemals in Gefahr bringen würde, habe ich, der anfängliche Mountainbike-Angsthase, gelernt, auch steilste Hänge mit Spaß und Freude zu nehmen. Sollten Sie also einmal eine Frau im mittleren Alter auf einem Mountainbike mit lautem »Juuhuu!« den Mount Tamalpais hinuntersausen sehen ... das bin ich.

Auf der anderen Seite hatte Eric in der Anfangszeit unserer Beziehung wirklich Probleme, Worte zu finden, um seinen Gefühlen Ausdruck zu verleihen (was für viele Männer und auch einige Frauen nicht ungewöhnlich ist). Jahre später passierte dann das: Mein Vater lag in einem Hospiz in Los Angeles. Eric war damals ebenfalls in L. A. und wachte einen ganzen Tag lang an der Seite meines Vaters, bis ich aus San Francisco eingetroffen war. Die Hospizschwester, die seit Jahrzehnten Sterbende und ihre Familien begleitete, vertraute mir bei meiner Ankunft an, sie habe in all den Jahren nie einen Schwiegersohn erlebt, der in der Lage gewesen wäre, so viel Liebe, Güte und innige Wertschätzung zu zeigen wie Eric am Bett meines Vaters.

Eric erzählte mir später, dass er zehn Jahre früher nie und nimmer in der Lage gewesen wäre, einen Zugang zu diesen Gefühlen zu finden oder eine Verbindung mit meinem im Sterben liegenden Vater herzustellen. Die Erfahrung hatte ihm deutlich zu Bewusstsein geführt, wie sehr er in der Zeit, die wir uns kannten, innerlich gewachsen war, was ihn tief berührte. Und natürlich berührte mich das sehr und vertiefte meine Liebe und Dankbarkeit für meinen Mann. Die Schönheit einer Beziehung zeichnet sich dadurch aus, dass man sich gegenseitig bereichern und die eigenen, weniger ausgebildeten Anlagen weiterentwickeln kann. Damit die Fähigkeiten, an denen es Ihnen selbst mangelt, gedeihen können, sollten Sie die Stärken Ihres Partners schätzen lernen. Die Besonderheit einer Paarbeziehung liegt darin, dass das Wir vielmehr ein doppeltes Ich ist.

Reaktive Verhaltensweisen – bissige Bemerkungen, Anschuldigungen oder die Angewohnheit, sich zurückzuziehen oder zu mauern – ermöglichen uns, den eigentlichen Problemen auszuweichen; sie lenken uns ab und verbergen verletzte Gefühle, denen wir uns angstvoll verschließen. Sara, zum Beispiel, hat Angst, dass Sean sie nicht mehr liebt, dass er sie und ihre Ehe nicht mehr wichtig nimmt, wird deshalb wütend und geht ihn immer wieder heftig an (»*Nie* hörst du mir zu.«). Sean fühlt sich überfordert von Saras Wutausbrüchen und zieht sich zurück, was den Machtkampf, den sie zu vermeiden sucht, erst recht anheizt. Um sich aus dem eingefahrenen Muster zu lösen, müsste einer der beiden Größe zeigen, mutig sein und seinen verletzlichen Kern offenbaren. Wenn Sara über ihren Schatten spränge und ihre Ängste teilte, würde sie riskieren, aufs Neue schmerzhaft zurückgewiesen zu werden. Wenn Sean über seinen Schatten spränge, müsste er aufhören, dichtzumachen und Sara stattdessen erzählen, wie er sich fühlt, wenn sie nach seinem Empfinden mal wieder auf ihm herumreitet. Wie der jeweils andere darauf reagieren wird, ist nicht gesagt. Es gibt keine Garantien, kein Sicherheitsnetz. Nur ein starkes, persönliches Engagement zur Veränderung.

Und Veränderung geht einher mit bewusster Einsicht. Seien Sie gütig, offen und verständnisvoll sowohl sich selbst als auch Ihrem Partner gegenüber. Zu einem bestimmten Zeitpunkt mögen bestimmte strategische Entscheidungen und Verhaltensweisen tatsächlich genial gewesen sein (dichtmachen; schreien, um gehört zu werden; unbedingt Recht haben müssen) und waren vielleicht auch die einzigen, die Ihnen als Kind blieben (wenn ihre Eltern tobten; sie emotional oder körperlich im Stich ließen; wenn Sie fürchteten, keine Kontrolle über eine bestimmte Situation zu haben). Dann hielten Sie sich an diese Verhaltensweisen, um sich zu schützen.

Doch die Frage, die sich in der jetzigen Lebensphase stellt, ist folgende: »Schützen mich diese (alten) Verhaltensweisen *wirklich* vor meinen ureigenen Ängsten? Vor Zurückweisung, vor Einsamkeit oder vor meiner Unsicherheit, nicht um meiner selbst willen geliebt zu werden?« Hören Sie tief in sich hinein, und ich bin sicher, dass Sie beide Fragen mit Nein beantworten werden. Also, nur zu! Sie stehen am Anfang einer wunderbaren, wachstums- und liebesfördernden Reise!

Um toxische Beziehungsmuster erkennen zu können, müssen Sie zunächst den emotionalen Mut aufbringen, den eigenen Zorn beiseitezulassen und sich den unbequemen Ängsten, die ihn hervorrufen, zu stellen. Sie müssen motiviert und willens sein, sich zu öffnen, und Sie müssen ehrlich an die Sache herangehen, um herauszufinden, ob die Ängste, die Sie hegen, tatsächlich berechtigt sind – *Liebt er mich überhaupt noch?*, *Werde ich es ihm überhaupt recht machen können?*, *Wird ihr Zorn jemals verfliegen?*, *Ist unsere Ehe am Ende?*

Emotionaler Mut bedeutet auch, sich gegenüber dem Partner verletzlich zu machen, ohne sicher zu sein, ob der Partner dieses authentische Wesen akzeptieren wird. Was, wenn Sie sich öffnen und merken, dass Sie ins Leere laufen, der Partner gar nicht mehr da ist? Was, wenn Sie den ersten Schritt auf ihn zumachen, er ihnen aber nicht entgegenkommt? Auch sich selbst einzugestehen, dass es einen Mittelweg gibt, erfordert Mut. Fragen Sie sich, wovor Sie am meisten Angst haben. Haben Sie am meisten Angst davor, Ihren Partner zu verlieren (wohl schon, da Sie gerade dieses Buch lesen)? Der springende Punkt ist der: Wenn Sie es nicht schaffen, den emotionalen Mut aufzubringen, um sich Ihren Ängsten zu stellen, sich Ihrem Partner gegenüber radikal zu öffnen, ist Ihre Beziehung so gut wie sicher verloren. Wenn Sie es aber schaffen und den nötigen Mut aufbringen, dann haben Sie gute Chancen. Warum also nicht den ersten Schritt wagen?

»Ich will nicht dauernd auf dir rumhacken«, sagte Sara zu Sean. »Ich will mich nicht die ganze Zeit streiten. Ich kriege einfach nur Angst, vor allem, wenn ich das Gefühl habe, dass du mir gar nicht richtig zuhörst. Ich habe nur Sorge, dass du es satthast mit mir.«

»Nein, bestimmt nicht. Ich liebe dich, und ich will für dich da sein. Ich will dir ja zuhören, aber manchmal weiß ich einfach nicht, wie ich es dir recht machen kann. Der ewige Streit frustriert mich, so dass ich mich nur noch zurückziehen und meine Ruhe haben will.«

Und damit kommen wir zur dritten der drei geheimen Zutaten für eine dauerhaft glückliche Beziehung: *Hoffnung*. Paare suchen mich auf, weil sie noch Hoffnung und Zuversicht haben. Und auch Sie haben die Hoffnung noch nicht aufgegeben, sonst würden Sie dieses Buch nicht lesen. Es gibt einen Grund, warum Sie es lesen, warum Sie mich, die Paare und sich selbst durch diese Seiten begleiten. Und dieser Grund heißt *Hoffnung*. Egal, wie schlimm es um Ihre Beziehung steht, egal, wie lange Sie sich schon in einer zerstörerischen Konfliktschleife drehen, egal, wie viel Zeit seit jenem innigen Liebeskreis, in dem Sie einmal waren, vergangen ist – Sie haben die Hoffnung noch nicht aufgegeben.

Die Beziehung ändern – aber wie?

Formulieren Sie Ihre Vorsätze und gehen Sie diese optimistisch an

Wir vergessen nur allzu leicht, dass unsere Aktionen immer auch Reaktionen auslösen. Ehe man sichs versieht, bekommt die Konfliktschleife durch ein simples Missverständnis einen weiteren Schub, was nicht zu einer Lösung führt, sondern zu noch mehr Groll und zunehmender Unzufriedenheit. Wenn Sie erkennen, dass Sie unverhältnismäßig heftig auf eine Situation reagieren, kann es helfen innezuhalten, tief durchzuatmen und sich die eigenen Vorsätze noch einmal bewusst zu machen. So können Sie die Weichen noch einmal neu stellen. Nachfolgend finden Sie einen meiner sogenannten Quick Tipps, schnelle Übungen, die Ihnen dabei helfen sollen, sich in bestimmten Fähigkeiten zu schulen. In den folgenden Kapiteln werden Sie immer wieder auf solche Quick Tipps stoßen, mit denen Sie die Herausforderungen des Beziehungsalltags nach und nach zu meistern lernen. Außerdem finden Sie am Ende der nächsten fünf Kapitel jeweils ein kleines Quiz sowie HEARTwork-Übungen, mit deren Hilfe Sie die im jeweiligen Kapitel dargestellten Konfliktschleifen durchbrechen können.

Der folgende Quick Tipp zielt darauf ab, die innere Achtsamkeit zu trainieren und zu verbessern, denn sie ist ein mächtiges Werkzeug, um mit reaktiven Verhaltensmustern fertigzuwerden und sich die eigenen Vorsätze bewusst zu machen. »Quick Tipp« heißt es deshalb, da wenige Minuten ausreichen, um die Perspektive zu justieren, die Beziehung durch eine neue Brille zu sehen und echte Veränderung zu befördern.

Quick Tipp
♡
Achtsamkeit üben

Idealerweise achten Sie darauf, das Achtsamkeitstraining regelmäßig als ein Werkzeug zur Erneuerung Ihres Liebeskreises zu nutzen. Und so gelingt es besonders gut: Nutzen Sie die Aussagen und Fragen als eine Richtschnur, und nehmen Sie sich ein paar Minuten Zeit, um sich Ihren persönlichen Vorsatz in diesem Moment bewusst zu machen. Denken Sie simpel, und wählen Sie vorerst nur *einen Vorsatz* aus. Setzen Sie sich kleine, erreichbare Ziele, das ist der sicherste Weg.

- Ich will aufhören, an meinem Partner herumzunörgeln.
- Ich will ein friedlicheres Zuhause für unsere Kinder.
- Ich will künftig mehr meinen eigenen Anteil an unserem Streit/Konflikt sehen.

- Ich will meinem Partner gegenüber offen und zugänglich sein.
- Ich will eine offene und ehrliche Beziehung.
- Ich wünsche mir, künftig zärtlicher sein zu können und/oder mehr Zärtlichkeit zu erhalten.
- Ich will Feindseligkeit und Konflikt in meiner Beziehung durch Friedfertigkeit ersetzen.
- Ich will alten Groll und Zorn durch Versöhnlichkeit ersetzen.
- Ich wünsche mir ein erneuertes Gefühl der Verbundenheit und mehr bewusste Zeit zu zweit mit meinem Partner.
- Ich will Vertrauen aufbauen oder neu erbauen.
- Ich will mehr persönlichen Freiraum, mehr Ich-Zeit.
- Ich will mehr Leidenschaft und Sex.
- Ich will mehr mit meinem Partner unternehmen und Spaß zusammen haben.

Nehmen Sie sich die Zeit, die Sie brauchen, und seien Sie ehrlich mit sich selbst. Anschließend notieren Sie Ihren Vorsatz (unten) und halten Sie sich diesen präsent, während Sie weiterlesen.

Mein Vorsatz ist: _____

3.
Die Elternfalle ⟳
Gleichwertige Partnerschaft

Die Elternfallen-Konfliktschleife beginnt für gewöhnlich aus guten Absichten heraus, aus echter Liebe und Fürsorge. Egal, ob *er* oder *sie*, beide sind nicht davor gefeit, genau in diese Falle zu tappen: *Sie* vielleicht, da sie beschließt, *ihn* von seinen Fast-Food-Gewohnheiten ab- und hin zu einer gesunden Ernährungsweise zu bringen, am Ende aber seine Mundwinkel auf Ketchupspuren hin kontrolliert, wenn er von der Arbeit nach Hause kommt oder unter dem Autositz nach gebrauchten Papierservietten sucht. *Er* vielleicht, da er weiß, dass es *ihr* verhasst ist, sich um lästigen Papierkram rund um Rechnungen & Co zu kümmern, weshalb er beschließt, ihr diese Arbeit abzunehmen … und am Ende alleinig das finanzielle Zepter schwingt. Überlegen Sie einmal selbst, wo es in Ihrer Beziehung in der Verteilung der Zuständigkeiten für bestimmte Dinge ein Ungleichgewicht gibt. Geht es darum, sich gegenseitig zu unterstützen? Oder geht es darum, Kontrolle auszuüben? Wenn Sie sich gegenseitig unterstützen, können Sie als Team zusammen stärker sein, als Sie es jeder für sich alleine wären. Aber wenn aus Unterstützung Kontrolle wird, markiert dies den Beginn der Elternfalle.

In diesem Kapitel geht es darum, Macht- und Verantwortungsbereiche wieder ins Gleichgewicht zu bringen, und zwar so, dass jeder Partner den jeweils anderen in einem neuen Licht erkennen und dessen Beitrag zur Beziehung mit Respekt begegnen kann. Diese Konfliktschleife ist dadurch gekennzeichnet, dass einer der Partner wie ein Elternteil agiert, indem er die Leistungen oder Verhaltensweisen des anderen kontrolliert, während der andere seine Verantwortungen schleifen lässt. Es geht nun darum, zu einer gleichwertigen Partnerschaft zwischen zwei erwachsenen und sich liebenden Menschen zu gelangen.

Noch einmal: Im Unterschied zu den anderen Konfliktschleifen, die wir in diesem Buch betrachten werden, hat die Elternfalle ihre Wurzeln häufig in gesunden und liebevoll-fürsorglichen Verhaltensweisen, die von Herzen kommen. Gut möglich, dass Sie angefangen haben, Verantwortungsbereiche, die Ihnen liegen, ganz selbstverständlich zu übernehmen, um es sich und Ihrem Partner einfacher zu machen, was nach und nach jedoch in einen ungesunden Kontrollmechanismus umgeschlagen ist. Oder Sie haben sich zum Beispiel angewöhnt, Kalender und Termine im Auge zu behalten, verstricken sich dann aber vor lauter übermäßiger Fürsorge derart, dass Sie ständig kontrollieren müssen, wann und wo Ihr Partner sich in jedem Augenblick an jedem Tag befindet.

Gewiss, Verantwortungsbereiche aufzuteilen, kann in manchen Beziehungen sehr gut funktionieren: *Er* behält Kalender und Termine im Auge, *sie* ist für das Bezahlen der Rechnungen zuständig, *er* bringt ein gesundes Abendessen auf den Tisch, *sie* ist verantwortlich für die Urlaubsplanung. Es geht darum herauszufinden, was für Sie am besten funktioniert. Und machen wir uns nichts vor: Wenn es absolut nicht Ihr Ding ist und Sie es leid sind, sich ständig mit Terminen oder Urlaubsplanungen auseinandersetzen zu müssen, dann wissen Sie tief in Ihrem Inneren, dass es allen Beteiligten besser täte, wenn Ihr Partner sich darum kümmern würde.

Die Elternfalle schlägt dann zu, wenn unterm Strich die Verteilung der Verantwortungs- oder Machtbereiche nach den Vorlieben und Fähigkeiten des Einzelnen aus dem Gleichgewicht gerät: dann zum Beispiel, wenn der eine entscheidet, dem anderen nie und nimmer die planerische Verantwortung für den Familienkalender zu überlassen, da das Chaos sonst vorprogrammiert wäre. Oder dann, wenn der eine entscheidet, dem anderen nie wieder die Urlaubsbuchung zu überlassen, da er nicht noch einmal in einem schmuddeligen Loch mit Dusche auf dem Flur landen will.

Elternfallen leiten sich bisweilen auch aus liebevoll-fürsorglichen Verhaltensweisen ab, die darauf zielen, den Partner vor dessen Ängsten oder dem, »was sich dahinter verbirgt« zu bewahren. Dies ist zum Beispiel dann der Fall, wenn der eine den Ängsten des anderen, den er liebt, nachgibt oder ihm Verantwortungsbereiche übergibt, um diese Ängste in den Griff zu bekommen. Ein schönes Beispiel dafür ist die jüngere Ehefrau, die sich von der Idee angezogen fühlt, einen Gatten zu haben, der sich um alles kümmert, weshalb sie ihm die eigene Verantwortung für viele Dinge überträgt, dem er wiederum nachgibt. Das klingt eigentlich ganz gut: Einer sagt an, wie dies oder das gemacht wird und kümmert sich auch darum, der andere bringt dafür mehr Schwung in die Partnerschaft. Im Beispiel »älterer (Ehe-)Mann – jüngere (Ehe-)Frau« könnte es sein, dass der Mann die Angst hegt, seiner jüngeren Frau nicht genügen zu können, und sie deshalb (und ohne es zu wollen) durch eine geradezu kindhafte Abhängigkeit an sich zu binden sucht, um sich so, wie er glaubt, ihre Treue zu sichern. (Dieser Mann steht beispielhaft für all jene Menschen, die von dem Gefühl, gebraucht zu werden und dem anderen etwas Gutes zu tun, nicht lassen können: aus Angst, der Partner könnte ihre Zuwendung nicht mehr benötigen, versuchen sie, sich unentbehrlich zu machen, so weit sogar, bis sie nicht mehr verlassen werden können.)

Es gehören allerdings immer zwei dazu, um die entsprechenden Dynamiken dafür zu schaffen, in der Elternfallen-Konfliktschleife ebenso wie in allen anderen Konfliktschleifen auch. Erst, wenn es gelingt, die Folgen daraus für die eine wie für die andere Seite zu sehen, kann es auch gelingen, diese Dynamik zu verändern und die Beziehung wieder ins Gleichgewicht zu bringen.

Ich weiß, ich weiß. Während Sie diese Zeilen lesen, denken Sie vielleicht: *Gut und schön! Dafür müsste mein Partner erst mal aus sich herauskommen, die Dinge ordentlich erledigen und irgendwie Rückgrat zeigen, dann könnte ich ihn auch wie einen erwachsenen Menschen behandeln!* Oder Sie denken vielleicht: *Na ja, wenn mein Partner schon ein Mikromanagement für jede einzelne Sekunde meines Tages betreibt, dann soll er bitteschön gleich alles machen und mich in Ruhe lassen.* Aber wenn Sie aus der Elternfallen-Konfliktschleife heraus in den Liebeskreis einer gleichwertigen Partnerschaft finden wollen, ist es unerlässlich zu verstehen, dass die Hälfte der Verantwortung für die Beziehung an Ihnen liegt. Es mag Ihnen im Moment unheimlich oder unmöglich erscheinen, gegen die eingefahrenen Bahnen in Ihrer Beziehung anzukämpfen und auszuprobieren, was passieren würde, wenn Sie »aus sich herauskämen«, Ihr »Mikromanagement« einstellen würden oder sich einfach so verhielten, als wären Sie in einer gleichwertigen Partnerschaft. Aber Sie sind es sich selbst und Ihrem Partner schuldig, den Status quo zu verändern. Was würde passieren? Würde alles liegen bleiben, nichts erledigt werden? Würden die Räder in Ihrem Beziehungsalltag stillstehen? Würde »sich wie ein erwachsener Mensch zu verhalten« bedeuten, sich geradewegs in noch mehr Konflikte zu verstricken als ohnehin schon bestehen?

Es ist für Ihre Beziehung nicht nur unerlässlich, diese Überzeugungen in Frage zu stellen, sondern es geht auch darum, dass Sie sich von diesen unseligen Eltern-Kind-Schemata befreien, um ein authentischeres und erfüllteres Leben beginnen zu können. Sie finden in diesem Buch mehr als eine Gelegenheit, Ihre Beziehung als ein Forum für persönliches Wachstum zu nutzen. Nur zu! Wovor haben Sie Angst, wenn Sie Ihre elterliche oder kindlich-abhängige Position aufgeben? Es ist an der Zeit, sich dieser Angst zu stellen.

Kindisch vs. kindhaft

Vor ein paar Jahren stand ich am Seattle-Tacoma Airport bei Pete's Coffee in der Schlange. Am Flughafen von San Francisco herrschte derweil dichter Nebel, und so rief ich meinen Mann Eric an, um ihm zu sagen, dass ich mit Verspätung nach Hause käme. Als ich auflegte, sprach mich eine Frau neben mir in der Schlange an.

»Entschuldigen Sie, sind Sie nicht Dr. Tara?«, fragte sie. »Ich kenne Ihre Stimme aus dem Radio.«

Ich drehte mich um und sah eine Frau Anfang 40 in einem maßgeschneiderten Kostüm, Nägel und Haare perfekt gepflegt. Wie sich herausstellte, waren wir auf den gleichen verspäteten Flug gebucht.

»Ich bin Susan«, sagte sie und fuhr fort: »Ich weiß, Sie hören das bestimmt die ganze Zeit, aber dürfte ich kurz etwas mit Ihnen besprechen?«

»Gerne«, sagte ich.

Wir bestellten jeder einen Latte macchiato und suchten uns eine ruhige Ecke.

Sie begann zu erzählen. »Zuallererst möchte ich sagen, dass ich meinen Mann, Stephen, über alles liebe. Wir sind seit fünf Jahren verheiratet, seit acht Jahren sind wir zusammen, und wir haben einen wunderbaren, dreijährigen Sohn, Ethan. Aber ich habe ständig das Gefühl, dass ich in der Beziehung die Erwachsene sein muss, und ich hasse das. Ich bin, ehrlich gesagt, heilfroh, dass mein Flug Verspätung hat, denn ich weiß, dass mich daheim irgendeine Katastrophe erwarten wird, sobald ich durch die Haustür komme.«

»Was genau für Katastrophen sind das denn?«, fragte ich sie.

»Na ja, die Jungs haben wahrscheinlich eine super Zeit, aber das Haus wird ein einziges Chaos sein – überall Spielzeug, nichts im Kühlschrank, Wäsche ungewaschen in der Maschine – und an mir bleibt es wie immer hängen, alles aufzuräumen und wieder Ordnung zu schaffen.« Sie erklärte mir weiterhin, dass Stephen eventuell ein paar Kleidungsstücke zusammengelegt hatte, aber natürlich nicht richtig, und eventuell hatte er auch ein paar Teller und Tassen abgespült, die dreckigen Töpfe aber bestimmt im Spülbecken stehen lassen. »Beruflich bin ich Geschäftsführerin eines Hightech-Unternehmens, habe lange Arbeitstage und bin verantwortlich für die Jobs vieler Menschen. Es wäre wirklich schön, nach Hause zu kommen und dort nicht auch noch für alles und jeden verantwortlich zu sein.«

Ich ließ Susan reden, und irgendwann war sie beim Thema Sex. Als ich sie konkret auf ihr Sexleben mit Stephen ansprach, lachte sie hellauf. »Ha! Welches Sexleben? Er sagt, es turnt ihn nicht an, wenn ich ihn behandle, als sei ich seine Mutter, und umgekehrt turnt es mich nicht an, wenn ich einen kleinen Jungen vor mir habe.« Sie stockte, nippte an ihrem Kaffee. »Schauen Sie, es kommt mir vor, als hätte ich zu Hause zwei Kinder, nicht nur eins. Ich vermisse den starken, sexy Mann, den ich geheiratet habe.«

Solche Geschichten höre ich in meinem Praxisalltag immer wieder, ganz unabhängig vom Geschlecht oder der sexuellen Orientierung meiner Klienten. Der eine übernimmt automatisch die fürsorgliche Verantwortung für den anderen mit. Doch dieses Muster schleift sich mit der Zeit dann derart ein, dass der eine den anderen regelrecht bemuttert – kein schönes Gefühl, zumal nicht für denjenigen, der bemuttert wird und in einer Tour zu hören bekommt, *was* er *wie* zu tun hat. *Herumhacken* – ein negatives Wort, aber eines, das ich von meinen Klienten immer wieder höre.

Wer in der Beziehung die kindlich-abhängige Rolle lebt, sagt: »Na und, wozu sich bemühen? Ich kann es doch ohnehin nie recht machen«, und überlässt dem Partner weiterhin das Zepter, was jedoch auf Kosten einer ausgeglichenen Paarbeziehung geht. Was klein anfängt – als ein leise empfundenes Ungleichgewicht zwischen einem Zuviel an Verantwortung auf der einen und einem Zuwenig an Verantwortung auf der anderen Seite –, kann sich in eine Konfliktschleife auswachsen, die die (noch) vorhandene Liebe zerstört, sofern man die Dinge buchstäblich *schleifen* lässt. Die Elternfalle kann außerdem das sexuelle Verlangen zerstören, sofern es überhaupt noch vorhanden ist. Wie Susan bereits sagte: Wer will schon Sex mit einem Mann haben, der sich benimmt wie ein kleines Kind, und wer will schon Sex mit einer Frau haben, die ihn an seine herumnörgelnde Mama erinnert?

Nun richtet sich die Elternfalle nicht nach dem Geschlecht, wenn ich auch in meiner Praxis tendenziell mehr Frauen erlebe, die in die elterliche Rolle hineinrutschen, und mehr Männer, die in die kindlich-abhängige Rolle verfallen, als umgekehrt. Das mag daran liegen, wie unsere Gehirne verschaltet sind oder wie wir aufgewachsen sind. Das weibliche Gehirn könnte auch die Erklärung dafür sein, dass Frauen besser zu Multitasking fähig sind als Männer, wie Studien des Neuropsychologen Gijsbert Stoet und Kollegen untermauern. Die weibliche Fähigkeit, mehrere Dinge gleichzeitig zu erledigen, während Männer sich nur auf eine Sache auf einmal konzentrieren, zeigt sich in den verschiedensten Situationen. In einer Beziehung kann das so aussehen: Die Frau beantwortet E-Mails, während sie gleichzeitig den Kindern bei den Hausaufgaben hilft, die Kochwäsche erledigt und ein gesundes Abendessen zubereitet. Gleichzeitig klinkt sich der Mann aus dem Multitasking-Chaos aus, indem er sich nur einer Sache widmet – Ohrenstöpsel rein, Stress raus. Manchmal denke ich mir, wenn ich abends nach Hause komme: *He, warum nicht eben noch schnell in der Waschküche eine Maschine anwerfen, auch, wenn ich dann den ersten Wurf meiner Lieblings-Baseballmannschaft, verpasse?* So etwas würde meinem Mann nie einfallen. Er würde geradewegs und ohne Umwege ins Wohnzimmer marschieren, um den Spielbeginn nicht zu verpassen. Und oft beneide ich ihn dafür.

Ab und zu kommt es auch vor, dass ich es vor lauter Multitasking gar nicht bis in mein Arbeitszimmer schaffe und das, was ich mir vorgenommen habe, nicht erledigt bekomme, weil ich mich auf dem Weg dorthin völlig verzettle. Mein Mann hingegen nimmt sich eine Sache vor, konzentriert sich darauf und macht sie richtig. Aber, Gott sei's geklagt, genauso gut geht er unbeeindruckt an einem Berg frischer Wäsche vorbei, die zusammengelegt werden müsste (und ich hätte manchmal gute Lust, ihn freundlich darauf hinzuweisen). Insofern werden innerhalb der Beziehung zwei gleichwertige Rollen ausgeübt, doch wenn das Verhalten des einen die Erwartungen des anderen nicht erfüllt, kann die Elternfalle, die daraus resultiert, die Beziehung verschleißen.

Nach Susans Beschreibung war klar: Sie und Stephen wussten, dass sie in einer Art Beziehungsmuster feststeckten, in welchem sie tonangebend und er passiv war, aber sie wussten nicht, wie sie es auflösen könnten. Stephen erledigte einige Hausarbeiten, organisierte Termine und meldete das Auto zum Ölwechsel an, aber er machte all diese Dinge eben nicht »richtig«. Er konnte es ihr einfach nicht recht machen, weshalb sie das Gefühl hatte, immer alles selbst machen zu müssen.

Stephen seinerseits war es ziemlich egal, wann und wie die Wäsche zusammengelegt oder ob das Auto bei jedem Ölwechsel auch einer Inspektion unterzogen würde. Er tat sein Bestes, wie er fand, um Susan bei Laune zu halten, konnte es ihr am Ende aber nie recht machen und gab schließlich alle Versuche auf. *Wozu auch?*, sagte er sich.

Aber Susan wollte ihre Erwartungen nicht herunterschrauben, wie sie mir erzählte. Sie fand es einfacher, alles gleich selbst zu erledigen, anstatt ihm ständig vorsagen zu müssen, wie er dies oder das zu machen habe. Sie beklagte sich, dass Stephen nicht mithalf, hinter ihren Worten aber schwang der Gedanke, dass er ohnehin nichts »richtig« hinbekam. Und so steckten beide in der Elternfalle fest.

Wie jede Konfliktschleife, so lässt sich auch diese durch eine Außen- und eine Innenperspektive betrachten. Aus der Außenperspektive sehen wir ganz klar, dass Susan ihre Erwartungshaltung lockern könnte und Stephen sich vornehmen könnte, sich mehr zu bemühen, anstatt Susans Perfektionismus als Ausrede für sein »Nichtstun« zu benutzen. Aus der Innenperspektive hingegen mag es scheinen, als gäbe es keinen Ausweg. Susan kommandierte Stephen herum, nicht, weil sie es so wollte, sondern weil sie dachte, dass sie es musste. Wenn sie nicht die Oberhand behielt, hatte sie das Gefühl, als würde gleich eine Katastrophe passieren, und so unternahm sie alles, damit es nicht dazu kam. Und Stephen mied es, Susans Liebling-tu-dies-tu-das-Liste abzuarbeiten, nicht, weil er unfähig oder bockig wäre, sondern weil jeder Versuch geradewegs in eine nächste Tretmine führte. Unser Denken und Handeln in einer Beziehung wird oft stark beeinflusst von klaren Vorstellungen darüber, wie die Dinge erledigt werden sollten, um dann gleich darauf zu prüfen, wie sie tatsächlich erledigt werden. Wir sagen dann Sätze wie: »Wenn du mich lieben würdest, würdest du …«

Aber wie kommen wir zu so einer Haltung?

Während Susan und ich unsere kleine Unterhaltung am Flughafen fortführten, kamen wir irgendwann auf ihre

Kindheit zu sprechen. Ihre Eltern hatten beide anspruchsvolle Jobs gehabt und waren abends oft spät nach Hause gekommen. Also fiel es Susan, der Ältesten von vier Kindern, zu, die Elternrolle zu übernehmen. »Ich wurde zur Mami«, sagte sie. »Wenn es im Haus chaotisch war, fühlte ich mich auch chaotisch. Wenn ich nicht den Abwasch machte, die Wäsche zusammenfaltete oder jedem Einzelnen hinterherräumte, blieb eben einfach alles liegen.« Einmal, als Susan gerade mit einer Freundin telefonierte, kletterte eins ihrer jüngeren Geschwister auf die Küchentheke, um die Müslipackung zu holen, fiel herunter und brach sich den Arm. Kein Wunder, dass Susan so viel Angst hatte! Dieses eine Mal in ihrem Leben, da sie die Kontrolle etwas lockerte, hatte sie tatsächlich eine Katastrophe erlebt.

Bedingt durch ihre Prägung durch die Vergangenheit versucht Susan bis heute, die Kontrolle zu behalten (über sich selbst und den Partner). Gleichzeitig sucht sie aber auch nach einem Mann, der ihr helfen könnte, sich davon zu lösen, zumindest am Anfang der Beziehung. Susan hatte sich in Stephen verliebt, weil er dazu fähig ist, ganz ungezwungen einfach Spaß zu haben, weil er abenteuerlustig ist, weil er spontan ist – alles Dinge, die Susan selbst in ihrer Kindheit entbehrt hatte. Eines sollten Sie stets im Gedächtnis behalten: So viele der Eigenschaften Ihres Partners, in die Sie sich einst verliebten – von denen Sie anfangs gar nicht genug kriegen konnten –, sind Jahre später oft genau die, die Sie am schärfsten kritisieren, verschmähen oder ihm gar auszutreiben suchen.

Zu Beginn ihrer Beziehung liebte Susan Stephens unbeschwerte Art: Er brachte sie zum Lachen, half ihr, etwas spontaner und unbekümmerter zu sein. Er war kindhaft, spaßig, voller Staunen und Neugier, ja, sogar etwas verwegen – alles Dinge, die Susan nie selbst hatte ausprobieren oder erleben können. Doch was sie früher als *kindhaft* angesehen hatte, erschien ihr nun *kindisch*. Jedes Mal, wenn sie einen Geschirrstapel im Spülbecken oder einen Berg Wäsche in der Waschküche sah, stiegen die alten Ängste vor heillosem Chaos in ihr hoch, so dass sie sich innerlich auf schlimmste Katastrophen gefasst machte. Tief im Inneren war sie wieder das kleine Mädchen, das mit ihrer Freundin am Telefon plaudern wollte, das aber mit dem großen Mädchen, das die Elternrolle innehatte, im Wettstreit lag. Und das große Mädchen gewann. Susan konnte gar nicht erkennen, was Stephen alles »richtig« machte, beispielsweise, dass er ein liebender, fürsorglicher Vater war, weil sie jedes Mal vom Gefühl einer nahenden Katastrophe übermannt wurde, wann immer sie all die vielen Dinge sah, die er »falsch« machte.

»Lassen Sie uns dieses Problem lösen«, sagte ich.

Und da sich der Nebel am Flughafen San Francisco offenbar hartnäckig hielt, hatten wir noch etwas Zeit. Ich schlug Susan ein paar Quick Tipps vor, die sie vielleicht ausprobieren wollte:

Quick Tipp

Sich der Angst stellen

Susan hatte Angst, es könnte eine Katastrophe geben, wenn sie nicht immer die Oberhand behielt. Aber würde es *wirklich* eine Katastrophe geben? Wir wissen bereits, wie Susan diese Erwartungshaltung entwickelt hatte, aber nun war es Zeit für einen genaueren Blick.

»Ist das Ihre Angst oder eine reale Tatsache im Hier und Jetzt?«, fragte ich sie.

Stellen Sie sich selbst die gleiche Frage. Blicken Sie tief in Ihre Beziehung hinein, um Ihre Ängste zu ergründen. Was, fürchten Sie, passiert, wenn Sie die Kontrolle aufgeben oder Ihren Partner einfach in Ruhe lassen? Kommt Ihnen das Gefühl oder die Situation, die Sie sich dabei vergegenwärtigen, vertraut und bekannt vor? Beachten Sie, dass es hier nicht darum geht, sich über Ihren Partner klar zu werden. Es geht vielmehr darum, dass Sie sich über sich selbst klar werden. Bei vielen Paaren wird die Elternfalle von Ängsten befeuert – von der Angst, nach außen ein schlechtes Bild abzugeben, wenn der Haushalt nicht perfekt in Schuss ist; von der Angst, ins Hintertreffen zu geraten; von der Angst vor dem Unbekannten, das scheinbar durch Reglementierungen in Schach gehalten werden kann. *Wovor haben Sie Angst?*

Es braucht vielleicht etwas Zeit, doch sobald Sie Ihre Angst, die die Ursache für Ihr Verhalten ist, identifiziert haben, besteht der nächste Schritt darin, diese Angst an der Wurzel anzugehen. Fragen Sie sich, was wirklich passieren würde, wenn sich Ihre Ängste bewahrheiten würden. Könnte es nicht sein, dass sich die (Schwieger-)Eltern, die zu Besuch kommen, sogar wohler fühlen, wenn Ihr Wohnzimmer »bewohnt« aussieht? Oder gäbe es möglicherweise gar nicht so viel Streit, wie Sie denken, wenn Sie einmal eine Woche lang versuchten, die anspruchsvollen Erwartungen Ihres Partners zu erfüllen? Susan hatte Angst, ein heilloses Chaos anzutreffen, wenn Sie nach Hause käme, doch tief in ihrem Inneren wusste sie, dass Stephen und Ethan einträchtig auf dem Fußboden sitzen und ein Spiel spielen würden und eine super Zeit zusammen hatten. Ich gab ihr als Aufgabe mit, sich zu ihnen zu gesellen. *Wie können Sie Ihren Ängsten begegnen?*

Quick Tipp
♡
Eine tägliche Dosis Dankbarkeit

Die meisten Beziehungen beginnen mit einem Liebeskreis, in dem wir dahinschmelzen angesichts all der wunderbaren Eigenschaften, die wir an unserem Partner so sehr lieben. Doch dann, Schritt für Schritt, hören wir auf, diese Dinge zu sehen, und beginnen, nur noch die negativen Eigenschaften wahrzunehmen. Eine schlechte Angewohnheit von uns. Im Laufe der Zeit werden unsere Gehirne neu vernetzt, so dass wir nur noch sehen, was der Partner »falsch« macht, anstatt das zu sehen, was er »richtig« macht. Wir fokussieren uns auf Dinge, die uns an unserem Partner missfallen, anstatt auf die, die wir einmal an ihm schätzten und die wir uns nach wie vor ersehnen.

Und immer hoffen wir, dass wir, sobald wir den Weg zurück in diesen Liebeskreis gefunden haben, all diese wunderbaren Dinge an unserem Partner wieder sehen können. Doch die Aufgabe besteht darin, bewusst nach diesen Dingen zu suchen, denn nur sie führen uns zurück in den Liebeskreis. Spielen Sie nicht das Wenn-dann-Spiel, wo Sie darauf warten, Liebe zu erhalten, ehe Sie selbst Liebe bezeigen! Fangen Sie an, Liebe zu geben, dann wird Liebe folgen.

Schreiben Sie jeden Tag fünf Dinge auf, die Sie an Ihrem Partner schätzen. Es können kleine Dinge sein wie ...

... die Tatsache, dass sie immer daran denkt, Ihre Sachen aus der Reinigung abzuholen.
... das leckere Sandwich, das er Ihnen zubereitet hat.

Oder auch größere, wie ...

... die Sparkonten, die er für das spätere Studium Ihrer Kinder angelegt hat.
... die viele Zeit, die er sich ans Telefon hängt, um sich mit Versicherungsunternehmen herumzustreiten.

Blicken Sie ihm/ihr in die Augen und bringen Sie Ihre Dankbarkeit mit persönlichen Worten zum Ausdruck. Schreiben Sie Ihre Empfindungen auf einen Klebezettel, den Sie an den Badezimmerspiegel heften oder schreiben Sie ihm/ihr eine Dankeschön-SMS. (Sie können auch eine ganze Dankeschön-Liste aufstellen oder eine kleine Dankeschön-Zeitschrift gestalten.) Und grämen Sie sich nicht, wenn Ihnen an manchen Tagen nur ein oder zwei Komplimente für Ihre Liste einfallen. Das Wichtige ist, dass Sie keine Gelegenheit versäumen, um Ihrem Partner Ihre Wertschätzung zu bekunden.

Es ist erstaunlich, wie viele kostbare Momente wir ungenutzt verstreichen lassen, wie oft wir im Stillen denken: *Oh, das ist aber lieb von ihm/ihr*, den Gedanken aber unserem Partner gegenüber nicht aussprechen. Hingegen haben wir immer – immer! – eine Bemerkung parat, wenn unser Partner etwas sagt oder tut, das uns missfällt. Das nächste Mal, wenn Sie an Ihrem Partner etwas entdecken, das Sie anerkennens- oder liebenswert finden, packen Sie die Gelegenheit beim Schopf. Schicken Sie ihm/ihr eine SMS, eine E-Mail oder gehen Sie einfach zu ihm/ihr und geben Sie ihm/ihr einen Kuss.

Susans erste Dankeschön-Liste, die sie am Flughafen auf die Rückseite einer Serviette kritzelte, sah so aus:

- Ich weiß es *wirklich* zu schätzen, wenn du in einer wunderschönen, sternenklaren Nacht meine Hand nimmst und sagst: »Komm, schalt den Computer aus, Liebling, und lass uns rausgehen.«
- Du schaffst es, dass ich Spaß und Freude habe ... und das ist gar nicht leicht.
- Ich liebe es, wenn du mir einen Kaffee servierst und mir einen Kuss auf die Stirn gibst.

> - Wenn ich mal wieder das Gefühl habe, mein ganzes Dasein bestünde nur aus Arbeit und Karriere, erinnerst du mich stets daran, dass es auch noch andere, wichtigere Dinge gibt – innige Freundschaften, gemeinnützige Aktivitäten, all die Dinge, die ich der Welt und unserer Beziehung schenke.

Drei Wochen nach unserer Zufallsbegegnung am Flughafen erhielt ich eine E-Mail von Susan:

Hallo Tara,
ich möchte nur kurz Danke sagen für Ihre Hilfe! Wir haben Ihre Ratschläge umgesetzt und probieren ein neues gemeinsames Hobby: Salsa-Tanzen! Ich machte mir Sorgen, die Tanzschritte nicht richtig hinzubekommen, doch Stephen war absolut super. Als ich mich verkrampft konzentrierte, war er sehr einfühlsam und hat es sofort bemerkt. Er sah mir in die Augen und sagte: »Konzentrier dich auf mich. Du machst das großartig. Es geht nur darum, Spaß zu haben!« Und wissen Sie was? Es war mehr, als nur Spaß haben. Ich hatte vergessen, dass er sehr gut darin war, nicht zu streng mit sich selbst zu sein, und wie mir genau das half, auch weniger streng mit mir zu sein. Ich kam ins Schwitzen, und er sagte: »Steck

dir doch deine Haare hoch!«. Das machte ich. Ich wusste, dass ich keine besonders gute Figur machte, aber ich fühlte mich fantastisch. Es war so umwerfend, wie ich es jahrelang nicht mehr erlebt hatte. Und, ja, was soll ich sagen, der Abend endete wunderschön. Es fühlte sich so gut an, mit dem Mann zusammen zu sein, den ich liebe.

Herzlichen Dank, dass Sie mir zugehört haben
Susan

Unausgesprochene Erwartungen

Neulich lud ich unseren Hund in mein Auto, um mich mit meiner Freundin Nikki zu einer Wanderung nördlich von San Francisco zu treffen. Wir gingen ziemlich oft zusammen wandern, insbesondere, seit Nikki 50 geworden war und sich auf einer Art Selbstfindungstrip befand. Sie war Fachärztin für Onkologie gewesen, hatte auf diesem Gebiet gearbeitet, seit sie Mitte 20 war und nun mit 50 festgestellt, dass sie am sogenannten Mitgefühlserschöpfungssyndrom litt und völlig ausgebrannt war. Sie musste etwas anderes machen – etwas, das ihr die Art von Sinn gab, den die Krankenpflege einst für sie gehabt hatte. Dieses »etwas anderes machen« war zwar noch vage, aber Nikki hatte öfter mal davon gesprochen, vegane Kochkurse anbieten zu wollen. »Nach Jahren in der Onkologie möchte ich etwas tun, das mit Ursache zu tun hat, nicht mit Heilung«, hatte sie gesagt. »Und ich will nie wieder in einer Krankenhausumgebung sein.«

Eigentlich hatten wir diese Wandertour für vorige Woche geplant, doch als ich bereits im Auto unterwegs zu ihr war, rief sie mich an, um das Ganze abzublasen. Sie und ihre Lebensgefährtin Shannon hatten sich heftig gestritten. Die beiden waren seit zehn Jahren ein Liebespaar. Doch egal, welcher Grund genau dahintersteckte, ich wusste sofort, dass Nikki mich nicht von ungefähr fragte, ob ich einen Paartherapeuten empfehlen könnte.

Und so war ich heute unterwegs zu ihr, um unsere Wanderung nachzuholen, freute mich auf sie und wollte natürlich hören, was los war. Nikki war schon da. Wir marschierten los, und sie begann zu erzählen, was passiert war.

»Nun ja, kurz bevor ich letzte Woche aus dem Haus wollte, um mich mit dir zu unserer Wanderung zu treffen, eskalierte so ziemlich alles«, sagte Nikki. Wie sich herausstellte, hatte Nikki Shannon erzählt, sie müsse ihre neue Karriere voranbringen, habe Kochkurse geplant, wolle sich eine neue Website basteln, Leute treffen, die sich auf diesem Gebiet auskannten und andere geschäftliche Dinge erledigen. Dabei war sie in Wirklichkeit noch gar nicht bereit zu alledem. Nikki hatte fälschlicherweise geglaubt, sie könnte Shannon vor ihrer Angst vor der Ungewissheit schützen, indem sie ihr nicht die Wahrheit sagte – die darin bestand, dass sie Zeit brauche, um zu heilen und sich mit ihren Freunden auszutauschen. Doch es verhielt sich genau umgekehrt: Ihre Strategie hatte bei Shannon erst recht Angst erzeugt, wenngleich aus anderen Gründen. Bei Shannon begannen Alarmglocken zu schrillen – sie wusste nicht, was genau das Problem war, aber irgendetwas stimmte nicht mehr. Vergangene Woche hatte Shannon Nikkis Tachozähler kontrolliert, ihren SMS-Verlauf gelesen und festgestellt, dass sie sich nicht, wie behauptet, mit ihren neuen Berufsplänen befasst, sondern sich mit Freunden getroffen hatte.

»Ich glaube, sie dachte, ich hätte eine Affäre«, sagte Nikki.

Nikki und Shannon waren seither in Therapie bei meinem Freund Tim, einem ausgezeichneten Paartherapeuten, den ich seit Jahren kannte. Als Onkologin war Nikki jahrelang die Hauptverdienerin in der Beziehung gewesen. Und obwohl Shannon letztlich einen festen Job angenommen hatte, hatte sie Angst, dass es mit Nikkis neuen Berufswegen nicht klappen könnte und sie künftig nicht über die Runden kämen. Nikki erzählte mir, dass Shannon in einer letzten Sitzung bei Tim über ihre Angst gesprochen hatte, »Nikki könnte als Pennerin enden, die einen Einkaufswagen vor sich herschiebt«. Auch Nikki hatte Bammel vor ihrer neuen beruflichen Entwicklung, aber sie wusste, dass Shannons Ängste sehr viel stärker waren als ihre eigenen. Genau vor dieser Belastung und Ungewissheit hatte sie Shannon schützen wollen, indem sie ihre Pläne sehr viel konkreter und präziser erscheinen ließ, als sie tatsächlich waren.

Natürlich wusste Shannon sofort, dass irgendetwas nicht stimmte, als Nikki begann, die Wahrheit zu verbiegen, und fing an, ihr nachzuspionieren. Lügen haben kurze Beine, wie man so schön sagt. Und so kam es, dass Nikkis anfängliches »Ich bin nur kurz unterwegs, um ein paar Recherchen anzustellen«, wenn sie in Wahrheit am Strand mit den Hunden spazieren ging, geradewegs in die Elternfalle führte. Nikki benahm sich wie ein Teenager, der mitten in der Nacht das elterliche Auto »borgte«, während Shannon in die Elternrolle schlüpfte und ihre Partnerin kontrollierte, um ihr auf die Schliche zu kommen.

Erst im geschützten Raum der Therapie war Nikki in der Lage, sich nicht zu verstellen und ihrer Freundin die Wahrheit zu sagen – dass Shannon nicht an ihrem Verstand zweifeln musste, dass sie tatsächlich noch gar keine konkreten Pläne über ihre berufliche Zukunft hatte. Sie hatte zwar eine ungefähre Vorstellung, aber sie war einfach noch nicht dazu bereit durchzustarten und hatte Angst, ihre Unsicherheit mit Shannon zu teilen. Indem sie nicht ehrlich gewesen war, hatte sie in Shannon genau das ausgelöst, wovor sie sie schützen wollte, und ihr erst recht Angst gemacht. Nikki gab zu, sich aus dem Haus gestohlen zu haben, um sich abzulenken, während sie Shannon per SMS wissen ließ, dass sie hart an ihrem beruflichen Weiterkommen arbeitete. Und Shannon gab zu, Nikki ausspioniert und kontrolliert zu haben. Nikki bewies emotionalen Mut, eine der drei geheimen Zutaten für eine dauerhaft glückliche Beziehung. Es verlangte viel Mut von ihr zuzugeben, welche Spielchen sie mit Shannon gespielt hatte, und sich (und Shannon) einzugestehen, dass sie noch Zeit brauchte.

»Wir mussten sogar ein bisschen lachen«, sagte Nikki bei unserer Wanderung. »Ich habe erkannt, dass ich damit nur mich selbst schützte, nicht Shannon, wie ich glaubte. Und indem ich nicht ehrlich mir selbst und ihr gegenüber war, habe ich eine Chance verpasst, diese Ängste, die mich von der Wahrheit abhielten, einzugestehen und mit Shannon zusammenzuwachsen.«

Nikki und Shannon hatten sich in der Elternfallen-Konfliktschleife verfangen. Nikki sah sich als die Haupt-Brötchenverdienerin (die Erwachsene), und Shannon erachtete sich als nicht reif genug, die Wahrheit zu verkraften (und kam damit einer ängstlichen Abhängigen gleich, einem Kind), was in der Folge zu einem Ungleichgewicht von Macht und Verantwortung in der Beziehung führte.

Ob Sie sich um die Verteilung der Haushaltsaufgaben streiten, um Geld, um mangelndes Verantwortungsgefühl oder mangelnden Respekt, dieses Muster resultiert für gewöhnlich aus einer gefährlichen Kombination aus tiefsitzenden Ängsten und anschließenden Machtkämpfen. Nikki wusste, dass sie Shannons Ängste schüren würde, wenn sie ihr sagen würde, dass sie ihre Zeit damit zubrachte, sich selbst zu finden, mit Freunden zu treffen oder mit mir wandern zu gehen. Also tat sie, was ihr damals am einfachsten schien – sie log ihre Partnerin an und hoffte, dem kurzzeitigen Konflikt, den die Wahrheit mit sich bringen würde, aus dem Weg gehen zu können. Langfristig gesehen schuf Nikki damit aber genau den Konflikt, den sie zu vermeiden hoffte.

Hinzu kam, dass sie tief im Inneren glaubte, es stünde ihr nicht zu, eine Weile aus ihrer Rolle auszusteigen, sich die Freiheit zu nehmen, die sie zur beruflichen Neuorientierung brauchte, und Shannon damit zu belasten. Sie hatte Angst, egoistisch, faul, unverantwortlich oder selbstgerecht zu erscheinen. Sie hatte viel zu viel Angst, ihre wahren Gefühle zu äußern und zuzulassen, sowohl Shannon als auch sich selbst gegenüber.

Zum Glück steckten Shannon und Nikki nicht allzu lange in ihrer Konfliktschleife fest. Sie taten sich in der Paartherapie bei Tim offenbar leicht, wieder ins Reine zu kommen und sich ihre Lügen (auf Nikkis Seite) und Kontrollen (auf Shannons Seite) einzugestehen. Auf unserer Wanderung an jenem Tag sprach ich mit Nikki darüber, was ihnen beiden helfen könnte, um voranzukommen und nicht wieder in die gleiche Konfliktschleife zu fallen. Denn es war nicht etwa so, dass Shannons Angst, Nikki »könnte zu einer Pennerin werden«, sich unmittelbar nach der Beratungsstunde bei Tim plötzlich in Luft aufgelöst hätte, nur weil Nikki ihr reinen Wein eingeschenkt hatte; und es war auch nicht so, dass Nikki prompt willens gewesen wäre, ihren Traum von einer neuen beruflichen Karriere aufzugeben oder sich direkt hineinzustürzen.

Ich erinnere meine Klienten stets daran, dass jeder Streit sich zu verflüchtigen beginnt und die Liebe Einzug hält, sobald sie es als Paar schaffen, die Perspektive zu verändern und dem Partner mit Offenheit und Neugier, anstatt mit Verurteilungen zu begegnen. Als Nikki und Shannon ihre Konfliktschleife aus dieser neuen Perspektive betrachteten, wurde ihnen klar, dass es ihre jeweils unterschiedlichen Erwartungen waren, die ihrem Konflikt immer wieder neue Nahrung lieferten. Shannon erwartete von Nikki, dass sie ihre neuen beruflichen Pläne sofort in die Tat umsetzte; doch Nikki brauchte Zeit, um sich zu erholen und aufzutanken, bevor sie ein neues Kapitel in ihrem Leben begann. Als Shannon erkannte, dass ihre Erwartung nicht erfüllt wurde, beschlich sie das Gefühl, dass Nikki nie wieder beruflich durchstarten würde. Und Nikki ihrerseits erkannte, dass sie weder sich selbst noch Shannon einen Gefallen damit tat, mit der Wahrheit hinterm Berg zu halten, sondern damit ihnen beiden die Gelegenheit nahm, gemeinsam zu wachsen, sich neu zu verbinden, unerkannte Wunden zu heilen oder falsche Annahmen zu berichtigen. Es war der Mut, der Nikki fehlte, wenn sie nach Ausflüchten suchte, um sich aus dem Haus zu stehlen. Als sie ihre Pläne schließlich offen und ehrlich darlegte, waren sie und Shannon dazu fähig, die Erwartungen der jeweils anderen zu verstehen und die eigenen Erwartungen entsprechend anzupassen. Nikki war in der Lage, wieder die Verbindung zu sich selbst und ihren Freunden herzustellen, um in ein neues Leben zu finden, das ihre Seele nähren würde, und Shannon konnte sich gewiss sein, dass Nikki dabei war, an ihrer neuen beruflichen Zukunft zu arbeiten.

Wenn Sie sich Zeit nehmen, Ihren eigenen Ängsten sowie den Erwartungen Ihres Partners mit offener Neugier zu begegnen, schaffen Sie mehr Liebe und beugen Konflikten vor.

Quick Tipp ♡

Sind Sie Ihren Ängsten ausgeliefert?

Etliche Seiten zuvor haben wir am Beispiel von Susan und Stephen gesehen, wie wichtig es ist, sich seinen Ängsten zu stellen, die den Quell einer Konfliktschleife bilden. Für Susan bestand diese Angst darin, dass etwas Katastrophales passieren könnte, wenn sie aufhörte, Stephen zu »kontrollieren«. Im Fall von Nikki und Shannon spielte eine andere Angst mit: Shannons Angst, dass sie ohne Nikkis finanziellen Beitrag mittellos auf der Straße enden würden.

Sind auch Sie Ihren Ängsten ausgeliefert? Nutzen Sie jetzt die Chance, die Wahrheit hinter diesen Ängsten zu erkunden. Stellen Sie sich die folgenden Fragen, um herauszufinden, ob Ihre Ängste den Tatsachen entsprechen:

1. Was sind das für Ängste, die Sie hegen, und was sind das für Überzeugungen, an denen Sie festhalten und die es Ihnen unmöglich machen, Ihrem Partner gegenüber ehrlich zu sein?
2. Was, glauben Sie, wird passieren, wenn Sie diesen Ängsten und Überzeugungen begegnen und sie aktiv bekämpfen? (Wie könnte das aussehen? Schreiben Sie alles auf, was Ihnen spontan dazu einfällt, auch wenn es noch so verrückt scheint.) Vielleicht denken Sie: *Mein Partner könnte einfach nicht damit umgehen.* Aber stimmt das wirklich? Könnte er das wirklich nicht? Welche Vorteile hat es für Sie, wenn Sie Ihren Partner die Urlaubsbuchung machen oder sich um die Finanzen kümmern lassen? Was kommt dabei heraus, wenn Sie Ihren Partner walten lassen? Inwiefern profitieren Sie, wenn Sie in Ihrer Rolle bleiben?
3. Welche Maßnahmen könnten Sie ergreifen, um diesen Ängsten zu begegnen? Wenn Sie in der Elternrolle festhängen, fragen Sie sich, ob Sie es einen

Vormittag lang sein lassen könnten, »Anweisungen zu geben«, um dann zu sehen, was passiert. Wenn Sie in der kindlich-abhängigen Rolle festhängen, fragen Sie sich, welche Wochenendaktivität Sie planen könnten, ohne dass man Sie unter Nörgeln und Gemecker dazu anstoßen müsste. Notieren Sie mindestens zwei Unternehmungen, mit denen Sie Ihre eingeschliffene Rolle in der Elternfalle aufbrechen könnten. Atmen Sie tief durch, und packen Sie es an. Was haben Sie zu verlieren?

Erwartungen teilen

Nikkis und Shannons Verhaltensweisen entstammten einer Konfliktquelle, die viele Paare aus eigenem Erleben kennen: Sie gehen schlicht davon aus, dass der Partner weiß, was Sache ist. Das Missverständnis hierbei kann so große Themen betreffen wie Kinderplanung, wenn Ihr Partner beispielsweise annimmt, dass Sie in der nahen Zukunft zwei Kinder haben wollen, er selbst damit aber noch warten will. Oder es kann kleinere, alltägliche Themen betreffen wie etwa die

Unausgesprochene Erwartungen

Erwartung, dass Ihre Partnerin am Abend zwei Tassen Tee zubereitet (eine für Sie mit), während sie plant, nur eine Tasse für sich aufzugießen. Missverständnisse bringen das Karussell schnell in Fahrt, wenn Sie Ihre Erwartungen nicht artikulieren.

Ihr Partner kann nicht wissen, was Sie denken und planen, wenn Sie nicht den Mut haben, es ihm zu sagen. Ebenso wenig können Sie wissen, ob die Ängste in Bezug auf Ihren Partner gerechtfertigt sind (Nikki in unserem Beispiel hätte nicht herausgefunden, ob Shannon sie wirklich nicht verstanden hätte.), wenn Sie nicht den Mut haben, sich Ihnen zu stellen. Im »Handbuch« (Kapitel 8 in diesem Buch) finden Sie Fragen, die Ihnen helfen können, die großen Erwartungen an Ihre Beziehung und Ihren Partner auszuforschen. Nehmen Sie sich nun bitte etwas Zeit, um die Annahmen und Erwartungen, die für Ihre Beziehung kennzeichnend sind, zu klären. Stellen Sie sich folgende Fragen:

1. Vergegenwärtigen Sie sich eine Sache, in der Sie nicht ganz ehrlich sind. Das muss keine Lüge sein. Es kann auch etwas sein, das Sie einfach verschweigen, wie etwa ihre wahren Gedanken und Gefühle in Bezug auf seinen/ihren Umgang mit Geld, seine/ihre Körperhygiene oder sein/ihr Benehmen Freunden und Familie gegenüber.

> 2. Was, fürchten Sie, wird passieren, wenn Sie offen und ehrlich sagen, was Sie über diesen oder jenen Aspekt in Ihrer Beziehung denken?
> 3. Sind Sie gewillt, dieser Angst zu begegnen und zu sehen, ob Sie mit Ihren Erwartungen richtigliegen?

Mit Gewohnheiten brechen – ein für alle Mal

Vielleicht haben Sie sich geschworen, nie wieder in die Elternfalle zu geraten. Doch sosehr manche Menschen kämpfen, um aus einer Beziehung hinauszufinden, in der sie in der Rolle eines Elternteils oder eines Kindes gefangen sind – diese Rollen können auch ganz schön bequem sein. Und so kann es schnell passieren, in einer neuen Partnerschaft wieder in die gleiche Elternfallen-Konfliktschleife zurückzufallen.

Genau das ist Phil und Leah passiert – eine Jugendliebe, die getrennt wurde, als Leahs Familie wegzog, und die sich Jahrzehnte später als Geschiedene widertrafen. Leah war eine starke Frau, sie hatte unter anderem einen sehr guten Masterabschluss absolviert. Doch ganz allmählich hatte sie diese Energie in ihrer ersten Ehe an einen alles kontrollierenden Ehemann abgegeben und irgendwann Sätze zu hören bekommen wie: »Ich zahle ja schließlich die Schulden ab«, womit er die Oberhand behalten hatte und Leah am finanziellen Tropf hängen ließ. Schließlich hatte Leah beschlossen, sich ihre innere Kraft und Stärke wieder zurückzuholen, ihr altes Ich wiederaufzubauen und ihren Weg zurück zu der Frau zu finden, die sie einmal gewesen war. Leah reichte die Scheidung ein und beschloss, ihre zweite Lebenshälfte mit Würde und Respekt zu leben.

Phil war es ähnlich ergangen. Seine erste Frau war nicht glücklich gewesen. Und so kam es, dass er allein sich letztlich für ihr Lebensglück verantwortlich gefühlt hatte, womit er wiederum seine nagende Angst, sie könnte ihn eines Tages verlassen, hatte unterdrücken können. Nach der Scheidung schwor er sich eins: nie wieder würde er es zulassen, dass seine Verlustängste ihn zwangen, allein verantwortlich für das emotionale und finanzielle Wohl seiner nächsten Partnerin zu sein.

Spulen wir ein Stück zurück. Lange bevor die Ehen der beiden geschieden wurden, waren Phil und Leah Nachbarskinder gewesen, die mit 13 ihre erste große Liebe zusammen erlebten. Eines Tages zog Leahs Familie weg, und die beiden sahen sich danach nicht wieder. Für beide war es die erste Liebe gewesen, eine Liebe, deren Energie bekanntlich so unsagbar kraftvoll ist, dass sie selbst Jahrzehnte später noch die Herzen wieder zum Schwingen bringen kann. Nach seiner Scheidung, nachdem Phil ein Jahr lang ein Single-Dasein geführt und gerade mal wieder einen Reinfall mit einem Blind Date erlebt hatte, begann er, öfter mal an Leah zurückzudenken. Er versuchte, sie über Facebook ausfindig zu machen, um zu sehen, wie es ihr wohl in all den Jahren ergangen war. Und er fand sie – sie hatte zwei erwachsene Kinder und steckte mitten in einer Scheidung. Sie lebte zwar nicht in unmittelbarer Nähe, aber nur ein paar hundert Kilometer entfernt. Phil nahm Kontakt zu ihr auf, und Leah gestand ihm, dass auch sie in letzter Zeit öfter an ihn gedacht und sich gefragt hatte, was aus ihm wohl geworden war. Sie blieben in Kontakt, und die dunkle Wolke, die Leahs Herz in ihrer ersten Ehe getrübt hatte, begann, sich zu lichten.

Aber sie war auch überfordert. Die Scheidung, der Hausverkauf, dazu die Gefühle der Kinder sowie ihre eigenen – alles musste irgendwie bewältigt werden. Sie kam sich vor wie im Mythos des Sisyphos, der dazu bestraft worden war, jeden Tag seines Lebens einen gewaltigen Felsstein den Berg hinaufzuwälzen; doch just wenn er abends glaubte, die Bergspitze erreicht zu haben, rollte der Stein wieder den ganzen Hang hinunter (und die qualvolle Arbeit beginnt von Neuem).

Phil war Anwalt in einer erfolgreichen Kanzlei, und er wollte Leah helfen. Und so brachte er sich ein, verfasste Klagen gegen Leahs Exmann, übernahm den Papierkram und half Leah sogar, einen Studienplatz für ihre Tochter zu bekommen. Es fühlte sich gut an! Phil fühlte sich in der neuen Beziehung wertgeschätzt; und Leah fühlte sich, als hätte sie ihren furchtlosen Retter in der Not gefunden. Sie trafen sich an langen, romantischen Wochenenden. Und für beide war es, als würde sich nun, nach all den Jahren, da sie sich wiedergefunden hatten, ein Traum erfüllen.

Ihre Fernbeziehungsromanze ging ein Jahr. Leah war nach wie vor überfordert, und Phil wollte es ihr so einfach wie möglich machen, wollte die Liebe seines Lebens beschützen, die gerade eine schwere und anstrengende Zeit durchmachte. Zum einen lag es in seiner Natur, zum andern war es für ihn als Anwalt ein wesentlicher Bestandteil seines Berufes, dass er sich mit genau solchen Details in Scheidungsdingen befasste. Phil half, wo er konnte, während Leah glücklich war, mit der Person, in die sie sich vor vielen Jahrzehnten einmal verliebt hatte, eine zweite Chance zu bekommen. Als sie einwilligte, bei Phil einzuziehen, hatte er alles arrangiert, sogar Flugticket und Umzugshelfer organisiert. Schließlich war alles über die Bühne. Von jetzt an konnte das Märchen gelebt werden. Doch wie würde das Märchen aussehen, nun, da alles erledigt und zum Abschluss gekommen war?

Phil nahm sein gewohntes Leben sogleich wieder auf, welches jetzt, mit Leah an seiner Seite, noch besser und schöner war. Morgens ging er aus dem Haus zur Arbeit. Leah saß daheim, sah sich um und kam sich ohne die Ablenkung durch Haushalt oder Beruf doch recht verloren vor, wie eine Fremde in einem fremden Land. Sie fühlte sich hier nicht zu Hause. Vielleicht müsste sie einfach nur neu tapezieren, neu dekorieren? Vielleicht würde sie sich dann heimischer fühlen. Sie fing an, die Zimmer neu zu streichen, neue Bettwäsche zu kaufen, erwog gar ein paar neue Möbel. Leah hatte, nachdem nun auch ihre Jüngste ausgeflogen war, nicht nur mit einem leeren Nest zu kämpfen, sondern mit einem vollkommen neuen noch dazu. Um mit all den komplizierten Veränderungen in ihrem Leben fertigzuwerden, kaufte sie ständig Dinge, um das neue Nest auszustaffieren, und setzte fieberhaft alles daran, um sich wohl und zu Hause zu fühlen. Leah geriet in eine Falle, in die viele Frauen tappen: Sie versuchte, das Vakuum von außen aufzufüllen, obwohl es in Wahrheit eine innere Baustelle war.

Und mit dem Alltag flatterten die Rechnungen ins Haus. Anfangs sah Phil sie durch und bezahlte sie, doch binnen kurzem nahmen die Dinge überhand. Hier eine Rechnung über 5000 Dollar, dort schon die nächste über 7000 Dollar. Nach und nach fiel Phil zurück in die »Daddy«-Rolle, und Leah war wieder das Kind am finanziellen Tropf. Sosehr sie sich vorgenommen hatten, eine neue Form der Partnerschaft leben zu wollen, so sehr hingen sie am Ende wieder in genau der Elternfalle fest, aus der sie sich damals ganz bewusst herausgewunden hatten. Phil erkannte die Situation, vereinbarte einen Termin in meiner Praxis und kam zusammen mit Leah zur Paartherapie.

»Warum haben Sie nie darüber gesprochen, wie viel Geld rausgeht?«, fragte ich, nachdem sie mich über die Einzelheiten aufgeklärt hatten.

»Sie hat mir zuliebe so viel aufgegeben, ist zu mir gezogen, dass ich nicht Nein sagen wollte«, sagte Phil. »Ich wollte nur, dass sie glücklich ist.«

Wieder einmal ein großartiges Beispiel für kurzfristige Gewinne auf Kosten langfristiger Leiden. Zuerst wollten weder Phil noch Leah das Gespräch zu ihrem Ausgabeverhalten fortsetzen – sie scheuten den Konflikt, den eine tiefschürfende Analyse der Haushalts- und Finanzplanung erzeugen könnte. Zum Glück besaßen sie die nötige Reife zu erkennen, dass ihr Wunsch nicht mit ihrer neuen Realität übereinstimmte, und fassten gemeinsam den Entschluss, daran zu arbeiten. Was wenige Monate zuvor noch mit einer Prise von emotionalem Mut zu beheben gewesen wäre, brauchte nun einen ganzen Scheffel. Doch erfreulicherweise hatten sich beide Stein und Bein geschworen, diesmal alles richtig zu machen. Für Phil und Leah ging es hauptsächlich darum, das eigene Bewusstsein über ihr Rollenverhalten in der Beziehung zu schärfen. Nachdem sie erkannt hatten, dass sie in die Elternfalle gelaufen waren, dass insbesondere ihre gut gemeinten und von liebevoller Absicht getragenen Verhaltensweisen sowie die eigenen Verletzbarkeiten diese Konfliktschleife erst in Gang gesetzt hatten (Phils Wunsch, Leah die Umstellung zu erleichtern, sowie Leahs Bedürfnis, sich nach einem anstrengenden Jahr fallenzulassen und aufzutanken), waren sie bereit, sich ans Werk zu machen.

Ich ließ sie wissen, dass sie meine Hochachtung hatten für das wunderbare Fundament, welches sie sich gemeinsam geschaffen hatten, sowie für den selbstreflektierenden Blick auf ihre Vergangenheit. Die beiden spielten nicht das Schwarze-Peter-Spiel und schoben sich gegenseitig die Schuld zu, sie waren vielmehr überaus offen und gewillt, ihre Fehler zu betrachten, und nahmen die ganze Sache sehr ernst. Dennoch konnte es leicht passieren, dass sie in ihre jeweils toxische, vertraute Rolle zurückrutschten.

»Klingt ganz so, als sollten wir im nächsten Schritt Tacheles reden und uns über Geld unterhalten – wie viel wir haben, wie wir es einteilen«, sagte Leah.

»Klingt gut«, sagte Phil. »Allein darüber zu reden, wie wir unser Geld ausgeben wollen, ist etwas, das ich mit meiner Exfrau so nie getan hätte.«

»Ich freue mich sehr, Leah«, sagte ich, »dass Sie die Idee hatten, einen Finanzberater hinzuzuziehen, denn es zeigt, dass Sie bereits einen Schritt heraus aus Ihrer kindhaften Rolle geschlüpft sind hinein in die einer intelligenten und kompetenten Frau, die Sie, und das wissen Sie, auch sind.«

Erinnern wir uns noch einmal an Nikki und Shannon, daran, dass deren Elternfalle ihre Ursache in unterschiedlichen Erwartungen hatte, nachdem Nikki ihre Stelle aufgegeben hatte. Ein gemeinsamer Haushaltsplan eignet sich prima, um Erwartungen zu kommunizieren. Er ist eine gute Möglichkeit, um finanzielle Vorstellungen abzugleichen und sich klar darüber zu verständigen, beispielsweise mit Sätzen wie »Also, so und so viel Geld haben wir zur Verfügung, wie wollen wir es einteilen?« Doch mit der Aufstellung eines Haushaltsplans war es für Leah nicht getan, er war kein Heilmittel für Leahs Drang, immerzu Geld ausgeben zu müssen.

»In einem zweiten Schritt, so mein Eindruck, sollten Sie anfangen, Ihr Leben als ein ›Wir‹ zu begreifen und entsprechend aufzubauen«, erklärte ich. So spannend es für Leah war, sich auf dieses Abenteuer mit Phil in der zweiten Hälfte ihres Lebens einzulassen, es bedeutete auch, dass sie ihr altes Leben hinter sich lassen musste und damit ihr soziales Umfeld, gewohnte Abläufe oder sonstige Dinge, die sie getan hatte, um sich wohl zu fühlen. Soviel ihr Phil auch bedeutete, er konnte nicht für ihr gesamtes Wohlbefinden verantwortlich sein. Und das wollte sie auch gar nicht. Doch um fortan als Team zusammenzuarbeiten, war es wichtig, sich einander mitzuteilen, herauszufinden, welche Vorstellungen sie von einem gemeinsamen Leben hatten. Wie konnten sie sich gegenseitig unterstützen und gleichzeitig als Individuen entfalten, um künftige Lebensphasen Hand in Hand zu meistern?

Wir unterhielten uns weiter, fokussierten uns auf Leah, auf Aktivitäten, die ihr Spaß machten, und überlegten gemeinsam, wie sich diese in ihr neues Leben mit Phil integrieren ließen. »Wie du weißt, komme ich täglich an einem Hundepark vorbei, wo, wie ich finde, eine schöne Gemeinschaft herrscht«, warf Phil irgendwann ein. »Und du sagtest doch einmal, dass du immer gerne einen Hund gehabt hättest, dein Exmann aber eine Hundeallergie hatte. Was hältst du denn davon, wenn wir uns in einem Tierheim mal umsehen? Und vielleicht könnten wir nach Feierabend mal zusammen in den Hundepark gehen.«

Im Laufe des Gesprächs stellte sich des Weiteren heraus, dass Leah gerne wieder arbeiten gehen würde. Nein, nicht mehr als Englischlehrerin, wie sie sagte, aber vielleicht als Lehrerin für kreatives Schreiben. »Ich könnte mich an der örtlichen Volkshochschule mal erkundigen«, sagte sie. Phil bot ihr sogleich an, sie zu unterstützen, zusammen mit ihr erste Onlinerecherchen anzustellen und sie zur Volkshochschule zu begleiten, damit sie sich vor Ort einen Eindruck verschaffen konnte.

»Genau das finde ich so schön«, sagte ich. »Ich sehe bei Ihnen einen Neuanfang, und zwar in zweierlei Hinsicht. Nicht nur die romantische Liebesgeschichte von zwei Menschen, die zu ihrer Jugendliebe zurückkehren, sondern Sie beide zusammen bekommen auch eine zweite Chance auf eine gesunde, liebevoll ineinandergreifende Beziehung, auf eine gemeinsame Welt, in der jeder seine eigene hat und damit so sein und leben kann, wie er es wirklich will.«

Leah ergriff Phils Hand. »Ich bin wirklich glücklich, dass wir hier sind und dass wir zusammen sind.«

Leah und Phil gingen ihre neue Partnerschaft engagiert an. Sie hatten den emotionalen Mut, einer nur allzu vertrauten Konfliktschleife, die sich abzuzeichnen begann, ins Auge zu sehen. Und sie hatten Hoffnung. Gemeinsam hielten sie die »drei geheime Zutaten für eine dauerhaft glückliche Beziehung« in der Hand. Sie mussten sie nur noch anzuwenden wissen.

> ## Quick Tipp
> ♡
>
> **Neue Energie – Von der Kraft, gemeinsam etwas Neues zu lernen**
>
> Wenn die Gefühle nachlassen, dann tun wir etwas dagegen und treten in Aktion – denken wir zumindest. Aber oft ist es gerade umgekehrt: Auf Aktionen folgen Gefühle. Und das gilt nicht nur für Sex (obgleich der nie eine schlechte Idee ist, wenn uns die Stimmung überkommt). Neueste Forschungen von Arthur Aron und Kollegen ergaben, dass Paare, die ein für beide neues Hobby aufnehmen, ihre Beziehung stärken und eine tiefere Verbundenheit schaffen. Eine neue Aktivität auszuprobieren kann also durchaus helfen, aus

den eingefahrenen, mentalen Spurrillen Ihres alten Seins herauszukommen. Und wer weiß, vielleicht wird diese Aktivität zu einem Ihrer gemeinsamen Lieblingsrituale? Es muss gar nichts groß Aufregendes oder Extremes sein; etwas ganz Einfaches tut es auch (wie etwa zu lernen, wie man Sushi zubereitet). Insbesondere für Paare wie Phil und Leah, die vor ihrer gemeinsamen Zeit viele Einzelerfahrungen angehäuft haben, kann es sehr wichtig sein, nun als Paar zusammen frische, gemeinsame Erlebnisse zu schaffen.

Nehmen Sie sich etwas Zeit und fertigen Sie eine Liste mit Aktivitäten oder Erfahrungen an, die Sie gerne mit Ihrem Partner teilen möchten (z. B. eine Wanderung durch den Grand Canyon machen, exotische Speisen ausprobieren, einen bislang ungesehenen Film anschauen, in geselliger Runde in einem Restaurant sitzen, anstatt wie üblich allein an der Bar). Stellen Sie jeder eine lange Liste zusammen und tauschen Sie Ihre Ideen aus. Suchen Sie nun einige Ideen aus der Liste Ihres Partners aus, während er einige aus Ihrer Liste auswählt. Gehen Sie mit Offenheit und Neugier vor, und wählen Sie gemeinsam eine Aktivität, mit der Sie beginnen wollen. Sollte es Ihnen nicht gelingen, sich auf nur eine Unternehmung zu einigen, wählen Sie eine aus jeder Liste. Beginnen Sie die neue Aktivität mit offenem Geist und offenem Herzen!

HEARTwork

Wie Sie die Elternfalle in eine gleichwertige Partnerschaft verwandeln

Übung 1: Der Elternfallen-Test

Stecken Sie und Ihr Partner in der Elternfallen-Konfliktschleife fest? Um das herauszufinden, lesen Sie die folgenden Aussagen und kreisen Sie jeweils die Zahl ein, die Ihrem Empfinden am nächsten kommt.

**1 = starke Ablehnung, 2 = Ablehnung,
3 = Zustimmung, 4 = starke Zustimmung**

---

1. Ich bin enttäuscht und frustriert, wenn mein Partner seinen Anteil in Haushaltsdingen nicht leistet. Oder: Ich fühle mich nicht geachtet und respektiert, wenn er meinen Beitrag nicht würdigt.

    1   2   3   4

2. Wenn ich meinem Partner Aufgaben übertrage, dann werden die Dinge nicht »richtig« erledigt. Oder: Er erledigt alles penibel genau und gibt mir damit das Gefühl, dass ich es ihm ohnehin nie recht machen kann.

    1   2   3   4

3. Ich habe das Gefühl, dass mein Partner all die Dinge, die ich tue, nicht respektiert.

1 2 3 4

4. Ich habe das Gefühl, dass das Wort meines Partners bei allen Entscheidungen, die wir treffen, mehr Gewicht hat.

1 2 3 4

5. Ich habe immerzu etwas zu meckern. Oder: Ich werde immerzu angemeckert.

1 2 3 4

6. Einer von uns mahnt den anderen ständig, ordentlich zu essen, sich sportlich fit zu halten, zur ärztlichen Vorsorge zu gehen oder sonst in irgendeiner Weise auf sich zu achten.

1 2 3 4

7. Ich hasse es, wenn ich für meinen Partner sprechen muss – oder: wenn er für mich spricht.

1 2 3 4

8. Einer von uns betreibt Mikromanagement.

1 2 3 4

9. Manchmal bin ich so sauer, dass ich vorsätzlich Dinge tue, um ihn zu verärgern.

1 2 3 4

10. Was ich an meinem Partner einmal so reizend und liebenswert fand, nervt mich heute nur noch.

1 2 3 4

11. Derjenige von uns, der mehr Geld verdient, hat mehr Macht.

    1 2 3 4

12. Mein Partner ist völlig zugeschnürt und verkopft. Oder: Er ist so freimütig und ungeniert, dass ich ihm kaum zuschauen kann.

    1 2 3 4

13. Mein Partner ist wie ein kleines Kind. Oder: Es kommt mir vor, als würde er mich bemuttern.

    1 2 3 4

14. Mein Partner ist ein pedantischer Ordnungsfanatiker. Oder: Er ist ein schlampiger Chaot.

    1 2 3 4

15. Mein Partner sagt mir die ganze Zeit, was ich zu tun habe. Oder: Er hat überzogene Erwartungen, um deren Erfüllung ich mich dauernd bemühen muss.

    1 2 3 4

16. Einer von uns macht so ziemlich alles, während der andere fast nichts tut.

    1 2 3 4

17. Einer von uns hat wesentlich mehr Freizeit als der andere.

    1 2 3 4

18. Einer von uns gibt wesentlich mehr Geld aus als der andere.

    1 2 3 4

19. Es ist meine Aufgabe, meinen Partner an die Dinge auf seiner To-do-Liste zu erinnern (z. B. an die Vorsorgeuntersuchung Ende des Jahres oder daran, die Wäsche aus der Reinigung zu holen). Oder: Es ist Aufgabe meines Partners, mich zu erinnern.

1 2 3 4

20. Einer von uns ist dermaßen kindhaft, dass es schon fast kindisch ist.

1 2 3 4

Punktebewertung: Addieren Sie die Zahlen, die Sie eingekreist haben, zu einer Gesamtsumme.

Unter 35: Es ist unwahrscheinlich, dass Sie und Ihr Partner in der Elternfalle feststecken. Die meiste Zeit arbeiten Sie als Team zusammen. Vielleicht teilen Sie Arbeiten, Zuständigkeiten oder Entscheidungen auf, aber ganz gleich, wie sie was aufteilen, es funktioniert für Sie. Sie dürfen gleich zum nächsten Kapitel weiterblättern. Vielleicht trifft eine der anderen vier Konfliktschleifen eher auf Sie zu.

35–50: Sie und Ihr Partner haben sich zwar nicht vollständig in der Elternfalle verfangen, weisen aber eindeutig entsprechende Symptome auf. Behalten Sie im Hinterkopf, dass sich dieses Muster mit der Zeit oft noch extremer ausprägt. Fahren Sie fort mit den HEARTwork-Übungen 2 und 3, mit Hilfe derer Sie wieder zurück auf den Pfad finden, der Sie in den Liebeskreis der gleichwertigen Partnerschaft führen wird.

51 und mehr: Sie haben sich so gut wie sicher in der Elternfalle festgefahren. Fahren Sie fort mit den HEARTwork-Übungen 2 und 3, um die Art von Gleichwertigkeit und Ausgewogenheit neu zu schaffen, die eine starke und gesunde Partnerschaft ausmacht.

Übung 2: Unbewusste Beziehungsmuster erkennen

Beziehungspartner, die sich in der Elternfalle-Konfliktschleife verfangen haben, bringen meist sehr viel Zeit damit zu, sich über das Verhalten des jeweils anderen zu beklagen. (»Wenn er aufhören würde, sich wie ein kleines Kind zu benehmen, würde ich ihn auch nicht wie eines behandeln.«) Sie sehen aber nur selten den eigenen Anteil an diesem Muster, sprich den Nutzen oder sekundären Gewinn, den sie daraus haben. Beispiel: Wer in der Beziehung die kindlich-abhängige Rolle lebt, mag sich vielleicht darüber beschweren, dass er nichts zu sagen hat, verkennt aber, dass er sehr wohl auch einen Nutzen daraus hat: denn wer keine

Entscheidungen trifft, ist auch nicht verantwortlich für die Folgen, sollte einmal etwas schiefgehen. Aber auch, wer die elterliche Rolle lebt, profitiert: Es mag anstrengend und viel Arbeit sein, aber das Sagen zu haben, bedeutet auch, dass immer alles nach dem eigenen Kopf geht.

Gleichwohl kann das Bemuttern in einer Beziehung etwas sehr Heilsames und Fürsorgliches haben, also nicht gleich das (sprichwörtliche) Kind mit dem Bade ausschütten. Noch einmal: Es geht immer darum herauszufinden, was für einen selbst funktioniert. Ein Problem haben Sie erst dann, wenn sich die Verteilung von Macht und Aufgaben irgendwie falsch oder unstimmig anfühlt oder Ihrem Partner die Laune vermiest. Wenn dem so ist, prüfen Sie (und gehen Sie dabei wirklich tief in sich), welchen Nutzen Sie haben, wenn Sie Ihren Partner in seiner kindlich-abhängigen oder elterlichen Rolle halten. Vervollständigen Sie die folgenden Aussagen:

Gut möglich, dass ich meine eigene elterliche/kindlich abhängige Rolle noch verstärke, indem ich

_____.

Ich schütze mich davor, mich _____
zu fühlen.

Wenn ich mein Verhalten einstelle, habe ich Angst, dass _____.

Übung 3: Die Rollen neu definieren

Eigenschaften, die Sie an Ihrem Partner einmal liebten, sind heute möglicherweise genau die, die Konflikte erzeugen. Vielleicht haben Sie sich anfangs in seine Spontaneität verliebt, die Ihnen heute nur noch flatterhaft und unverantwortlich erscheint (kindlich); oder Sie haben sich in seine Verlässlichkeit verliebt, in seine Fähigkeit, Ihnen Halt zu geben, was Ihnen heute nur noch langweilig erscheint (elterlich). Die Deskriptoren »Eltern« und »Kind« weisen auf die negativen Aspekte im Rahmen einer Partnerbeziehung, bergen aber durchaus auch positive Aspekte. Die folgende Übung soll Ihnen helfen, Ihre Perspektive auf diese Rollen neu auszurichten, um den Weg zurück in den Liebeskreis zu finden, wo die positiven Aspekte der Rollen, die Sie und Ihr Partner leben, den Vorrang haben.

Wenn Sie sich in Ihrer Beziehung mit der elterlichen Rolle identifizieren:

Wählen Sie eine Aktivität aus, die Ihrem Partner Spaß macht und die ihm liegt, vorzugsweise eine, an der Sie auch Spaß finden könnten. Ob Mountainbiking, Kochen, Gitarre spielen, ganz egal, Hauptsache Sie finden etwas, das Ihr Partner Ihnen beibringen kann, und lassen Sie ihn dann einfach machen. Sie waren lange genug in der Führungsrolle, waren lange genug der Lehrer, der Kontrolleur, also drehen Sie den Spieß nun um und verwenden Sie Zeit darauf, etwas von Ihrem Partner zu lernen. Warum? Weil darin eine natürliche Möglichkeit besteht, die Gleichwertigkeitsbalance herzustellen, was ungemein wichtig ist, um eine starke und enge Bindung zu schaffen.

Wer in der Elternrolle feststeckt, vergisst leicht, dass auch der Partner wertvolle Fähigkeiten, Kenntnisse und Kompetenzen hat, die er positiv in die Beziehung einbringen kann. In unserer Partnerwahl suchen wir uns oft gezielt die Person aus, die genau die Eigenschaften und Fähigkeiten hat, die wir uns für uns selbst wünschen – vielleicht eine Person, die mehr Geduld hat, die besser mit Zahlen umgehen, besser organisieren, besser kochen oder besser ihre Gefühle ausdrücken kann. Nein, Sie haben nicht das absolute Monopol auf Wissen und Wahrheit! Sie können lernen. Dieses Lernen, zumal von einem Partner in der kindlich-abhängigen Position, setzt unweigerlich einen dynamischen Wandel in Gang, und allein diese neue Dynamik zu erleben, zu erfahren, dass es möglich ist, voneinander zu lernen, kann eine nachhaltige Wirkung auf die Beziehung haben.

Wenn Sie sich in Ihrer Beziehung mit der kindlich-abhängigen Rolle identifizieren:

Wählen Sie eine Sache aus, bei der Ihr Partner üblicherweise das Heft in der Hand hat, in irgendeiner Form ein strenges Regiment führt und die »elterliche« Kontrolle behält, und üben Sie sich in versöhnlicher Akzeptanz. Beispiel: Packt Ihr Partner vor einer großen Reise den Kofferraum immer alleine, ohne Wenn und Aber? Regelt Ihr Partner sämtliche finanzielle Angelegenheiten ausschließlich alleine? Anstatt mit ihm darüber zu streiten, üben Sie sich darin, den Nutzen, den Sie daraus haben, schätzen zu lernen. He, Sie haben dafür einen ordentlich gepackten Kofferraum und sorgfältig geführte Finanzbücher! Gewiss, zu viel Macht und Verantwortung abzugeben, führt in die Elternfallen-Konfliktschleife, aber indem Sie die Fähigkeiten, die Ihr Partner mit in die Beziehung bringt, schätzen lernen, machen Sie einen großen Schritt in Richtung Liebeskreis, hin zu einer gleichwertigen Partnerschaft.

Hier ein großartiges Beispiel von einem Paar, das es geschafft hat, sich in all seinen Unterschiedlichkeiten anzunehmen und die Eltern-Kind-Dynamik zu seinem Vorteil zu nutzen: Stephanie, eine langjährige Klientin von mir, reagiert sehr empfindlich, wenn es um ihre Töpfe und Pfannen geht. Jedes Mal, wenn John, ihr Ehemann, einen Topf oder eine Pfanne »nicht richtig« aufräumt, gibt es Streit. Eines Tages sagte sich John, dass das Ganze doch irgendwie zu lösen sein müsste.

Und so sprach er Stephanie nach dem Abendessen an: »Liebling, sieht alles so aus, wie du es dir vorstellst?«

»Ja«, sagte sie.

Er nahm sein iPhone und machte ein Foto. Als Stephanie dann übers Wochenende verreist war, schreinerte er eine Abstellfläche, auf der die Töpfe und Pfannen haargenau so ihren Platz fanden, wie Stephanie es haben wollte. Anstatt sich ewig immer wieder darum zu streiten, wo welcher Topf hingehörte, begann John, Stephanies Ansicht positiv umzudeuten, als eine Möglichkeit, stets eine gut organisierte Küche zu haben. Indem er diesen Aspekt in Stephanies Elternrolle hinnahm und sich ihn positiv zu eigen machte, konnte er seine handwerklichen Fähigkeiten unter Beweis stellen, und Stephanie ihrerseits konnte sein beeindruckendes Schreinergeschick bewundern und schätzen lernen.

Damit lieferte John nicht nur eine wirklich simple Lösung des Problems, sondern der ewige Konflikt war gelöst. Nachdem die beiden immer wieder darüber gestritten hatten, wer Recht habe und wer nicht, sagte sich John: *Warum löse ich das Ganze nicht einfach?* Und zugegeben, dafür brauchte es emotionalen Mut. Was, wenn Stephanie seine Lösung nicht gefiele? Was, wenn sie diesen neuen Kücheneinbau nicht ausstehen könnte? Doch dieses Risiko nahm John in Kauf und fand eine kreativ-gestalterische Lösung. Stephanie erzählte mir später, dass es das allerschönste und aufmerksamste Geschenk gewesen sei, das sie je bekommen hatte. Es ging gar nicht um den Stauraum für Töpfe und Pfannen (obgleich der das Aufräumen bestimmt einfacher machte). Es ging um die Bedeutung dahinter. Mit seinem Geschenk zeigte John seiner Partnerin, dass er sie wirklich verstanden hatte. Er wiederum war überglücklich zu sehen, welch große Freude er ihr damit bereitet hatte.

Wie ist das in Ihrer Beziehung? Sind es all die kleinen Verstimmungen, die sich summieren und Ihr trautes Heim statt mit Liebe nur noch mit Spannungen erfüllen? Ein Freund von mir nennt dieses Phänomen »Tod durch tausend kleine Nadelstiche«. Eine Möglichkeit, diese Konflikte zu lösen, besteht darin, dass Sie eine Verhaltensweise, von der Sie wissen, dass sie Spannungen erzeugt, genau ausmachen, um diese dann zu ändern, und zwar ohne großartige Gegenleistungen zu erwarten. Was fällt Ihnen spontan ein? Vielleicht die Schuhe auszuziehen, bevor Sie das Haus betreten? Oder es tunlichst bleiben zu lassen, mit einem Auge auf das Handy zu schielen und SMS zu schreiben (auch wenn es rein geschäftlich ist), während Sie sich gerade mit Ihrem Partner unterhalten? Auf derlei Dinge können Sie viel Zeit und Geld verschwenden, um sie irgendwann in der Paartherapie aufzuarbeiten ... oder aber Sie ändern einfach Ihr Verhalten. Überlegen Sie, was Sie aktiv tun können, um die unterschiedlichen Kompetenzen, die Sie beide haben, schätzen, ja gar zu feiern zu lernen.

4.
Komm her, geh weg ⟳
Harmonischer Gleichklang

Stellen Sie sich ein Tauziehen vor! Am einen Ende des Seils ziehen Sie, am anderen Ihr Partner. Zwischen Ihnen beiden befindet sich eine Schlammgrube. Sie ziehen beide so fest Sie können, spannen sämtliche Muskeln an, Ihren Geist und Ihre Emotionen, um den anderen auf seinen Hintern zu zwingen und ihn durch den Schlamm auf Ihre Seite zu ziehen. Gewinnen heißt, so lange zu ziehen, bis der andere einknickt und fällt. Verlieren heißt, aufgeben und durch den Schlamm gezogen zu werden. Eine klassische Komm-her-geh-weg-Konfliktschleife. Und die kann in einer Beziehung von keinem gewonnen werden. Weder von demjenigen, der sich zum Beziehungssklaven macht und die eigenen Bedürfnisse stets unterordnet, noch von demjenigen, der kämpft und kämpft, um den anderen enger an sich zu binden und ihm sein Verständnis von Beziehung aufzuzwingen. Und Sie wissen, dass dieser Kampf nicht ewig währen kann.

Aber es gibt noch eine dritte Möglichkeit: Wenn Sie beide dem Zug auf das gespannte Seil gleichermaßen nachgeben, bleibt die Markierung zentriert. Sobald keiner von beiden daran zieht, können Sie es ablegen, es loslassen und sich schließlich vom Seil entfernen. Tief in Ihrem Innern wissen Sie, dass Sie beide jeweils einen Schritt vom eigenen Ego zurückmachen müssen, um als Gewinner aus diesem Kampf hervorzugehen und die Liebe erfahren zu können, die Sie sich wünschen.

Mag sein, dass Sie den Grund für das ewige Hin und Her in diesem Kleinkrieg kennen. Aber es kann auch sein, dass er schon so lange währt, dass Sie ganz vergessen haben, wie und warum er einmal angefangen hat. Und nun haben Sie das Gefühl, ihn nicht mehr stoppen zu können. Zumindest wird die Markierung so einigermaßen in der Mitte gehalten, stimmt's? Um dies zu ändern, sprich die Spannung zu lockern und zu lösen, ist auch hier (wie bei allen Szenarien in diesem Buch) eine gute Portion emotionaler Mut vonnöten, um sich in einem ersten Schritt auf den Partner zuzubewegen. Lassen Sie sich fallen und vertrauen Sie darauf, dass Ihr Partner Ihre Geste in gleicher Weise erwidern wird, wenn Sie nachgeben, Ihre Augen am angespannten Seil entlangwandern lassen, bis ans andere Ende, wo Sie ihm tief in die Augen schauen und sich in liebender Güte üben, indem Sie die angespannten Kiefermuskeln lockern und sich ein klein wenig zu ihm neigen. Sich auf die Reise zu begeben, sich hinaus

aus dem Ich-Land zu wagen und sich verletzlich zu zeigen ist der einzige Weg, der Beziehung noch eine Chance zu geben. Wenn Sie weiterhin nur am Seil ziehen und zerren, bleibt die Situation festgefahren, oder aber einer wird irgendwann gewinnen. So oder so, die Beziehung geht kaputt. Warum also nicht die Chance nutzen und den ersten Schritt machen?

Lassen Sie uns gemeinsam herausfinden, welche Art von Tauziehen, welches Komm-her-geh-weg-Spiel Sie in Ihrer Beziehung betreiben? Es gibt vier Szenarien:

- Sie beide haben Angst. Der eine hat Angst, verlassen zu werden, der andere hat Angst zu ersticken. Sowie einer versucht, sich dem anderen anzunähern, weicht der zurück.
- Sie beide haben Angst, verletzlich und ausgeliefert zu sein, dem Partner Ihre wunden Punkte zu zeigen, so dass Sie beide vor allzu großer Nähe zurückweichen und die Beziehung sich nie so weit entwickeln kann, dass echte Intimität entsteht.
- Sie und Ihr Partner haben unterschiedliche Vorstellungen von Nähe und davon, was es bedeutet, in einer Partnerschaft zu sein. Sie erwarten, dass Ihr Partner sich »annähert«, was dieser aber als einen Angriff empfindet, sich in der Falle und in Ihren Klauen sieht.
- Sie und Ihr Partner haben unterschiedliche Erwartungen an das gemeinsame Sexleben. Die einen müssen sich emo-

> tional mit Ihrem Partner verbunden fühlen, bevor sie sich öffnen und sexuelle Lust verspüren können, die anderen brauchen den Sex, um die fehlende emotionale Verbundenheit überhaupt erst herzustellen. Ein Dilemma, das nicht danach aussieht, als würde in Bälde die große Lust und Leidenschaft einsetzen!

In all diesen Varianten der Komm-her-geh-weg-Konfliktschleife entwickelt sich ein handfestes Tauziehen, will heißen, jeder zieht an seinem Ende des Seils und damit weg vom Partner. Wer mehr Nähe braucht, trifft auf einen Partner, der mehr Freiraum braucht; wer den Sex braucht, um sich inniglich verbunden zu fühlen, trifft auf einen Partner, der sich erst inniglich verbunden fühlen muss, um überhaupt Sex zu haben; wer immerzu vor einer festen Beziehung davonläuft und nicht den Mut hat, sich ernsthaft einzulassen, trifft auf einen Partner, der hinter seiner harten Schale einen verletzlichen Kern verbirgt, der denkt, er sei nicht liebenswert, viel zu zerbrechlich oder anderweitig unvollkommen – oder, wie mein bester Freund Harley zu sagen pflegt, »zum Verzehr nicht geeignet«.

Wenn Sie selbst derjenige sind, der sich entzieht, tun Sie dies möglicherweise, um nicht »enttarnt« zu werden. Vielleicht haben Sie als Kind verheerende Seelenqualen durchlitten, weil Sie von Ihren Eltern emotional verlassen oder abgewiesen wurden. Sie haben gelernt, sich vor erneuter Zurückweisung zu schützen, indem Sie Ihrem Partner eine zu enge Bindung versagen. Oder Sie haben immer und immer wieder zu hören bekommen, nicht gut genug zu sein, bis Sie es selbst geglaubt und so sehr verinnerlicht haben, dass Sie sich bis heute nicht trauen, Nähe zuzulassen, aus Angst, jemand könnte hinter Ihre Maske schauen. Und so können Sie nicht anders, als gemäß den Verhaltensmustern zu handeln, die Sie erlernt haben. Aus verinnerlichten Ängsten heraus halten Sie Ihren Partner auf Abstand oder versuchen verzweifelt, ihn enger an sich zu ziehen, bis Sie ein Gefühl der Sicherheit empfinden, wenngleich ein trügerisches.

Oder Sie denken vielleicht, dass Sie nie wieder Sie selbst sein werden, wenn Sie es zulassen, dass Ihr Partner diese Schwelle der Intimität überschreitet. Vielleicht haben Sie in früheren Beziehungen Ihr Herz weit geöffnet, nur um es gebrochen zu bekommen, und Sie haben sich geschworen: *Nie wieder!* Sie denken, Sie werden sich selbst nicht verlieren, wenn Sie Ihren Partner auf Abstand halten. *Bloß nichts investieren, bloß nicht wieder verletzt werden.* Sind Sie bereit, diese Ansicht in Frage zu stellen? Sind Sie bereit, neue Wege zu gehen?

Diese Konflikte erwachsen aus einigen unserer elementarsten Bedürfnisse als Menschen. Wir wollen Sicherheit, wir wollen Akzeptanz, wir wollen Liebe. Doch wenn wir als Kind oder in früheren Beziehungen gelernt haben, dass wir uns Akzeptanz, Sicherheit und Liebe erst verdienen müssen oder dass daran Bedingungen geknüpft sind, hat dies mitunter negative Auswirkungen auf unseren Bindungsstil im Erwachsenenleben. Manchmal müssen diese alten Verhaltensmuster überarbeitet und angepasst werden. Was hat diese Muster erzeugt? Erfüllen Sie noch ihren Zweck?

All diese Fälle sind kein Ein-Mann-Problem. Bevor wir nun fortfahren, achten Sie bitte bewusst darauf, ob Sie auf den folgenden Seiten sowohl sich selbst als auch Ihren Partner wiedererkennen. Lassen Sie sich leiten vom guten Vorsatz, Ihren Partner mit neuen Augen zu betrachten, mit Neugier und Offenheit, und vor allem ohne Vor- und Werturteile. Eine Beziehung bietet die Chance, Liebe und Akzeptanz von einer anderen Person zu erfahren und, am allerwichtigsten, einen sicheren Raum zu schaffen, um sich selbst entdecken zu können. Während Sie zu ergründen suchen, wo die Ursachen für das emotionale Tauziehen in Ihrer Beziehung liegen und wie Sie zurück in den harmonischen Gleichklang finden können, genügt es meist, ein einfaches Verständnis dafür zu entwickeln, warum Ihr Partner diese oder jene Dinge tut, die Sie mit der Zeit frustrieren. Manchmal hilft schon das Wissen um die Hintergründe, die zum Beziehungsverhalten Ihres Partners beitragen, sowie ein klein wenig Empathie Ihrerseits, um das ewige Tauziehen zwischen Ihnen zu beenden.

Die folgenden Abschnitte werden Sie bei der Ursachenforschung begleiten.

Das »Ich« im »Wir« bewahren

»Du, ich will am Wochenende mit meinen Freunden zum Angeln gehen. Ist doch kein Problem, oder«, sagte Jake. Er und Caroline waren seit sechs Monaten verheiratet und stritten mal wieder heftig um die Zeit, die sie zu zweit beziehungsweise allein verbringen wollten. Jake verschränkte die Arme vor der Brust, war sichtlich frustriert.

»Kommt gar nicht in die Tüte«, sagte Caroline und schüttelte fest den Kopf. »Wir haben zig Baustellen hier im Haus, und ganz abgesehen davon haben wir ständig so viel zu tun, dass wir nie Zeit für uns haben.«

»Stimmt doch gar nicht, sogar wenn ich in der Arbeit bin, haben wir Zeit für uns! Ich kann ja nicht mal aufs Klo gehen, ohne dir eine SMS zu schreiben«, sagte Jake.

Caroline wollte eine enge Bindung, Jake brauchte seinen Freiraum. Immer, wenn sie versuchte, auf ihn zuzugehen, schob er sie dezent beiseite: »Geh weg!« Das Problem wurde so schlimm, dass die beiden zu mir in die Sprechstunde kamen.

»Ich fühle mich, als hätte ich nie Zeit für mich selbst, und noch dazu, als müsste ich sie jede Minute auf dem Laufenden halten. Das macht mich so kirre, dass ich diese wunderschöne Frau, die ich liebe, langsam aus dem Blick verliere«, erzählte mir Jake. Sobald er den personalisierten Klingelton seiner Frau höre, sagte er, ziehe sich sein ganzer Körper zusammen und er »ringe nach Luft wie ein Fisch in einem Boot.«

Caroline schloss die Augen und blieb ruhig.

Ich-Zeit und Wir-Zeit unter einen Hut zu kriegen ist für viele Paare ein schwieriges Unterfangen. Und oft ein langwieriges Problem. Ich erlebe sehr viele Pärchen, die alle Mühe haben, ein ausgewogenes Verhältnis zwischen emotionaler Verbundenheit und individueller Abgrenzung zu finden. Inwieweit ist ihre Identität durch die Beziehung begründet, und inwieweit durch das eigene Selbst? Wenn es den Paaren nicht gelingt, einen Mittelweg zwischen dem Bedürfnis nach Nähe einerseits und nach Distanz andererseits zu finden, und zwar sowohl körperlich als auch emotional, kann sich ihr Liebeskreis sehr schnell in eine Komm-her-geh-weg-Konfliktschleife verkehren. Der eine Partner geht auf den anderen zu, sucht und wünscht sich emotionale Nähe und Verbundenheit, während der andere zurückweicht und sich entzieht aus Angst, sich selbst in der Beziehung zu verlieren. Doch je weiter er zurückweicht, desto enger will der andere ihn an sich ziehen. Und so gräbt sich das Muster mit der Zeit immer tiefer ein.

In meiner Praxis saßen Jake und Caroline an den jeweils äußeren Enden des Sofas. Ich bat Jake, die Augen zu schließen, einzuatmen und zu beschreiben, was genau er in diesem Moment fühlte. Er fühle sich ängstlich und verärgert, erklärte er, wolle einfach nur »weg«.

»Haben Sie dieses dringende Bedürfnis davonzulaufen schon öfter verspürt? Kommt es Ihnen bekannt vor?

»Ja, schon«, sagte er nachdenklich. »Es erinnert mich an meine Mutter.«

Jakes Mutter war alleinerziehend gewesen. Ohne nahe Verwandte und ohne enge Freunde hatte seine Mutter ihn zu ihrer Vertrauensperson gemacht, als er gerade mal neun Jahre alt war. Sie hatte mit ihm über ihre Gefühle gesprochen, ihre Probleme, ihre Hoffnungen und ihre Beziehungen. Sie hatte sich buchstäblich an seiner Schulter ausgeheult und den kleinen Jake gebeten, ihr durch etliche harte Zeiten hindurchzuhelfen. Er war ihr kleiner Mann gewesen. Manchmal, sagte Jake, habe er sich gefühlt, als hätte der zentrale Inhalt des Tages für seine Mutter einzig und allein darin bestanden zu warten, bis er von der Schule wieder nach Hause kam. Er hatte sich für ihr Glück verantwortlich gefühlt. Wenn sie nicht glücklich war, so seine Angst, bedeutete dies, dass er seine Aufgabe als ihr Sohn nicht gut genug erfüllt hatte.

»Klingt wie ein Mordsaufgabe für so einen kleinen Jungen«, sagte ich.

Jake nickte.

Kinder müssen erst lernen, ihre Gefühle zu verstehen und einzuordnen, und Eltern können sie darin unterstützen, indem sie ihnen mit einer gesunden Erziehung das nötige Rüstzeug mit auf den Weg geben. Doch bei Jake waren die Rollen vertauscht, und die Unterstützung ging in die andere Richtung. Er war in die unangemessene Rolle eines »erwachsenen Kindes« gestoßen worden. Er liebte seine Mutter, doch ihr Verhalten hatte ihn gelehrt, seine Bedürfnisse zugunsten ihrer eigenen zu opfern.

Jake erkannte, dass er Caroline deshalb nicht so nahe an sich heranlassen wollte, weil er viel zu große Angst hatte, sich in ihr zu verstricken und zu verlieren, ganz so, wie er damals als Kind von den Bedürfnissen seiner Mutter verschlungen worden war.

Es ist gesund, ein »Wir« zu sein – mit seinem Partner durch die Welt zu gehen, ein Paar zu bilden, ein Team. Aber ebenso wichtig ist es, an der eigenen Person festzuhalten, die man unabhängig vom anderen ist, und daran zu wachsen. »Kann ich ein ›Wir‹ sein und trotzdem die Person bleiben, die ich außerhalb der Beziehung bin?« ist eine berechtigte Frage. Wenn das »Ich« in diesem »Wir« aus dem Gleichgewicht gerät, gehen manche davon aus, dass der einzige Weg, wieder sie selbst sein zu können, der ist, die Beziehung zu beenden. Die Herausforderung und die Chance bestehen darin zu lernen, hinein- und hinauszufließen – sich zu erlauben, mit dem anderen zu verschmelzen, sich aber jederzeit wieder lösen und man selbst sein zu können.

In einer gesunden Beziehung gibt es ein solches Hinein- und Hinausfließen, so dass jeder am anderen teilhat, ohne Angst zu haben, vereinnahmt oder verlassen zu werden, und mit der Fähigkeit, die Vergangenheit vom Hier und

Jetzt zu trennen. Probleme entstehen, wenn ein Partner das Gefühl hat, es müsste mehr Zusammengehörigkeit geben, mehr »Wir«, oder umgekehrt mehr Raum, sich als Einzelner entfalten zu können, mehr »Ich«. Eine noch größere Herausforderung besteht, wenn der eine will, dass der andere bestimmte Dinge, die ihn als Individuum ausmachen, aufgibt (z. B. Freundschaften, Hobbys oder Ansichten). Oder auch dann, wenn der eine diese Dinge freiwillig aufgibt, da er vom anderen ganz durchdrungen ist und diese neue Identität als ein »Wir« innerhalb der Beziehung begreift, in der sich alles, was ihn zuvor als Individuum ausgemacht hat, auflöst. Die wahre Herausforderung aber besteht darin, dass Sie definieren, wer Sie als Paar sind, sich gleichzeitig aber auch als Individuen wahrnehmen und sich ein Eigenleben bewahren. Also, behalten Sie Ihr Basketballtraining am Mittwochabend bei, und besuchen Sie am Sonntag als Paar gemeinsam den Bauernmarkt. Oder nutzen Sie ein langes Wochenende für ein Yogaseminar mit Ihrer besten Freundin, aber halten Sie sich den Donnerstagabend als Ihren »Pärchenabend« frei.

An jenem Tag in meiner Praxis, als wir die einzelnen Streitauslöser bei Jake und Caroline genauer unter die Lupe nahmen, begann Jake allmählich, einen Zusammenhang herzustellen. Jedes Mal, wenn Caroline ihn in der Arbeit anrief und fragte, wann er zu Hause sein würde, oder wenn sie ihn davon abhielt, Zeit mit seinen Kumpels zu verbringen – jedes Mal, wenn Sie ihn näher an sich zu ziehen versuchte –, kamen sofort all die Gefühle aus der Kindheit in ihm hoch.

»Es ist nicht so, dass ich keine Zeit mit Caroline verbringen will«, sagte er. »Es ist nur so, dass ich Zeit für mich alleine brauche, Zeit, um ich selbst zu sein. Ich muss wissen, dass ich zum Angeln gehen kann, ohne dass sie sich zurückgesetzt fühlt. Oder dass ich 20 Dollar beim Pokerspiel auf den Kopf hauen und mit meinen Kumpels eine Zigarre schmauchen kann, ohne dass sie dies als Beziehungsverrat empfindet. Ich möchte die selbstbewusste, starke Frau zurück, in die ich mich einst verliebt habe.«

Für einen kurzen Moment war es still im Raum. »Weißt du was, Schatz?«, sagte Caroline schließlich. »Ich glaube, ich habe es kapiert.«

»Das wünsche ich mir«, sagte Jake und ergriff ihre Hand. »Ich weiß, du hast mir oft davon erzählt, wie deine Mutter dir die Luft zum Atmen nahm, aber was sie dir damit tatsächlich angetan hat, habe ich so nie gesehen, und der kleine Junge von damals tut mir wahnsinnig leid.«

Hier zeigt sich die transformative Energie, die sich entfaltet, wenn einer den emotionalen Mut aufbringt, sich seinem Partner gegenüber zu öffnen. Indem sie Jake über seine Kindheit sprechen hörte, lernte Caroline nicht nur, ihren Mann besser zu verstehen, sondern sie konnte auch erstmals erkennen, dass es nichts mit ihr zu tun hatte, wenn er auf Distanz ging. Interessanterweise gab dieses neue Verständnis Caroline genau das, was sie immer wollte: Jake rückte näher an sie heran. Doch so wie er sich näherte, wich Caroline zurück. Was war los mit ihr? Jake und ich waren gespannt, es zu erfahren.

Sie begann über ihren Vater zu sprechen, der die Familie verlassen hatte, als Caroline sieben war. »Er sagte, er käme mich regelmäßig besuchen, aber er kam nie. Er versprach mir, die Ferien zusammen zu verbringen, doch das passierte nie«, sagte sie.

Ich fragte Caroline nach ihrer ersten Ehe. Sie erzählte, dass ihr erster Mann ein notorischer Fremdgeher gewesen sei. Sie sah Jake an. »Ich weiß, du hast mir nie einen Grund gegeben, dir zu misstrauen … trotzdem!« Sie weinte.

Es fiel ihr nicht leicht, das Erlebte in Worte zu fassen, zumal ein Teil von Caroline glaubte, dass sie eine Mitschuld daran trug, dass ihr Vater die Familie verlassen hatte, ebenso daran, dass ihr erster Mann sie betrogen hatte. Caroline gab weitere Einzelheiten ihrer ersten Ehe preis, erklärte, dass sie ihrem ersten Mann einen gewissen Freiraum gelassen hatte – den er letztlich dazu nutzte, um sie zu hintergehen. Und so hatte sie sich auf einer bestimmten emotionalen Ebene geschworen, den gleichen Fehler nicht noch einmal zu begehen. Kein Wunder, dass sie Jake enger an sich binden wollte: Jedes Mal, wenn Jake sich zurückzuziehen begann, kam ihre alte Angst, verlassen zu werden, wieder hoch. Sie hatte das Gefühl, als müssten eheliche Seitensprünge zwangsläufig passieren. Wenn Jake sich tagsüber nicht meldete, so bedeutete dies ihrem

Empfinden nach, dass er nicht an sie dachte, sie nicht liebte und sie jederzeit im Stich lassen würde, so wie ihr Vater und ihr erster Ehemann es getan hatten.

Aus diesem Grund hatten sich Caroline und Jake in der Komm-her-geh-weg-Konfliktschleife verfangen. Seine Angst vor allzu großer Nähe wurde ausgelöst von ihrer Angst, verlassen zu werden, die natürlich jedes Mal noch größer wurde, wenn Jake auf Abstand ging. Bedingt durch ihre Vergangenheit erwartete Caroline, dass Jake sich in einer bestimmten Weise verhalten würde – wenn sie ihm Raum ließ, würde er sie betrügen und verlassen. Und bedingt durch seine Vergangenheit erwartete Jake, dass Caroline sich in einer bestimmten Weise verhalten würde – wenn er sie zu nahe an sich herankommen ließ, würde sie ihn immer mehr vereinnahmen, so weit, bis nichts mehr von ihm übrig wäre. Ganz unbewusst machten Jake und Caroline sich gegenseitig verantwortlich für schmerzhafte Wunden und Verletzungen aus der Vergangenheit, die andere ihnen zugefügt hatten.

Doch jetzt verstand Jake, dass Carolines Wunden ihr Bedürfnis nach Bestätigung und Sicherheit befeuerten. Und Caroline wusste jetzt, warum Jake seinen Freiraum brauchte. Mit diesem neu gewonnenen Verständnis konnte nun jeder der beiden zum ersten Mal frei atmen. Indem sie sich dieses Muster klar vor Augen führten, wurde Jake und Caroline auch die Dynamik dahinter bewusst, die sie nun gemeinsam erkennen und verstehen konnten.

»Lassen Sie uns dies noch ein bisschen näher betrachten«, sagte ich und wandte mich an Jake. »Können Sie Verhaltensweisen erkennen, in denen Caroline Ihrer Mutter ähnlich ist? Was haben die beiden gemeinsam?«

Jake druckste ein bisschen herum, bevor er eine Antwort gab. »Na ja, eigentlich kann ich … kann ich keine erkennen«, stammelte er. »Nicht wirklich. Caroline ist lieb und großzügig. Sie ist eine liebenswerte, fröhliche Person. Sie lächelt meist. In vielerlei Hinsicht ist sie das genaue Gegenteil von meiner Mutter.«

»Ist das nicht ein wunderschöner Moment der bewussten Erkenntnis?«, fragte ich, während ich mich zu Caroline drehte. »Können Sie einige Dinge nennen, in denen Jake Ihrem Exmann ähnlich ist?«

»Ich sehe, worauf Sie hinauswollen. Und Sie haben Recht. Nein, die beiden ähneln sich überhaupt nicht. Jake und mein Exmann sind vollkommen unterschiedlich.«

An diesem Punkt des Gesprächs hielt Jake Caroline in den Armen. Sie teilten in diesem Moment die Erfahrung tiefer Nähe, nach der sie sich beide so sehr gesehnt hatten. Und was besonders schön zu sehen war, war das gegenseitige Mitgefühl für die Erfahrungen des anderen, das stärker war als der Konflikt selbst.

»Und wie denken Sie jetzt über den Angelausflug?«, fragte ich Caroline.

»Ich freue mich, dass er angeln geht«, sagte sie. »Es ist schön, einen Mann zu haben, dem ich vertrauen kann.

Und wissen Sie was? Ich habe ein paar Freundinnen, die mir ständig in den Ohren liegen, dass sie mich ewig nicht gesehen haben. Eine prima Gelegenheit, das zu ändern.«

»Und ich bin mir sicher, dass ich den Angelausflug jetzt genießen kann, mich aber auch freue, wieder nach Hause zu kommen – nach Hause zu der Frau, die ich liebe«, sagte Jake.

Jake und Caroline waren jetzt in der Lage, einander mit neuen Augen zu sehen, ohne die verzerrenden Störfaktoren aus früheren Beziehungen oder den Ballast aus der Vergangenheit. Sie ließen sich ein auf das Hier und Jetzt, anstatt sich zu einer Geisel ihrer Ängste zu machen. Mit dieser neuen Empathie und diesem neuen Verständnis für die Vergangenheit des Partners, waren die Streitauslöser, die das Bedürfnis nach Freiraum auf der einen und das Bedürfnis nach Nähe auf der anderen Seite geschaffen hatten, praktisch ausgelöscht. Und das war das Schöne. Ob Jake zum Angelausflug ging oder nicht, war gar kein Thema mehr. Denn jetzt, wo sie einen Schritt hinein in den Liebeskreis des Gleichklangs gemacht hatten, sahen Jake und Caroline sich in einer Beziehung, in der sowohl ein »Ich« als auch ein »Wir« vorkam – eine Beziehung, in die sie beide hinein- und aus der sie hinausfließen konnten, im sicheren Wissen, dass ihre Ehe festen Bestand haben würde.

Caroline wollte alles tun, damit er glücklich war, und Jake konnte es kaum erwarten, wieder zu ihr nach Hause zu kommen.

Quick Tipp

Übergangsphase

Jake hatte das Gefühl, Caroline würde sich auf ihn stürzen und ihm eine ellenlange To-do-Liste, über der sie den ganzen Tag gebrütet hatte, in die Hand drücken, kaum dass er am Feierabend zur Haustür herein war. Caroline hatte das Gefühl, ihm mit Offenheit zu begegnen. Sie war überglücklich, ihn wieder bei sich zu haben, und freute sich darauf, ihren Tag mit ihm zu teilen. Er wiederum hatte den ganzen Tag als ein »Ich« zugebracht, und sollte nun von jetzt auf gleich auf ein »Wir« umschalten.

Doch es fällt äußerst schwer, innerhalb von Sekunden eine Wandlung zu vollziehen, vom Büroleiter zum zuvorkommenden Ehemann zu werden, oder von der Büroleiterin zur verführerischen Schlafzimmer-Göttin! Ich habe in der Tat unzählige Klienten, Männer und Frauen, die offen gestehen, dass sie manchmal einen Bus später nehmen oder noch einen Abstecher ins Fitnessstudio machen, aus Angst, dass sie bestürmt werden, sobald sie zu Hause die Tür reinkommen. Manchmal brauchen wir noch einen Moment, um ein »Ich« zu sein, bevor wir ein »Wir« sein können.

Ich kenne das aus meiner eigenen Ehe. Auch wenn wir in Kalifornien leben, richten sich Erics Arbeitszeiten nach der Ostküstenzeit der USA, was bedeutet, dass er schon um zwei Uhr nachmittags Feierabend hat. Bis ich abends gegen acht Uhr nach Hause komme, hat er bereits sechs Stunden alleine verbracht, seine »Ich«-Momente also gehabt, und freut sich nun auf das »Wir«. So glücklich ich sein kann, einen Mann zu haben, der mich mit offenen Armen empfängt, brauche ich doch einige Zeit für mich, um herunterzufahren – mich nach einer kurzen Umarmung und einem Kuss umzuziehen, frisch zu machen und ein wenig herumzuwerkeln. Wenn ich dann aber eine Viertelstunde Zeit für mich hatte und den Arbeitstag abschütteln konnte, bin ich bereit, den Abend gemeinsam zu beginnen, ein Glas Wein einzuschenken und zusammen zu kochen. Was sich in unserer Ehe auch schnell hätte zum Konflikt entwickeln können, ist nun zu einem gesunden Ritual geworden. Wenn ich heute zur Tür reinkomme und mich unverweilt in den Abend stürze, bremst mich mein Mann und achtet darauf, dass ich zuerst in ein paar bequeme Klamotten schlüpfe und entspannt in den Abend finde.

Fragen Sie Ihren Partner ganz direkt: »Brauchst du etwas Zeit und Raum für dich, wenn du von der Arbeit nach Hause kommst?« Oder vielleicht hätte einer von

Ihnen abends, nachdem die Kinder im Bett sind, gerne eine kleine Auszeit. Finden Sie heraus, wo und wann Sie jeweils gerne mehr Zeit und Ruhe für sich hätten und legen Sie ein zeitliches Limit fest. Das können zwei Minuten, zehn Minuten oder auch eine halbe Stunde sein. Die meisten von uns haben damit überhaupt kein Problem, solange wir nur wissen, wann diese kleine Auszeit vorüber sein wird. Also, wenn Sie nach Feierabend eine halbe Stunde für sich brauchen, um sich über die aktuellen Fußballtabellen zu informieren, die neuesten Posts ihrer Freunde auf Facebook zu lesen oder eine Dreiviertelstunde im heimischen Fitnesskeller zu trainieren – alles gar kein Problem, ihr Partner muss nur wissen, wann die Ich-Zeit vorbei ist und die Wir-Zeit beginnt, und, am allerwichtigsten, wofür Sie die vereinbarte Auszeit nutzen. Dies ist umso wichtiger, wenn Sie gerade in einer Komm-her-geh-weg-Konfliktschleife feststecken oder Verlustängste haben. Es sollte keinerlei Restriktionen oder Wertungen darüber geben, wie jemand diese Ich-Zeit in der Übergangsphase für sich nutzt. Geben Sie Ihrem Partner Zeit, Raum und auch die Freiheit zu tun, was er tun möchte.

Lieben Sie auch das, was unter der Oberfläche steckt?

Ich erkannte Francesca sofort. Sie war das Gesicht auf vielen Modezeitschriften. Und so kannte ich sie lange, bevor ich sie persönlich kennenlernte. Aus der Nähe betrachtet sah sie noch fantastischer aus. Braune Augen, volle Lippen, weibliche Figur. Sie war gerade 30 geworden und kam zu mir in die Therapie, weil sie herausfinden wollte, warum sie immer an Männer geriet, die entweder verheiratet waren oder ihr verheimlichten, dass sie eine feste Freundin hatten, auch dann, wenn sie explizit danach fragte.

Francesca kam ein Jahr lang zu mir in die Therapie und erforschte ihre Ängste in Einzelsitzungen. Ihrer Agentin hatte sie gesagt, dass sie kürzertreten wolle, und nahm sich eine Auszeit von Job und Partnersuche, um zu ergründen, was ihr wirklich wichtig war. Ich weiß noch, wie sie mir in der ersten Sitzung erzählt hatte, dass sie dicke Oberschenkel hätte.

»Ich dimme immer das Licht, bevor ich in den Spiegel schaue«, sagte sie und bekam leicht feuchte Augen, was mir nicht entging, doch schon hatte sie ihre Emotionen wieder ausgeschaltet und ihre Fassung zurück. Sie entschuldigte sich dafür, derart herumzujammern, setzte sich aufrecht und gerade, ein leises Lächeln im Gesicht, wie zur Maske festgegipst. So saß sie vor mir, diese umwerfend schöne Frau, die eine Zeitlang als die schönste Frau der Welt galt, und konnte sich selbst nicht im Spiegel ansehen! Ich war baff vor Staunen, und sie tat mir in der Seele leid. Mein erster Gedanke war – *Was wurde dir nur zugefügt, dass du heute so empfindest?*

Kennen Sie das Buch *Die Kunst, den Mann fürs Leben zu finden?* Es verrät Ihnen angeblich das Geheimnis, wie Sie einen Mann dazu bringen, dass er Sie will: Nehmen Sie nach Dienstag nie eine Einladung für Samstag an; stellen Sie sich eine Sanduhr daneben, wenn Sie mit einem potenziellen Partner telefonieren, und beenden Sie alle Telefonate nach spätestens zwei Minuten; geben Sie sich geheimnisvoll und zieren Sie sich; lassen Sie Ihre Haare lang wachsen und tragen Sie niemals Hosen. Es liest sich, ganz offen gesagt, wie eine Anleitung zum Unauthentischsein. Das Buch hätte von Rose, Francescas Mutter, sein können.

Rose war die Tochter mittelloser italienischer Einwanderer. Sie verdingte sich als Kindermädchen, sparte eisern und färbte sich die Haare blond, sobald sie das Geld dafür beisammenhatte. Später ließ sie sich auch ihre Nase richten. Sie modellierte sich zu einer wahren Schönheit und schickte sich an, in den Reihen der weißen Oberschicht einen gebildeten, kultivierten Mann zu finden. Und fand ihn auch – Francescas Vater: steinreich, erfolgreich, Amerikaner durch und durch. Ihre Hochzeit war wie aus dem Hochglanzmagazin *Town & Country*, und die

Gästeliste hätte durchaus den Boulevardteil einer Zeitung füllen können. Rose heiratete in einer Kopie des berühmten Brautkleids von Grace Kelly.

Wenige Jahre später wurde Francesca geboren. Ihre weit verzweigte italienische Verwandtschaft war außer sich vor Freude, nicht so ihre Mutter. Und das lag daran, dass Francesca mit ihren großen braunen Augen und dem braunen Lockenkopf, nun ja, italienisch aussah. Als Francesca zwölf wurde, beschloss Rose, dies zu ändern: sie zupfte Francescas Augenbrauen, bleichte und glättete ihr die Haare. (Glücklicherweise scheiterten ihre weiteren Vorstöße, auch andere körperliche Merkmale an Francesca operativ verändern zu lassen, an plastischen Chirurgen, die moralische Bedenken hatten.) Bis Francesca 16 wurde, hatte Rose ihre Tochter sämtlichen New Yorker Elite-Modelagenturen vorgestellt. Sie drängte Francesca, das College aufzuschieben. »Zuerst Model-Karriere, dann kannst du dir immer noch einen Mann suchen«, sagte sie. Francesca folgte ihrer Mutter, doch als sie als Model immer mehr Erfolge feierte, wurde Rose schrecklich eifersüchtig. Francescas Vater war so gut wie nie da, zeigte ihr seine Liebe, wenn überhaupt, nur heimlich ... andernfalls war ihm Roses Zorn gewiss.

Während ich ihre Geschichte hörte, erkannte ich, wie weit weg von der Wahrheit sie mit ihrem Selbstbild lag. Francesca war klug, liebenswert, tief verletzlich und dazu noch wunderschön.

Nach unzähligen Dates mit einer Reihe wohlhabender und erfolgreicher Männer hatte sie ihre erste »richtige« Beziehung mit David, einem Filmproduzenten und Oscar-Preisträger, der mit gerade mal 34 ein Nettovermögen von knapp einer Milliarde Dollar hatte. Er betrog sie und log ihr drei Jahre lang etwas vor. »Was erwartest du?«, hatte Rose sie gefragt. »So sind Männer eben!«

Vor ein paar Jahren hatte Francesca angefangen, sich um streunende und ausgesetzte Haustiere zu kümmern, nahm jeden einbeinigen, halbblinden, schiefzahnigen Hund mit nach Hause, den sie finden konnte. Als eine Anfrage vom örtlichen Tierheim kam, ob sie sich für eine Benefiz-Veranstaltung persönlich zur Versteigerung aufstellen und dem Höchstbieter ein Date mir ihr anbieten wolle, sagte sie zu. Der Höchstbieter war Michael. Aus einem Date wurden viele. Michael war der erste Mann, mit dem Francesca ausging, der nicht »aus der Branche« war. Er war Kinderarzt, als freiwilliger Mitarbeiter bei Ärzte ohne Grenzen tätig und hatte ebenfalls ein Herz für streunende Hunde. Er war lieb und nett, war stets für sie da und war wie verrückt hinter ihr her. Er sagte ihr klipp und klar, dass er eine feste Beziehung mit ihr wolle und setzte in bester Jagdmanier alles daran, um diese wunderschöne, wenngleich schwer zu fassende Frau für sich zu gewinnen.

Ein Jahr ging dahin, bis Francesca schließlich den Gedanken fasste, dass Michael der Richtige sein könnte. Sie beschloss, nicht mehr die *Unnahbare* zu spielen, ihn nicht mehr auf Abstand zu halten, sich zu öffnen, verwundbar zu sein und ihn voll und ganz in ihr Herz zu lassen. Irgendwann sagte sie Michael dann, dass sie ihn liebe. Und von da an begann sich das Blatt zu wenden. Plötzlich war Michael derjenige, der auf Abstand ging, sich ausweichend verhielt, Verabredungen platzen ließ und ihre Anrufe auch mal unbeantwortet ließ. Und nun saß Francesca vor mir und fragte sich, warum Michael plötzlich von ihr abrückte. »Was mache ich nur falsch?«, fragte sie mich während einer unserer Sitzungen. Zudem, so gestand sie mir, ertappe sie sich öfter mal dabei, dass sie an David, einen Filmproduzenten, dachte.

Wir alle haben Ängste und Unsicherheiten. Wir alle haben Angst, unser Partner könnte sich über alle Berge davonmachen, wenn wir unser wahres Selbst offenbaren, unsere wunden Punkte, unsere sämtlichen Fehler, Schwächen und Mängel. Doch bei manchen Menschen geraten diese Ängste außer Kontrolle – wie bei Francesca; sie war überzeugt, dass irgendetwas an ihr grundlegend verkehrt sei, dass sie tief in ihrem Inneren nicht liebenswert und der Liebe unwürdig sei. Und genau da liegt der Hund begraben: ohne sich dessen bewusst zu sein, suchen sich viele Menschen genau den (vermeintlich idealen) Partner aus, von dem sie diese Überzeugungen bestätigt bekommen, der sie im Glauben lässt, nicht liebenswert zu sein. Im Falle Francescas war David der ideale »Komplize« dieser Ängste; er bekräftigte durch sein Verhalten alle Negativbotschaften, die Rose von klein auf an ihre Tochter gesendet hatte, wie zum Beispiel, dass sie nicht gut genug, nicht liebenswert sei.

Wenn auch Sie wie Francesca in einer solchen Familie aufgewachsen sind – wenn Sie gelernt haben, sich über Ihr Äußeres oder Ihren Gehaltsscheck zu definieren –, könnte es gut sein, dass auch Sie sich von narzisstischen Partnern wie David angezogen fühlen. Es könnte gut sein, dass Sie unbewusst nach einem Partner suchen, der auf Äußerlichkeiten fokussiert ist, dem Kontrolle, Macht und Status wichtig sind; der Ihnen eben mal anbietet, den Friseur zu bezahlen oder die Nasenkorrektur, oder der Ihre Yacht mit den anderen, größeren Yachten im Hafen vergleicht; dem nicht wichtig ist, wer Sie als *Person* sind, sondern der nur darauf schaut, was Sie darstellen, rein optisch ebenso wie auf dem Papier.

Francesca lernte Michael kennen, als sie bereits ein Jahr bei mir in Therapie war, wo sie nach ihrer Beziehung mit David daran gearbeitet hatte, ein gesünderes Selbstwertgefühl zu entwickeln. Die Beziehung mit Michael war die erste, die Francesca je gehabt hatte, die nicht nur auf Image gebaut war. Doch just in dem Moment, da sie aufhörte, sich von dem bei ihrer Mutter erlernten Beziehungsstil leiten zu lassen, ihre Distanz gegenüber Michael aufgab und versuchte, authentischer zu sein, just in dem Moment schien Michael das Interesse zu verlieren. Selbstzweifel begannen, sich einzuschleichen. *Hat meine Mutter die ganze Zeit etwa doch Recht gehabt?*, fragte sie sich.

Ich fragte Francesca schließlich, wie sie es fände, wenn wir Michael zu einer unserer nächsten Sitzungen einladen würden, ob er überhaupt offen dafür wäre. Eine Woche später kam das Paar in meine Praxis. Michael erzählte, dass er der geborene Streber sei, ein aufstiegsorientierter Mensch, ein Überflieger, ein Einser-Schüler, der Star im Tennis- und Leichtathletikteam seiner Highschool, der Gewinner eines Vollstipendiums für das Studium an der University of California, Los Angeles (UCLA), das er mit Bestnote absolvierte. Heute ist er einer der angesehensten Kinderärzte in der San Francisco Bay Area. Trotz all seiner Erfolge jedoch hatte er nie echte Anerkennung von seinen Eltern erhalten.

»Wenn ich während eines Tennisspiels einen Ball verhaute, erntete ich schiefe Blicke«, erzählte er. »Und wenn ein Foto von mir in der Lokalzeitung erschien, gab es kaum lobende Worte.«

»Und Sie haben immer wieder versucht, ihnen zu beweisen, dass Sie gut sind?«

Er nickte.

Alles, was Michael je gekannt hatte, war die Jagd, das gnadenlose Streben nach »Erfolg«. Und nun, da er seinen neuesten »Preis« – Francesca – gewonnen hatte, wusste er nichts mit ihm (sprich mit ihr) anzufangen. Wie bei vielen

Paaren, die ich kenne, behielten auch Michael und Francesca ihre eingeübten Verhaltensweisen bei, die Elternhaus und frühere Erfahrungen ausgeprägt hatten: Francesca konnte ihre Distanz wahren und dabei ihr wahres Ich verborgen halten, und Michael konnte ihr nachstellen – wie ein Windhund, der einen Hasen jagt.

Doch nun, nach unzähligen Einzelsitzungen, hatte Francesca sich vorgenommen, authentisch zu sein, sie selbst zu sein. Sie konnte es wagen, die Zurückweisung zu riskieren, die – wie ihre Mutter ihr ein Leben lang eingeimpft hatte – auf dem Fuße folgen würde, sollte sie ihr wahres Ich, ihre wunden Punkte, Fehler und Mängel je erkennen lassen. Ihre Bereitschaft, sich dieser Herausforderung zu stellen, sich offen und nahbar zu geben, drohte das ganze Fundament, auf das ihre Partnerschaft gebaut war, zu zersetzen. Letztlich bot die Beziehung sowohl Francesca als auch Michael die Chance, erlernte Muster loszulassen und verinnerlichte Überzeugungen auf den Prüfstand zu stellen. Die Komm-her-geh-weg-Konfliktschleife war der ideale Ort, diese Herausforderung in Angriff zu nehmen und gegen falsche Überzeugungen vorzugehen, die da waren: *Hinter meiner schönen äußeren Fassade steckt eine nicht liebenswerte Person* (Francesca); *Ich werde nur über meine Leistungen, Errungenschaften und angesammelten Preise definiert* (Michael).

Francesca stand an einem inneren Scheideweg, auf den wir so lange hingearbeitet hatten. Sie hatte nun die Chance, ihre falsche innere Überzeugung zu entlarven, indem sie das, was sie als ihren verletzlichen Kern betrachtete, an die Oberfläche holte. Die gleiche Frage können auch Sie sich stellen: Sind Sie bereit, Ihr wahres, authentisches Selbst zu offenbaren, jeden noch so kleinen, verborgenen Teil Ihres Wesens, den sie so lange so gut versteckt gehalten haben? Sind Sie bereit herauszufinden, ob Ihr anerzogenes Selbstbild, das Sie jahre- oder jahrzehntelang in Geiselhaft gehalten hat, auch tatsächlich der Wahrheit entspricht?

In jener Sitzung, der auch Michael beiwohnte, hatte Francesca mit einer sehr schmerzhaften Erinnerung zu kämpfen, fiel in ihre alte Gewohnheit zurück und mühte sich zu lächeln, während sie die Tränen kaum zurückhalten konnte. Sie hatte noch nie vor Michael geweint, zumindest nicht in den Paarsitzungen. Ich fragte sie, was los sei, und auch Michael ermutigte sie, sich zu öffnen. »Es ist in Ordnung. Erzähl ruhig alles.«

»Nein, nein«, sagte sie immer nur. Michael streckte die Hand nach ihr aus, versuchte, ihre Hand zu nehmen, doch sie zog sie weg. Inzwischen weinte sie heftig, kauerte sich zusammen und wehrte ihn mit den Händen ab, als wolle sie ihm bedeuten: *Nein, geh weg, lass mich in Ruhe!*

»Sie wissen, dass das nichts mit Ihnen zu tun hat?«, sagte ich zu Michael.

Michael nickte. »Ja«, sagte er. »Mir bricht es nur gerade das Herz … sie so zu sehen.«

»Wollen Sie ihn etwas näher herankommen lassen?«, fragte ich Francesca.

»Ich bin ein völliges Wrack«, sagte sie.

»Nicht in meinen Augen«, sagte Michael. »Wenn ich sehe, wie du dich um all die armen Hunde kümmerst, wie viel Liebe du für sie hast, wie du alles tust, damit sie ein schönes Zuhause finden, wie mutig es von dir ist, eine Karriere, für die viele andere Frauen sterben würden, an den Nagel zu hängen, weil sie sich für dich nicht richtig anfühlt – ja, genau darum liebe ich dich. Genau darum kann ich nicht genug kriegen von dir.«

»Francesca«, sagte ich. »Wollen Sie Michael sagen, was Sie an ihm bewundern?«

Sie liebe an Michael, sagte sie, dass er seine Karriere, die ihm so viel bedeute, so eisern verfolge, dass er den Mut gefunden habe, sich den Plänen seiner Eltern zu widersetzen, die ihn gerne als einen berühmten Neurochirurgen gesehen hätten, dass sie es schön finde zu sehen, wie er seine Arbeit als Kinderarzt und sein humanitäres Engagement liebe.

»Ich liebe die Tatsache, dass du mich so annimmst wie ich bin. Und es ist schön zu sehen, dass du so unbeirrt deinen eigenen Weg gehst, so wie ich dies auch für mich versuche«, sagte sie.

Michael rückte näher an Francesca heran, legte die Arme um sie, und sie ließ ihn gewähren. Schwarze Wimperntusche lief ihr über das Gesicht, während sie ihre nackten

Füße unter die Oberschenkel klemmte und lächelte. Nach dieser Sitzung begann auch Michael eine Einzeltherapie. Wenige Monate später kamen beide wieder gemeinsam in meine Praxis ... diesmal zur vorehelichen Beratung. Und schließlich wurde aus den beiden ganz offiziell das Paar, das ich immer in ihnen gesehen hatte.

Im Augenblick sein

Wenn Sie in der Komm-her-geh-weg-Konfliktschleife feststecken, wissen Sie vermutlich ziemlich genau, wer von Ihnen tendenziell Distanz und wer tendenziell Nähe sucht. Überlegen Sie: Was tue ich, um Distanz zu schaffen? Und fragen Sie sich dann: Bin ich bereit, diese Mechanismen aufzugeben und einfach abzuwarten, was stattdessen passieren wird? Sind Sie bereit zu erfahren, wie es ist, wenn Sie Ihrem Partner in jedem Augenblick authentisch begegnen? Wünschen Sie sich zu erfahren, dass Sie um Ihrer selbst willen geliebt werden können?

Quick Tipp
♡
Ein Date – *natürlich*!

Was müssen Sie Ihrem Gefühl nach tun, um gemocht oder geliebt zu werden? Verbergen Sie die Wahrheit über Ihre Herkunft? Achten Sie unbedingt auf tadellose Kleidung? Oder meinen Sie, mit Reservierungen in Edelrestaurants punkten zu müssen?

Dann haben Sie hier die Chance, diese festgefahrenen Überzeugungen zu hinterfragen: Greifen Sie eines dieser oberflächlichen Dinge heraus, die Sie für essentiell halten, um geliebt zu werden, und versuchen Sie einmal, es loszulassen und ein Date ganz ohne es zu meistern. Ich sage nicht, dass Sie aufhören sollen, ein Schaumbad zu nehmen, sich die Zähne zu putzen oder sich charmant zu geben. Aber probieren Sie für nur ein Date ein Mal, natürlich zu bleiben, Ihr natürliches Wesen in Ihrer äußeren Schale, die Sie normalerweise der Welt präsentieren, durchscheinen zu lassen. Machen Sie sich bewusst, dass es in dieser Übung nicht um Ihr körperliches Aussehen geht. Wenn Sie glauben, dass Schein und Aussehen oder auch Dinge, die Sie bieten können, über Achtung und Akzeptanz entscheiden, dann versuchen Sie einmal, ein Date oder ein Erlebnis zu planen, das keinen Cent kostet. Und verzichten Sie auf eine aufwändige »äußere Verpackung«.

Ein wirklich gutes Date darf gerne kreativ und ausgefallen sein! Egal, ob Mann oder Frau, ob Sie tendenziell Abstand oder Nähe suchen, probieren Sie es für nur ein Date ein Mal aus und lassen Sie nicht Ihr Äußeres, sondern Ihr Herz sprechen. Erkennen und stärken Sie Ihr wahres Selbst: Seien Sie ohne Scheu, sprechen Sie unbefangen, unverkrampft und hören Sie auf, auf die Stimme zu hören, die Ihnen von klein auf eingeredet und Sie glauben gemacht hat, Sie seien unattraktiv, nicht feminin genug, unmännlich oder was auch immer.

Auch wenn Sie Wert auf tadellose Kleidung legen oder gerne in schicke Restaurants gehen, sei's drum, Sie werden erfahren, dass all diese Dinge für ein Date nicht notwendig sind. Zu zeigen, wer Sie sind, reicht aus. Und es ist sogar wahrscheinlich, dass genau die Eigenschaften, die Ihre Persönlichkeit ausmachen, Sie in den Augen Ihres/r Angebeteten umso liebenswerter, attraktiver und ungemein sexy machen.

Quick Tipp ♡

Woher kommen Sie?

Das Gefühl, nicht liebenswert zu sein, zu glauben, dass Leistungen mehr gelten würden als die eigene Person, wurzelt sehr oft in der Vergangenheit. Um zu ergründen, was genau es war, das dieses Gefühl und diese Überzeugung in Ihnen verursacht hat, sollten Sie noch einmal zurück in Ihre Kindheit gehen – und mit wem könnten Sie dies besser tun als mit Ihrem Partner? Wenn Sie unweit der Stadt wohnen, in der Sie aufgewachsen sind, machen Sie einen gemeinsamen Ausflug dorthin. Wenn nicht, schauen Sie sich persönliche Fotos von früher oder Bilder Ihrer Heimatstadt im Internet an. Öffnen Sie sich Ihrem Partner und erzählen Sie über sich. Vielleicht fällt Ihnen irgendein Erlebnis ein, wenn Sie zum Beispiel am Haus Ihrer Oma vorbeifahren oder ein Foto anschauen, auf dem Sie zusammen mit ihr zu sehen sind. Vielleicht erinnern Sie sich daran, wie Sie zusammen Plätzchen gebacken haben, sich geborgen und seelisch gut genährt fühlten. Oder Sie kommen an Ihrer früheren Schule vorbei und erzählen Ihrem Partner von Ihrem ersten Schwarm und dem ersten Liebeskummer. Und wenn Sie dann vor Ihrem einstigen Elternhaus stehen, fällt Ihnen vielleicht wieder ein, wie Sie sich immer im Schrank versteckt haben, wenn Ihre Eltern stritten.

Einige Erinnerungen werden schön sein. Andere schmerzvoll. Aber eine Zeitreise durch Ihre persönliche Geschichte zu machen, sich zu öffnen und vergangene Momente samt der Gefühle, die damit verbunden sind, mit Ihrem Partner zu teilen, ist ein guter Weg, um verstehen zu lernen, warum Sie sich verhalten, wie Sie sich verhalten, und warum Sie so fühlen, wie Sie fühlen. Indem Sie die schönen, traurigen oder auch lustigen Erinnerungen Revue passieren lassen und sie dem Menschen, den Sie lieben, beschreiben können, geben Sie Ihrer Beziehung eine neue, stärkende Tiefe. Wenn Sie bereit sind, nutzen Sie diese Erfahrung als eine Chance, die Person, die Sie liebt, an Ihrer Gefühlswelt teilhaben zu lassen, sie mitfühlen zu lassen und ein neues Verständnis zu schaffen. Geben Sie Ihrem Partner die Chance dazu, damit er sagen kann: »Aha, deshalb bist du um die Feiertage herum immer so knatschig.« Geben Sie sich diese Chance, gemeinsame Aha-Momente zu erleben!

Sex und das Wenn-Dann-Spiel

Eines Tages erzählte mir ein Klient, es sei heute sein Hochzeitstag.

»Herzlichen Glückwunsch!«, sagte ich. »Was haben Sie zur Feier des Tages vor?«

»Na, nichts«, meinte er trübsinnig. »Die ganze Woche habe ich meine Frau gefragt, ob sie vielleicht irgendetwas unternehmen wolle, aber sie hat immer Nein gesagt. Also machen wir nichts. Wir haben unseren Hochzeitstag nie groß gefeiert, und inzwischen streiten wir so oft, also, was soll's?«

Er war ein junger, gutaussehender, stattlicher Kerl, knapp zwei Meter groß und Feuerwehrmann. Er kam zu mir, weil er herausfinden wollte, wie er das eheliche Sexleben wieder in Schwung bringen könnte, denn seit der Geburt ihres zweiten Kindes herrschte Flaute im Bett.

Kara, seine Frau, stillte noch und erzählte mir in einer späteren Sitzung: »Meine Milchbar hat rund um die Uhr geöffnet, und dann kommt mein Mann mit diesem eindeutigen Blick in den Augen, und will auch noch was von mir.« Je stärker Marco sie bedrängte, desto mehr schob sie ihn zurück. »Marco kommt an, sagt, er wolle mich nur drücken, mir nur nahe sein«, sagte Kara. »Aber wissen Sie was? Selbst wenn ich Lust habe, ihn zu umarmen oder zu küssen, weil mir das natürlich auch gefällt, weiß ich, dass es für ihn nur das schnelle Vorspiel ist.

Ich weiß, dass eine Umarmung dort enden wird, wo ich nicht hinwill.«

Marco eröffnete mir, dass er nicht nur unter Sexentzug litt. »Ich bin einsam. Ich will meine Frau zurück«, sagte er. »Es scheint, als hätte Kara Zeit für die Kinder, für ihre Freundinnen, für ihren Tanzkurs, für alles, nur nicht für mich.« Marco wollte also nicht nur Sex, er fühlte sich auch vernachlässigt. Er fühlte sich zurückgestoßen und klein gehalten, so, als hätte seine Frau ihn aus ihrem Leben gedrängt.

Marco erging es so wie vielen Männern: Wenn *Mann* seine Partnerin inniglich spüren will, sieht er im Liebesakt den schnellsten Weg zu diesem Ziel. Doch einer der Gründe, warum Kara es so schwerfiel, sich sexuell zu öffnen, war der, dass sie zuerst eine emotionale Nähe und Verbindung spüren musste. Für Kara, wie für viele Frauen, ist Sex nicht nur eine körperliche Sache, sondern auch eine emotionale. Im Fall von Marco und Kara war es so: Marco wollte Sex, um wieder Nähe zu spüren, doch um Kara sexuell für ihn zu entflammen, musste sie *vorab* die Nähe spüren. Ich kenne so viele Paare, die genau mit diesem Problem zu mir kommen: Die Männer klagen, sie hätten nie Sex, die Frauen klagen, sie hätten andauernd Sex. Ich erkläre diesen Paaren dann, dass Männer und Frauen in Sachen Sex derart unterschiedlich ticken, dass man sich eigentlich wundern müsste, dass sie überhaupt Sex haben. Viele Paare sind erleichtert, wenn sie erfahren, dass sie mit ihren Sexproblemen nicht alleine sind – dass sie total normal sind.

Marco war überzeugt davon, dass sich sämtliche Beziehungsprobleme in Luft auflösen würden, wenn er nur sexuell zum Zug käme. Er hatte es monatelang probiert, vergeblich. Nacht für Nacht das ewig gleiche Spiel – er wollte, sie nicht. Sie sehen schon: Marco und Kara haben sich in der Komm-her-geh-weg-Konfliktschleife verfangen, aber nicht nur das. Das Thema Sex wurde auch zu einem Wenn-Dann-Spiel. Kara war sicher, *wenn* sie eine stärkere emotionale Verbindung zu Marco spürte, *dann* würden sie wieder Sex haben. Und Marco glaubte, *wenn* sie wieder Sex hätten, *dann* wäre die Beziehung besser. Beide warteten darauf, dass sich wie von Zauberhand etwas ändern würde, und zwar in die Richtung, die sie sich jeweils erhofften.

Doch der springende Punkt ist der: Es ging gar nicht wirklich um Sex! Tief im Kern der Konfliktschleife wollten beide das Gleiche: Sie wollten Nähe, eine Verbindung mit dem Partner. Sie wollten die richtige Mischung finden, die richtige Balance zwischen Liebe und einem sexuellen Band. Der Sex war das Symptom. Die Komm-her-geh-weg-Konfliktschleife war das Muster. Und das Wenn-Dann-Spiel sorgte dafür, dass sie in dieser Schleife hängen blieben.

Kara und Marco hatten, genau wie viele andere junge Elternpaare, die mich aufsuchen, noch andere Probleme, mit denen sie zu kämpfen hatten – mit Schlafmangel zum Beispiel, wovon vor allem die frischgebackenen Mütter ein Lied zu singen wissen. Ich kann Ihnen gar nicht sagen, wie viele junge Mamis schon in meiner Praxis saßen und mir ihr Leid klagten: »Wenn ich die Wahl hätte zwischen Sex und Schlaf, dann Schlaf ... *bitte*!« Immer wieder erlebe ich Paare mit diesem Problem. Die frischgebackene Mama versucht verzweifelt, ihrem Mann beizubringen, wie ausgelaugt und erschöpft sie ist, sagt, sie fühle sich von ihrem Körper entkoppelt und habe Sorge, vor lauter Schlafmangel verrückt zu werden. Der frischgebackene Papa dagegen sagt, man könne nicht von ihm erwarten, ohne Sex auszukommen.

Ein Problem entsteht dann, wenn das Paar es nicht schafft, diese natürlichen Veränderungen anzunehmen und so damit umzugehen, dass sich ein neues, ein anderes, gleichwohl aber ein noch tieferes Band der Liebe entspinnt. Manch ein frischgebackener Papa braucht einen Realitäts-Check, einen Augenöffner für die tatsächlichen Gegebenheiten: Der Schlaf einer Mutter hat oberste Priorität! Aber auch das geht vorüber. Wenn die Papas es schaffen, dem Ich-Land eine Zeitlang Ade zu sagen, dann kehrt die sexuelle Beziehung zurück, vielleicht sogar mit frischem Schwung und neuer Leidenschaft.

Und was nun?

An körperlichem Mut mangelte es Marco als Feuerwehrmann bestimmt nicht. Mit seinem emotionalen Mut in Sachen Beziehungspflege jedoch war es nicht weit her. Selbst an seinem Hochzeitstag, dem Tag schlechthin, um mit der Ehefrau zu feiern, brachte er nicht den Mut auf, zur Feier des Tages Pläne zu schmieden und damit möglicherweise zu riskieren, enttäuscht oder zurückgewiesen zu werden. Denn was, wenn er einen Tisch zum Abendessen reservierte, einen Babysitter organisierte und Kara gar keine Lust darauf hatte? Was, wenn er irgendetwas anleiete, und Kara am Ende nicht mitzog? Stattdessen wollte er, dass Kara ihn beschwichtigte, ihm zusicherte, dass sie gerne dabei wäre, sollte er irgendwelche Pläne geschmiedet haben. Er hatte Kara gefragt, was sie gerne unternehmen wollte und musste somit kein emotionales Risiko eingehen.

»Außerdem«, fuhr Marco fort, »fühlt sie sich nicht danach. Warum sollten wir ausgehen und so tun, als sei alles in Ordnung?«

Oh *Mann*, kann ich da nur sagen, denn dies ist geradezu ein Paradebeispiel für ein Wenn-Dann-Spiel! Im Grunde nämlich sagte Marco: *Wenn* Kara danach wäre, *dann* könnten sie einen schönen Abend miteinander haben. Aber Kara war völlig erschöpft und ausgelaugt, denn als Milchbar, lebendes Klettergerüst, Hausfrau und Köchin war sie rund um die Uhr beansprucht – und dann kam auch noch Marco, noch eine Person, die an ihr zerrte, die nur wollte und wollte, ohne zu geben.

»Also gut, Sie können nun Ihre Wunden lecken und

über mangelnden Sex lamentieren, oder Sie gehen die Dinge, die Sie zu beklagen haben, aktiv an. Ihre Entscheidung, mein Freund«, sagte ich. »Sie sagt Ihnen doch immer wieder, dass sie Nähe spüren muss, dass sie sich geliebt und geschätzt fühlen muss, und genau das ist Ihre Chance! Wollen Sie diese Chance vertun, indem Sie das Wenn-Dann-Spiel spielen, oder wollen Sie die Sache beherzt in die Hand nehmen und emotionalen Mut zeigen?«

Er saß schweigend da und überlegte, was er tun sollte.

Ich fragte ihn noch einmal: »Wie wollen Sie Ihren Hochzeitstag begehen? Was haben Sie vor?«

»Hmm, Blumen kaufen?«, fragte er.

»Was für welche?«, fragte ich.

Er hatte keine Ahnung. Er wusste nicht einmal, ob Kara Blumen überhaupt mochte.

»Sie verbringt den ganzen Tag mit den Kindern. Ist doch klar, dass sie dann keine Energie mehr hat, um sich auch noch um Sie zu kümmern. Wie wäre es denn, wenn Sie sich um sie kümmern?«, sagte ich.

»Eine Massage! Sie mag Massagen!«, sagte er.

»Und danach vielleicht ein schönes Abendessen?«, fragte ich.

Spontan fiel ihm kein Restaurant ein, und er wusste auch nicht, ob er einen Babysitter organisiert bekäme, aber er war begeistert von seiner Idee.

»Was noch?«, fragte ich weiter.

»Ich werde … eine kleine Karte schreiben und ihr all

die Gründe sagen, warum ich sie liebe und wie viel sie mir bedeutet«, sagte Marco. Er begann laut darüber nachzudenken, wie er diese Karte am besten gestalten könnte, um seine Hochachtung und Anerkennung für Kara auszudrücken.

Mit einem Mal dachte Marco nicht mehr darüber nach, was seine Handlungen ihm bringen würden. Er dachte nicht über Sex nach. Sein Herz war offen, und er begeisterte sich immer mehr beim Gedanken, seine Frau glücklich zu machen. Er hatte schließlich erkannt, dass Kara »ausgehungert« war. Sie hatte das Gefühl, für ihre Kinder immer nur zu geben, zu geben, zu geben. Um Nähe aufzubauen, bestand für Marco also die beste Möglichkeit darin, sie im Gegenzug mit liebevoller Zuwendung zu »nähren«. Und er konnte es kaum erwarten, bis es so weit war.

Das Wenn-Dann-Spiel ist immer nur mit einem beherzten »Auf geht's!« zu beenden, so wie in Marcos Fall. Es geht nicht um schöne Worte, die Sie Ihrem Partner sagen, es geht um Ihren festen Vorsatz. Es geht darum, in Aktion zu treten, ohne Garantien und ohne Erwartungen hinsichtlich der Ergebnisse. Es geht darum, im Hier und Jetzt zu sein und Freude daran zu haben.

Wenn Marco Kara zum Abendessen ausführen und sich davon Sex versprechen würde, oder wenn er die Kinder mit dem Babysitter in den Park schicken und sich davon ein paar romantische Stunden zu zweit erhoffen würde, wäre dies nur ein weiteres Beispiel der Art von Annäherungsversuchen, die Kara nur einmal mehr vergraulen würden. Es wäre so, als würde er Kara ersuchen, seine Bedürfnisse zu erfüllen, ohne die ihren zu respektieren. Und wenn er ihr Blumen mitbrächte, wäre dies zwar eine nette Geste, mit der er zeigen würde, dass er ihr eine Freude machen will, für Kara aber eine Bestätigung dafür, dass er keine Ahnung hatte, welche Bedürfnisse sie wirklich hatte. Stattdessen schob er seine eigenen Begierden beiseite, richtete all sein Augenmerk auf seine Frau, um ihr etwas von sich zu geben. Er musste nur noch den emotionalen Mut aufbringen, diesen Plan auch durchzuziehen, aber auch das gelang ihm am Ende.

»Ich konnte keinen Babysitter kriegen«, erzählte er mir in der Woche nach seinem Hochzeitstag. »Aber ich habe auf die Kinder aufgepasst, während Kara bei der Massage war, und danach gingen wir alle zusammen zum Essen aus.«

Marco hatte verstanden, warum Kara sich zurückgezogen hatte. Er hatte herausgefunden, was sie wirklich brauchte. Er hatte auf die drei geheimen Zutaten für eine dauerhaft glückliche Beziehung gebaut – gute Absicht, emotionaler Mut und Hoffnung.

»Tara, wenn ich es Ihnen sage, es war das schönste Date, das wir je hatten!«, sagte er zu mir.

Wir arbeiteten daran, einige neue Beziehungsregeln aufzustellen, zum Beispiel die, dass Marco, wenn er abends nach Hause kam, seiner Frau immer zuerst einen Kuss geben und sie liebevoll in seine Arme schließen würde. Doch damit Kara sicher sein konnte, dass zärtliche Liebesbekundungen nicht zwangsläufig in Sex münden würden, brauchte es eine sichere Grenze, ein verbindliches Versprechen. Es ging also auch darum, mehr körperliche Intimität zu schaffen, sinnliche Berührungen zu genießen, die ihren wie auch seinen »Haut-Hunger« stillten, von jeglichen sexuellen Hintergedanken aber getrennt blieben. Mit dieser Absprache war Kara fähig, das neue, gemeinsame liebevoll-zärtliche Ritual zu genießen. Wir vereinbarten für die nächsten 30 Tage, dass – ganz egal, wie erregt sie gerade waren – sie miteinander kuscheln und schmusen dürften, miteinander schlafen aber war tabu – auch wenn sie beide noch so viel Lust dazu hatten. In jenen 30 Tagen lernte Marco Karas Berührungen und das zweisame Kuscheln auf der Couch sehr zu schätzen. Kara genoss es, wenn er ihr die Füße massierte, sie sinnlich berührte und küsste, so, wie sie es in der ersten Zeit ihrer Verliebtheit stundenlang getan hatten, damals, bevor die Kinder kamen, als sie noch Zeit füreinander hatten! Marco und Kara erlebten diesen einen Monat voller achtsamer Zärtlichkeiten und liebevoller Berührungen als Bereicherung, die das körperliche und emotionale Band zwischen ihnen stärkten und ihren jeweiligen »Haut-Hunger« stillten.

Am Ende des Monats, nach einem ihrer Kuschelabende, fühlte sich Kara nicht nur emotional offen, sondern auch sehr erregt, und sie war bereit, ihrer Liebe und dem Verlangen nach ihm auch körperlich Ausdruck zu geben.

»Sie war jetzt diejenige, die Lust hatte, wenn die Kinder schliefen«, sagte Marco. »Und sie war jetzt diejenige, die das Licht dimmte.«

Quick Tipp
♡
Keine Scheu vor Risiken

Bevor Sie eine langfristige, feste Bindung mit Ihrem Partner eingegangen sind, nahmen Sie große Risiken in Kauf. Erinnern Sie sich noch, wie bange Ihnen zumute war, als Sie um ein erstes Date baten? Oder als Sie um ihre Hand anhielten, oder als Sie »Ja, ich will« sagten? Sind Sie auch heute noch gewillt, gleichartige Risiken einzugehen? Oder gehen Sie jetzt, wo Sie in der wichtigsten Beziehung Ihres Lebens sind, lieber auf Nummer sicher? Es ist an der Zeit, den emotionalen Mut zu finden, um ein Risiko einzugehen, so wie früher. Planen Sie eine Überraschung – eine, die den Wünschen und Vorlieben Ihres Partners entspricht, nicht Ihren eigenen! Halten Sie Termine und andere organisatorische Dinge im Blick (wie etwa einen Babysitter zu finden). Nur zu, gehen Sie es mutig an, und überraschen Sie Ihren Partner mit etwas, womit er nie gerechnet hätte!

Quick Tipp
♡
Hausarbeit: Unterstützung ist sexy!

Die Ratgeber-Kolumne »Dear Abby« stellte ihren Leserinnen folgende Frage: Was würde Sie mehr antörnen? Wenn Ihr Mann den Abwasch ungefragt erledigen oder wenn er einen Tanz aufführen würde … nackt! Um die 99 Prozent der Leserinnen waren sich einig: Abwasch. Ein eindeutiges Ergebnis!

Es gibt eine Situation, in der es einer Beziehung in neun von zehn Fällen zuträglich sein kann, die Unterschiede zwischen Mann und Frau zu respektieren: beim Vorspiel. Ich sage meinen Klienten oft, dass das Vorspiel für Frauen schon lange vor dem Schlafzimmer beginnt. Es beginnt, wenn *er* genug dafür tut, um eine emotionale Verbindung zu schaffen und damit ein Bewusstsein für die Dinge demonstriert, die *sie* am meisten braucht. *Mann* kann zum Beispiel anbieten, im Haushalt mitzuhelfen; oder er kann daran denken nachzufragen, wie das Telefongespräch mit der Schwiegermutter lief; oder er kann sie nach einem langen Arbeitstag mit einer platonischen Nackenmassage verwöhnen. Wenn eine Frau das Gefühl hat, dass ihr Partner sie wirklich kennt und sich um sie kümmert, beginnt sie auch, sich körperlich zu öffnen. Ohne diese emotionale Verbindung machen viele Frauen sexuell zu. Unmutsgefühle bauen sich auf. Für Frauen der Lustkiller Nummer eins.

Von meinen Klienten höre ich immer wieder, dass ihre Beziehung wegen sexueller Probleme auf der Kippe stehe. Ich sage ihnen dann, dass diese nur das Symptom sind, nicht die Ursache. Und sofern ärztlich ausgeschlossen ist, dass dieses Problem medizinische Ursachen hat (wie etwa Medikamenteneinnahme, Depressionen, Menopause), wird es Zeit, dass derjenige, der mehr Sex will, einen Schritt aus dem Ich-Land hinaustritt, seine Bedürfnisse für eine Weile beiseitelässt und den emotionalen Mut aufbringt, seinen Partner zu fragen, was er für ihn/sie tun könnte, damit er/sie sich wahrgenommen, verstanden und emotional getragen fühlt. Gehen Sie in sich, und überlegen Sie, welche Vorlieben Ihres Partners Sie bereits kennen. Das Allerwichtigste dabei: Lassen Sie sich selbst und Ihre Wünsche dabei völlig außen vor, und stellen Sie sich nur die eine Frage: Wie kann ich meinen Partner heute unterstützen? Und dann, nichts wie los. Schreiten Sie zur Tat!

HEARTwork

Wie aus Komm her, geh weg! ein harmonischer Gleichklang wird

Übung 1: Der Komm-her-geh-weg-Test

Stecken Sie und Ihr Partner in der Komm-her-geh-weg-Konfliktschleife fest? Um das herauszufinden, lesen Sie die folgenden Aussagen und kreisen Sie jeweils die Zahl ein, die Ihrem Empfinden am nächsten kommt.

**1 = starke Ablehnung, 2 = Ablehnung,
3 = Zustimmung, 4 = starke Zustimmung**

---

1. Ich frage mich oft, ob mein Partner mich noch lieben und begehren wird, wenn die Falten kommen und ich langsam alt werde.
   1   2   **(3)**   4
2. Ich fühle mich einsam, selbst wenn mein Partner im gleichen Raum ist.
   1   2   **(3)**   4
3. Ich habe Angst, dass ich mich in dieser Beziehung mit der Zeit verliere.
   1   2   3   **(4)**
4. Ich brauche mehr/weniger Wir-Zeit
   1   2   **(3)**   4

5. Ich denke, mein Partner braucht unverhältnismäßig viel Zeit für sich alleine.

   (1) 2 3 4

6. Was das Thema Sex anbelangt, fühle ich mich bedrängt/zurückgewiesen. Ich wünschte, mein Partner würde öfter die Initiative ergreifen oder manchmal auch erkennen, dass es nicht der richtige Zeitpunkt ist.

   1 2 3 **(4)**

7. Wenn wir Sex haben, gleicht das eher Matratzensport – einem mechanischen Werkzeug zum Stressabbau.

   1 **(2)** 3 4

8. Ich schwindle, wenn er mich fragt, was ich in meiner freien Zeit so alles mache, denn ich weiß, dass es ihm die Antwort nicht gefallen würde.

   1 **(2)** 3 4

9. Mein Partner sagt, ich hätte einen schönen Körper ... aber ich glaube ihm nicht.

   1 **(2)** 3 4

10. Ich fühle mich, als würde ich mich selbst aufgeben, um meinen Partner glücklich zu machen.

    1 2 **(3)** 4

11. Mein Partner macht sein ganzes eigenes Glück von mir abhängig.

    (1) 2 3 4

Sex und das Wenn-Dann-Spiel

12. Hätte ich nicht so ein attraktives Äußeres/so ein gut gefülltes Bankkonto, wäre ich Single.
    (1) 2 3 4

13. Mein Partner will nicht, dass ich mich so oft mit meinen Freunden treffe.
    1 2 **(3)** 4

14. Kampf ums Badezimmer: Warum können wir nicht zusammen im Bad sein? oder: Warum kapiert er/sie nicht, dass es auch in einer Beziehung so etwas wie Privatssphäre gibt?
    (1) 2 3 4

15. Manchmal gebe ich vor, beschäftigter zu sein, als ich bin, damit ich mehr Zeit für mich alleine habe.
    1 **(2)** 3 4

16. Ich wünschte, wir könnten kuscheln und schmusen, ohne dass es immer gleich zum »vollen Programm« kommt.
    1 2 **(3)** 4

17. Es gibt eine Seite an mir, die wohl kein Mensch lieben kann.
    (1) (2) 3 4

18. Wie oft sollte man sich tagsüber beim Partner melden? In dieser Frage sind wir unterschiedlicher Meinung.
    1 2 3 **(4)**

19. Ich frage mich manchmal, warum wir überhaupt zusammen sind.

    1   2   (3)   4

20. Es ist wichtig, einige Dinge über sich selbst für sich zu behalten

    1   (2)   3   4

Punktebewertung: Addieren Sie die Zahlen, die Sie eingekreist haben, zu einer Gesamtsumme.

Unter 35: Sie und Ihr Partner schwingen bereits im harmonischen Gleichklang und führen eine Beziehung, in der die Herzen ineinander- und wieder auseinanderfließen können. Sie beide wissen, dass Sie jeder für ihr eigenes Glück sorgen können, es zusammen aber noch größer wird. Wenn Sie sich darin wiedererkennen, blättern Sie gerne gleich zum nächsten Kapitel.

35–50: Sie und Ihr Partner weisen einige Warnzeichen auf, in die Komm-her-geh-weg-Konfliktschleife zu geraten. Fahren Sie mit den weiteren HEARTwork-Übungen fort, die Ihnen dabei helfen dürften, zurück in eine gesunde Balance zwischen Ich-Zeit und Wir-Zeit zu finden und den eigenen Wert sowie den vollen Wert Ihres Partner neu zu entdecken.

51 und mehr: Fühlen Sie sich erdrückt? Macht Ihnen die Distanziertheit Ihres Partners Sorgen? Wenn Sie wollen, dass die Beziehung hält, dann ist es unerlässlich, diese Dynamik zu unterbinden. Machen Sie einen ersten Schritt, indem Sie die folgenden HEARTwork-Übungen absolvieren.

Übung 2: Erfüllung in der Ich-Zeit finden

Es ist leicht, dem Partner die Schuld zuzuschieben, wenn man selbst unglücklich und unzufrieden ist. Es ist leicht zu denken: *Wenn ich mit jemand anderem zusammen wäre, würde es mir besser gehen*! Aber in einer gesunden Beziehung sind allein *Sie* für die Erfüllung Ihrer emotionalen Bedürfnisse verantwortlich. Das soll nicht heißen, dass eine emotional erfüllende Beziehung nichts dazutun würde – natürlich sind Sie glücklicher, wenn Sie erfüllter sind. Doch es ist weder hilfreich noch nützlich, noch ist es fair, wenn Sie Ihren Partner zu 100 Prozent für die Erfüllung Ihrer Bedürfnisse verantwortlich machen.

Wenn Sie in der Beziehung meist derjenige sind, der mehr Nähe sucht, mehr Wir-Zeit, mehr innige Nähe braucht, dann sollten sich ein paar Minuten Zeit für die folgenden beiden Fragen nehmen und Ihre Antworten niederschreiben:

1. Was würde mir guttun, wenn mein Partner nicht verfügbar ist? Nennen Sie drei Dinge (z. B. Tagebuch schreiben, eine Freundin anrufen, den Hund hätscheln, joggen gehen …).
2. Wie fühlt es sich an, wenn Ihr Partner sagt, er brauche mehr Raum für sich selbst? (Werden dabei wunde Punkte aus früheren Zeiten berührt? Welche Angst steigt auf, wenn Ihr Partner mehr Ich-Zeit braucht?)

Wenn Sie so weit sind, sprechen Sie mit Ihrem Partner über Ihre Antworten. Reservieren Sie von nun an etwas Zeit, und zwar jede Woche aufs Neue, um etwas Schönes für sich zu tun. Finden Sie ein Hobby, das Ihnen Energie gibt. Wollten Sie nicht schon immer einem Buchclub beitreten, etwas über Elektrotechnik lernen, mit dem Joggen anfangen? Und im Idealfall, während Sie Ihr eigenes Ding machen, nimmt Ihr Partner sich ebenfalls eine Ich-Zeit.

Übung 3: In der Wir-Zeit aufgehen

Die Ich-Zeit ist in jeder Beziehung ebenso wichtig wie die Wir-Zeit. Es ist das Gleichgewicht zwischen beiden, das ein Ineinander- und Auseinanderfließen schafft, eine Beziehung im harmonischen Gleichklang. Wenn

Sie in dieser Konfliktschleife meist derjenige sind, der die Distanz sucht, mehr Ich-Zeit, um Dinge alleine zu machen, dann sollten sich ein paar Minuten Zeit für die folgenden drei Fragen nehmen und Ihre Antworten niederschreiben:

1. Welche negativen Gefühle werden in Ihnen wach, wenn Ihr Partner Wir-Zeit braucht? (Fürchten Sie, sich selbst zu verlieren? Wenn ja, was heißt das für Sie? Heißt dem Partner etwas zu geben für Sie so viel wie »sich selbst aufgeben«?)
2. Was würde passieren, wenn Sie sich Ihrem Partner voll und ganz anvertrauen würden? (Haben Sie das Gefühl, Ihr Partner würde dieses Vertrauen verraten?)
3. Was, fürchten Sie, könnte Ihr Partner »entdecken«, wenn Sie sich ihm mit all Ihren Fehlern, Schwächen und Mängeln öffnen würden? Nennen Sie drei Dinge! (Haben Sie Angst, Ihr Partner könnte das, was er in Ihrem innersten Kern findet, nicht lieben und annehmen, sofern Sie ihn diesen Kern überhaupt finden lassen?)

Wenn Sie so weit sind, besprechen Sie Ihre Antworten mit Ihrem Partner. Und falls Ihnen dabei unwohl oder bange ist, sprechen Sie auch über diese Gefühle. Genau darauf kommt es an, wenn Sie authentisch sein wollen! Schlagen Sie ein paar wöchentliche Aktivitäten vor, die Sie gemeinsam unternehmen können (einen Ausflug auf den Bauernmarkt, den Besuch in einer Galerie, einen gemeinsamen Fernsehabend mit schönen Filmen, über die Sie anschließend sprechen können). Vereinbaren Sie, sich tagsüber immer mal wieder kurze SMS zu schicken. Entscheiden Sie, wie viel Wir-Zeit Ihnen guttut, welchen Aktivitäten Sie nachgehen wollen, und geben Sie dieser gemeinsamen Zeit allerhöchste Priorität. Absagen oder verschieben gilt nicht, es sei denn, es geht nicht anders.

5.
Die Scham-Schuld-Spirale ∞
Eigenverantwortung und Respekt

In den 1980er Jahren entwickelten das sogenannte Personal Growth Movement (eine psychoanalytische Strömung, die an der Westküste der USA entstand) sowie bestimmte Denkschulen der Psychoanalyse neue Konzepte der Psychotherapie. Wenn Sie zum Beispiel innerlich schier platzen vor Wut, so der Ansatz, sollten Sie diese Wut äußern, sie rauslassen, den anderen als Blitzableiter benutzen und an ihm Ihre Wut abbauen – eine hilfreiche Methode, um negative Gefühle wie Wut loszulassen. Und möglicherweise funktionierte sie sogar. Möglicherweise verschaffte sie den Betroffenen einen kurzzeitigen Machtrausch sowie das Gefühl, die Oberhand zu haben. Eine schnelle Hilfe, Dampf abzulassen und sich rasch besser zu fühlen, bot sie allemal, jedoch tat sie nichts, um die Trümmer zu beseitigen, die der Wüterich geschlagen hatte.

Sind Sie in Ihrer Beziehung der Blitzableiter? Dann halten Sie sich vielleicht für einen besonders gütigen

Menschen, da Sie es still ertragen, wenn Ihr Partner seine geballte Wut an Ihnen »auslässt«. Güte und Liebe bestehen in dieser Situation jedoch darin, aufrichtig und gefühlvoll einzugreifen, den emotionalen Mut zu haben zu sagen: »Hör mal zu, nicht mit mir, ich bin raus, und ich fange sogar an, unsere Beziehung in Frage zu stellen.«

In diesem Kapitel erfahren Sie, wie Sie es schaffen können, Ihre Wut nicht an Ihrem Partner auszulassen, beziehungsweise umgekehrt, Ihrem Partner zu helfen, seine Wut abzubauen. Sobald Sie die Kunst beherrschen, Ihre Wut loszulassen, können Sie Barrieren abbauen, die diese Wut aufgetürmt hat. Hinter dem Zorn stecken fast immer Angst, Schmerz und/oder die Furcht, verletzt zu werden. Der Zorn dient als Maske für diese Emotionen – Emotionen, die Sie und Ihr Partner andernfalls zu spüren bekämen.

Nun könnte man fragen: »Kann ich meine Wut nicht einfach rauslassen, um danach zu ergründen, was wirklich Sache ist?« Ja, das könnte man. Aber nur, wenn Sie als Paar bereits eine lange Geschichte haben, Sie einander gut kennen und sich gewiss sein können, dass Sie wirklich lernen, wachsen und Verantwortung übernehmen wollen. Am besten bietet sich dafür ein bestimmter Rahmen an, eine Paartherapie zum Beispiel, mit dem Einverständnis Ihres Partners und der Absicht, an den Kern dessen zu dringen, was die Maske der Wut verschleiert. (Lesen Sie weiter. Dieses Kapitel enthält eine meiner

Lieblings-HEARTwork-Übungen, um diesen Prozess zu befördern.)

Sehr oft aber ist die Wut ein Instrument, das wir benutzen, um den Partner einzuschüchtern und ihn zu veranlassen, sich nach unseren Vorstellungen zu verhalten. Oder anders gesagt, Wut ist oft kein Ausdruck von Schutzverhalten, keine Maske für Angst, Unsicherheit oder Schmerz, sondern ein viel genutztes Machtwerkzeug, um den Partner zu manipulieren, zu beherrschen und zu lenken. Wenn Sie Ihren Partner beschuldigen oder beschämen, versuchen Sie, die Macht zu ergreifen. Doch indem Sie Ihrer Wut freien Lauf lassen, tun Sie alles, um in der Konfliktschleife gefangen zu bleiben, anstatt einen Weg hinaus in Richtung Liebeskreis zu suchen.

In diesem Kapitel werden wir einige Paare kennenlernen, die es geschafft haben, die Gefühle hinter ihrer Wut aufzuspüren, die eine Antwort gefunden haben auf die Frage »Wenn ich keine Wut verspüren würde, was würde ich *stattdessen* spüren?« Und wir werden sehen, inwieweit wir Scham, Schuldzuweisung und Wut als Schutzschilde benutzen, um tiefe Seelenwunden vor weiterer Verletzung zu bewahren. Wut dient als Zweck, und nur indem wir diesen Zweck in Ihrer Beziehung aufdecken, schaffen Sie es, das Schwarze-Peter-Spiel und die Scham-Schuld-Spirale aufzuheben und den Liebeskreis namens Verantwortung und Respekt zu beginnen.

Von Schwiegermonstern und anderen lieben Verwandten

Eines Nachmittags saß ich in meiner Praxis, arbeitete ein paar Unterlagen durch, als meine nächsten Klienten klingelten. Ich drückte den Türöffner und ließ sie ein. Bob und Carol. Die beiden waren vor ein paar Monaten schon einmal bei mir gewesen. Damals war es um den Dauerkleinkrieg wegen seiner Familie, ihrer Schwiegerfamilie, gegangen. Aber da Carol schwanger war und sie gerade zusammen ein Haus gekauft hatten, fanden sie den Zeitpunkt nicht günstig, um die Therapie längerfristig fortzusetzen und in tiefere Details einzusteigen. Jetzt waren sie zurück. Carol trat zuerst durch die Tür. Bob kam hinter ihr her, die Nase auf dem Handy, während er noch eben schnell eine SMS tippte. Sie nahmen Platz, sie auf der einen, er auf der anderen Seite des Zimmers. Ganz offensichtlich herrschte zwischen den beiden eisige Funkstille.

»Willkommen zurück«, sagte ich mit einem betont sanften Klang in meiner Therapeutenstimme. »Das ging ja schnell. Was führt Sie zu mir?«

Und schon ging es los, als hätte ich die Startglocke beim Kentucky Derby geläutet.

»Ich habe die ewigen Streitereien um das ewig gleiche Thema gehörig satt«, sagte Bob.

»Und weißt du was? Ich auch«, blaffte Carol. »Wer war es denn diesmal?«, sagte sie mit einer Handbewegung in

Richtung Bobs Handy. »Deine Schwester? Deine Mutter? Oder braucht dein Bruder mal wieder eine Bleibe? Oder sollen wir mal wieder zu einem Geschenk beisteuern für irgendwen, mit dem wir gar nichts zu tun haben?«

»Da sehen Sie es, in einem fort hackt sie auf meiner Familie herum«, sagte Bob. »Und ja, das war meine Schwester. Ich habe dir erzählt, dass sie alle am Wochenende ein Rennen fahren und deshalb bei uns übernachten, um morgens Zeit und Geld zu sparen.«

»Das ist so typisch. Ich werde ja nicht einmal gefragt, ich habe ja nichts zu melden. Aber es ist *unser* Haus. Und außerdem kommt dieses Wochenende auch meine beste Freundin Aubrey, wie du weißt. Ich habe dich letzte Woche gefragt, ob das in Ordnung für dich sei und du hattest nichts dagegen, zumal sie selbst auch froh ist, einmal rauszukommen!« Carol schrie ihn an. »Was steht denn in deiner SMS?«

»Bis jetzt nichts. Mal abwarten, wie die Therapiesitzung heute läuft«, sagte Bob. »Ist doch lachhaft. Sind wir jetzt hier, um über meine Familie zu jammern oder um über dich und mich zu sprechen?«

Die liebe Familie – ein Thema, mit dem alle Paare ihren Umgang finden müssen: Wenn Sie sich auf eine Beziehung mit einem Menschen einlassen, lassen Sie sich auch auf eine Beziehung mit dessen Familie ein. Und da seine Familie nicht exakt genau so ist wie Ihre eigene, müssen Sie in diese neue Familie erst hineinwachsen, müssen Ihren Platz und Ihre Rolle finden, und das ist ohne schmerzvolle Auseinandersetzungen nicht möglich. Außerdem stellen Familien oft ein eigenes, in sich geschlossenes System dar. Doch sobald man anfängt, eine *eigene* Familie zu gründen, läuft man Gefahr, sich ineinander zu verhaken, wenn es darum geht, wie die »ganze Sache laufen soll« und entgegengesetzte Vorstellungen und Rollenerwartungen aufeinandertreffen. Manche nehmen die Familie ihres Partners mit Freude an, während andere sich damit schwertun, sich an das neue Familiensystem anzupassen.

»Einmal hat er sogar das Lokal verlassen, als wir gerade auf unser bestelltes Essen warteten, und eine Postkarte für seinen Vater gekauft«, erzählte Carol, um ein weiteres Beispiel der Zumutungen, die sie zu erleiden hatte, zu geben. »Bis er wieder da war, war mein Teller bereits leer, und sein Essen war kalt. So viel zum Thema romantischer Abend zu zweit! Und dann ist da noch seine Schwester, die jeden Tag anruft und ihm mit einem neuen Psychodrama in den Ohren liegt und uns die Luft zum Atmen raubt. Wenn er dann fertig telefoniert hat, ist er fix und alle, grantig und gereizt, und unser Abend ist gelaufen. Wir sind jetzt vier Jahre zusammen, und seine Familie hat mich bis jetzt nicht willkommen geheißen, kein einziges Mal«, sagte Carol und drehte sich zu Bob. »Wenn deine Mutter vorbeikommt und ich gerade dabei bin, das Abendbrot zu machen, nimmt sie mir den Kochlöffel aus der Hand – *sie* wisse schließlich, was dir schmeckt!«

»Was soll ich machen?«, fragte Bob. »Ich sitze zwischen zwei Stühlen. Wenn dir das gegen den Strich geht, dann sag es ihr halt.«

»Na, prima! Toll! Hauptsache, ich bin mal wieder schuld. Weißt du was? Wenn man neu in die Familie kommt, als Verlobte oder meinetwegen auch als neue feste Partnerin, dann heißt die Familie einen herzlich willkommen. Das ist üblicherweise so. Es geht mir gar nicht um Verlobungsparty, Familienpicknick oder was auch immer. Aber ich hatte lediglich eine Tasse Kaffee mit deiner Mutter, und *durfte auch noch die Rechnung übernehmen*!«

»Du bist sauer, weil sie keine Party für dich geschmissen haben?«, fragte Bob.

»Ach was! Du kapierst es nicht! Es geht mir darum, dass sie mich annehmen, dass sie *uns* annehmen, uns *herzlich willkommen* heißen.«

»Das höre ich in einer Tour von dir«, meinte Bob. »Es ist immer das Gleiche. Akzeptier sie doch einfach so, wie sie sind, und gewöhn dich daran. Schluss. Aus.«

»Nein, ich werde weiter darauf herumreiten, weil du kapieren sollst, worum es mir geht. Weil du endlich zur Einsicht kommen und aufhören sollst, dich ständig nach ihnen zu richten, weil du ihnen Grenzen setzen und endlich *uns*, unser Zuhause, unser gemeinsames Leben an die erste Stelle setzen sollst«, sagte Carol. »Ich werde so lange darauf herumreiten, bis du mich irgendwann einmal hörst.«

»Sie wirken traurig«, sagte ich zu Carol, als sie ausgesprochen hatte.

»Egal, wie viel Mühe ich mir mit deiner Familie gebe, es kommt mir vor, als hätte ich die Aufnahmeprüfung nicht bestanden«, sagte Carol zu Bob. »Ich habe das Gefühl, als wäre ich dir nicht wichtig. So, als würdest du dich im Falle des Falles immer für sie entscheiden, niemals für mich. Und dann gibst du mir auch noch die Schuld an diesem Streit.«

»Das ist nicht wahr«, sagte Bob.

»Aber es *fühlt* sich genau so an«, sagte Carol. Sie wandte den Blick zu mir. »Ich habe einfach das Gefühl, dass es nie funktionieren wird, denn wenn wir ewig so weiterstreiten und die Familie immer gewinnt, dann wird er mich eines Tages für sie verlassen. Und das macht mich nicht nur traurig, es macht mir auch Angst.«

Da war sie – die Emotion hinter Carols Wut.

»Was willst du denn von mir?« Frustriert warf Bob die Hände in die Luft.

»Können Sie die Frage noch einmal stellen«, bat ich ihn. »Aber wenn möglich in einem weichen und neugierigen Ton. Das ist nämlich eine sehr gute Frage.«

»Was willst du denn von mir?«, fragte Bob noch einmal, und seine Stimme klang nun weicher.

»Ich will wissen, dass ich dir wichtig bin, dass du, wenn du ›Familie‹ sagst, mich und unsere zukünftigen Kinder meinst«, sagte sie. »Deine Familie ist so anders … als meine.«

»Inwiefern?«, fragte ich.

»Meine Familie hat mir beigebracht, mich nicht aufzudrängen«, antwortete sie. Dann sah sie hinüber zu Bob. »Sie hat mir auch beigebracht, auf Einladungen zu warten, diese dann mit offenem Herzen anzunehmen und immer ein kleines Geschenk mitzubringen. Und meine Familie hat dir von der ersten Sekunde an gezeigt, dass sie dich alle lieben und akzeptieren.«

»Erzählen Sie mir mehr von Ihrer Familie und wie es war, als sie Bob vorgestellt haben«, sagte ich.

»Von der ersten Sekunde war ich praktisch abgemeldet, und das meine ich positiv. Sie wollten alles über ihn wissen, über seine Familie, seinen Beruf. Seit wir zusammen sind, sind sie immer für ihn da, senden nette Zeilen zwischendurch oder Kleinigkeiten, von denen sie denken, dass wir sie im Haus gut brauchen können, und sie geben uns beiden jede Menge emotionale Unterstützung, insbesondere Bob, als er seinen Job verlor. Mein Vater wurde nicht müde, ihm zu beteuern, wie sehr er an ihn glaube …«

»Aber …«, sagte Bob.

»Aber was?«, meinte Carol.

»Was ist mit deiner Mum?«, sagte Bob. »Ja, stimmt ja

alles, ich liebe deine Familie. Alle behandeln mich toll, und ich bin gerne mit ihnen zusammen ... aber sie sind nicht perfekt. Wie springt deine Mum denn mit dir um? Du kannst machen, was du willst, sie findet immer etwas an dir auszusetzen, und du lässt dir alles von ihr gefallen, was du dir sonst von keinem bieten lassen würdest. Wie oft schon hast du mit ihr telefoniert und bist danach in Tränen ausgebrochen? Aber es ändert sich nichts, und wenn du dich auf den Kopf stellst!«

»Ich weiß«, sagte Carol.

»So unterschiedlich Ihre beiden Familien sind, Carol, es klingt, als hätten Sie in beiden Familien eine ähnliche Rolle«, sagte ich.

Jeder hat eine Rolle in der Familie, in der er aufwächst, und es ist verblüffend zu sehen, wie sehr uns diese Rolle prägt und unser Verhalten als Erwachsener mitbestimmt. Bob wird immer der Familienheld sein. Darum wendet sich seine Schwester an ihn, statt an den eigenen Ehemann. Indem er es zulässt, dass seine Schwester derart abhängig von ihm bleibt, verhindert er im Grunde, dass sie sich mit dem eigenen Ehemann verbinden kann. Und indem er für seine Schwester stets verfügbar ist, kommt er selbst nicht zum Zuge, eine gesunde und enge Beziehung mit seiner eigenen Frau aufzubauen. Und was Carol anbelangt, so sah es ganz danach aus, dass sie, ohne eigene Mitarbeit und Anstrengung, in ihrer Ehe ebenso unsichtbar bleiben würde wie in ihrer Herkunftsfamilie.

»Carol«, fragte ich, »wenn Sie keine Wut verspüren würden, was würden Sie stattdessen spüren?«

»Ich könnte mich in Luft auflösen, und er würde es nicht einmal merken«, sagte sie.

»So, wie Sie sich auf Familienfesten von Bobs Seite fühlen?«

»So, wie ich mich manchmal bei meiner eigenen Mutter fühle«, sagte sie. »Ich kann machen, was ich will, es ist ihr nie gut genug.« Sie sah Bob an. »Und ähnlich geht es mir mit deiner Familie. Sie laden mich ein, ich komme, bringe Geschenke mit, höre ihren Geschichten zu und hoffe, sie für mich zu gewinnen. Andernfalls wäre ich so weit wie vorher, unbemerkt und unwichtig. Unsichtbar und niemals gut genug.« Sie holte tief Luft. »Wann hört diese Aufnahmeprüfung endlich auf, Bob?«

»Wie bitte? Soll ich mich etwa von meiner Familie distanzieren?«, fragte Bob.

»Nein, natürlich nicht«, sagte Carol. »Ich wollte immer eine größere Familie, vor allem, weil die meisten meiner engsten Tanten und Onkel bereits verstorben sind. Aber wenn ich bei deiner Familie bin, dann ist das schlimmer, als wenn ich alleine bin. Du tauchst einfach ab, wenn sie dich anrufen oder du mit ihnen zusammen bist, und das tut am meisten weh, und dann …« Carol stockte, und Tränen liefen ihr übers Gesicht.

»Und dann was?«, fragte ich, ermutigte sie, den Satz zu Ende zu sprechen.

»Und dann bin ich *wirklich* allein ... Du lässt mich einfach stehen, ziehst mit deinen Brüdern los, obwohl du mir versprochen hast, mich nicht allein mit deiner Mutter, deiner Schwester oder sonst wem zu lassen, der mir die kalte Schulter zeigt. Verdammt, du kriegst überhaupt nichts mit. Als ginge es dir nur darum, das nächste Familienfest auf der Liste abzuhaken.«

Die eigene Herkunftsfamilie gilt als eine der Hauptursachen für Paarkonflikte, die am Ende sogar zu Trennung oder Scheidung führen können. Grenzen setzen und durchsetzen zu lernen ist eines der besten Gegenmittel für derlei Konflikte.

»Klingt, als bräuchten Sie eine Auszeit von allen, bis sich etwas ändert«, sagte ich. »Die Frage ist, was Sie jeweils aktiv tun, um diese Situation zu verbessern beziehungsweise zu verschlechtern – Sie, Carol, reißen sich ein Bein aus, um allen zu gefallen, und Sie, Bob, machen alles mit, was die Familie von Ihnen verlangt. Es geht aber auch um Ihre Ehe, Ihre eigene Familie. Sind Sie glücklich? Ist *einer* von Ihnen wirklich glücklich?«

Keiner der beiden gab eine Antwort.

Ich fuhr fort. »Bob, was Carol damit sagt, ist: Kein klares Nein zu Ihrer Familie ist ein klares Nein zu Ihrer Beziehung ... zu Ihrer Frau.«

Ihre Züge entspannten sich, wurden weicher. Carol und Bob schauten einander an, und ich konnte zusehen, wie Wut- und Schuldgefühle zu weichen begannen. Bobs

Miene ließ Empathie für das kleine Mädchen erkennen, das in Carol wohnte, und das als eine *Person* gesehen, geschätzt und angenommen werden wollte. Noch einmal: Die beiden stritten eigentlich nicht um das, worum sie stritten. Es ging vielmehr darum, dass Carol das Gefühl brauchte, gehört und verstanden zu werden, dass sie sicher sein musste, die Nummer eins zu sein.

»Hör zu«, sagte Carol. »Ich muss wissen, dass *wir* die Familie sind – du und ich. Ich muss wissen, dass ich an erster Stelle stehe.«

»Aber das tust du doch«, sagte Bob. »Wie kann ich dich davon überzeugen?«

»Taten sagen mehr als Worte«, sagte sie.

»Ich denke ... ich kann meiner Schwester einige Hotels in der Gegend vorschlagen«, sagte Bob. »Ja, das mache ich. Genauso mache ich es.«

Er schritt prompt zur Tat, und keine 30 Sekunden später hatte er die SMS an seine Schwester versendet. Ebenso fix kam die Antwort. »Sie schreibt«, sagte er und las die SMS laut vor: »Ich will meinen Bruder zurück«. »Puh ... scheint, als hätte ich ein gutes Stück Arbeit vor mir, um herauszufinden, warum ich so schwer Nein sagen kann. Aber ich denke, so langsam kapiere ich, worum es geht«, sagte Bob. Zumindest für den Moment hatte er es geschafft, Nein zu seiner Schwester und Ja zu seiner Beziehung mit Carol zu sagen.

Wir fuhren fort, und Carol versprach, nicht weiter auf

dem alten Streit herumzureiten, sondern ihr Augenmerk darauf zu lenken, was Bob *richtig* machte. Sie hatten ganz gewiss noch einen langen Weg vor sich. Aber erinnern Sie sich, wie die beiden an jenem Nachmittag hereinkamen? Carol voraus, und Bob hinterher, die Nase auf dem Handy? Hinaus gingen sie Hand in Hand, als ein Paar.

♡

Gehört und verstanden werden

Zuhören bedeutet »verständnisvoll zuhören«. Sie *hören* nicht nur mit den Ohren, sondern mit dem Herzen, mit Ihrem ganzen Sein. Beim *Zuhören* geht es nicht darum, nur die Worte zu hören, die aus dem Mund Ihres Partners kommen, und diese wie ein Papagei nachzuplappern; es geht darum, dem anderen das Gefühl zu geben, dass Sie seine Worte wirklich verstehen. Und »Worte verstehen« heißt übersetzt, »den anderen verstehen«. Wenn Ihnen das nicht gelingt, hat Ihr Partner alles Recht zu sagen: »Nein, du hörst mir nicht zu«, und es noch einmal zu versuchen. Dass Sie ihn wirklich *gehört und verstanden* haben, erkennen Sie daran, dass seine Worte Sie berühren werden. Und auch Ihr Partner wird an Ihrer Körpersprache erkennen, dass

Sie ihm wirklich *zugehört* haben. Dabei geht es oft gar nicht um die Worte an sich, die sie erwidern. Ihr Partner kann es fühlen, wenn Sie verstehen, was er kundtun will. Aus meiner Erfahrung mit Freundinnen und Klientinnen weiß ich, dass die meisten Frauen eine Art »Sendemonitor« eingebaut haben, der Alarm meldet, wenn der »Empfänger« abschaltet. Zwar kommen die Worte beim Empfänger eins zu eins an, aber die Frauen *spüren* sofort, wenn das Verständnis oder der Wille zum Verständnis fehlt.

Das Zuhören klappt am besten, wenn man Informationen in kleine, verdauliche Happen unterteilt. Allerdings fällt es nicht unbedingt leicht, sich zurückzuhalten und nicht alles, was einem auf der Seele brennt, auf einmal auszusprechen. Doch es ist wichtig, dass beide ausreichend Möglichkeit bekommen, sich mitzuteilen. Geben Sie einander abwechselnd jeweils fünf Minuten Redezeit. Arbeiten Sie sich in Fünf-Minuten-Häppchen voran und vergewissern Sie sich zwischendurch, ob Ihr Partner noch bei der Sache ist, ob er wirklich *hört*, was Sie sagen, oder (im umgekehrten Falle während seiner Redezeit) *fühlt*, dass er von Ihnen gehört und verstanden wird.

Manchmal reicht es aus, sich der Botschaft des Partners zu öffnen, um eine Konfliktschleife aufzulösen, in der Sie so lange gefangen waren. Wenn ein Paar zu

> mir kommt, und einer von beiden sagt: »Ich verstehe es nicht. Seit Monaten höre ich sie immer und immer wieder das Gleiche sagen, dabei habe ich viele Male um Verzeihung gebeten, aber sie gibt einfach keine Ruhe …«, dann habe ich darauf meist nur eine Antwort: »Sie müssen mit dem Herzen hören, mit Ihrem ganzen Sein, damit Ihr Partner sich gehört und verstanden fühlt.«

Der Feuerspucker und die Auf-rohen-Eiern-Geherin

Andy war ein charismatischer, 36-jähriger Computerspezialist mit eigener Firma. Charlotte, seine Frau, war Grundschullehrerin, bevor sie als Hausfrau und Mutter daheim bei den Kindern blieb, die inzwischen sieben und acht Jahre alt waren. Kennengelernt hatten sich die beiden vor zehn Jahren auf der Hochzeit eines gemeinsamen Freundes. »Sie war das süße Mädchen an Tisch acht«, sagte Andy mit einem Lächeln. »Ich bat sie um einen Tanz, obwohl ich sonst *nie* tanze. Und da wusste ich, sie ist es, sie ist die Richtige.«

»Und was führt Sie heute zu mir?«, fragte ich nach der Begrüßung.

Andys Lächeln schwand. »Fragen Sie sie«, sagte er und verschränkte die Arme vor der Brust.

Es dauerte kurz, bis Charlotte antwortete. »Er ist die ganze Zeit auf 180.«

»Die ganze Zeit?«, sagte Andy. »Komm schon, Charly. Das ist lächerlich.«

»Können Sie mir ein paar Beispiele geben?«, fragte ich.

»Wenn die Kinder zu Hause toben oder laut sind oder auch nur im Hintergrund lachen, wenn er telefoniert, schreit er sie an. Oder er schreit mich an, dass ich sie nicht im Griff hätte«, sagte sie. »Wenn wir unterwegs sind, regt ihn alles auf. Schlangestehen an der Kasse, die Preise in den Geschäften, langsames Personal, was auch immer. Manchmal ist er einfach nur motzig, oft aber schreit er wirklich rum. Und bei starkem Verkehr, so wie heute auf der Fahrt hierher, bleibe ich ruhig und bete, dass wir schnell da sind, denn es ist absolut kein Spaß, neben ihm im Auto zu sitzen.«

»Andy, ist das so?«, fragte ich.

Andy zuckte mit den Schultern. »Ich bin keiner, der seine Gefühle versteckt. Ja, ich raste schnell aus. Aber nicht so, dass ich jemanden *schlagen* würde. Ich verstehe gar nicht, warum das so ein Riesenthema ist.«

»Für mich ist es das«, sagte Charlotte, schlug die Augen nieder und stierte auf ihre Hände. »Es war nicht immer so schlimm, oder ich habe mich einfach daran gewöhnt, wie auf rohen Eiern zu gehen. Aber jetzt mit den Kindern, wenn ich sehe, wie sie auf dich reagieren, dass sie Angst vor dir haben, dann überlege ich manchmal, ob ich mich trennen soll.«

Andy schwenkte den Kopf in ihre Richtung. »Trennen? Willst du dich scheiden lassen?«

Charlotte hielt die Augen gesenkt, blickte nicht auf. »Ich will nicht, dass die Kinder so aufwachsen müssen. Ich will nicht, dass sie so eine Kindheit haben.«

»Andy«, sagte ich, »was geht in diesem Augenblick in Ihnen vor, wenn Sie das hören?«

»Na, was denken Sie denn«, blaffte er mit hochrotem Kopf. »Ich kann nicht fassen, dass sie so redet!«

Wir alle kriegen hin und wieder eine Mordswut, wie zum Beispiel, wenn unsere Gefühle verletzt werden, wenn wir an unseren wunden Punkten getroffen werden, wenn uns jemand die Vorfahrt abschneidet, wenn sich jemand in der Warteschlange vordrängelt, wenn unsere Erwartungen nicht erfüllt werden oder sonst irgendetwas nicht so läuft, wie wir uns das vorgestellt haben. Wut ist normal, kann sogar produktiv sein: Sie kann uns wachrütteln oder auch motivieren, Änderungen an aktuell schwierigen Situationen vorzunehmen. Für Menschen wie Andy aber ist Wut eine emotionale Fluchtinsel, eine Ersatzemotion für eine ganze Reihe anderer negativer Gefühle. Ich bezeichne solche Menschen als »Feuerspucker«.

Wie gesagt, Wut und Zorn können Reaktionen sein, um darunterliegende Emotionen wie beispielsweise Scham und Verletzbarkeit nicht spüren zu müssen. Zorn und Wut als eine Schutz*funktion* scheinen mitunter gut zu *funktionieren*. Aber ist das wirklich so? Wenn Sie Ihren Partner in Grund und Boden schreien und ihn mundtot machen, dann bekommen Sie kurzfristig vielleicht, was Sie wollen, aber wohin soll das langfristig führen? Wut kann auch zu einem toxischen Hebel werden, um den anderen zu beherrschen, ihn herumzukommandieren und den eigenen Willen zu bekommen. An diesem Punkt sollten Sie ernsthaft in sich gehen. Wollen Sie wirklich den Menschen, der Ihnen alles bedeutet, beherrschen? Oder ist Ihre Wut nicht eher ein gewohnheitsmäßiges Reaktionsmuster? Wollen Sie wirklich einen Partner, der sich aus Angst fügt und kuscht, oder nicht vielmehr jemanden, der Ihnen mit Liebe und Respekt begegnet?

»Ich glaube nicht, dass ihm klar ist, wie schwierig es für uns ist«, sagte Charlotte. »Oder wie groß die Spannung ist, die bei uns zu Hause herrscht. Sobald er nach Feierabend zur Tür reinkommt, sind wir in höchster Habtachtstellung. Und wenn er morgens aus dem Haus geht, kann man förmlich hören, wie wir alle einen Seufzer der Erleichterung ausstoßen.«

Andy saß da, mit zusammengebissenen Zähnen, sichtlich angespannt vor lauter Anstrengung, meiner Bitte, Charlotte aussprechen zu lassen, nachzukommen. Doch die Tatsache, dass er ganz offensichtlich fähig war, sich zurückzuhalten, machte Mut zur Hoffnung.

»Haben Sie irgendeine Idee, was Sie mit Ihrer Wut bezwecken wollen?«, fragte ich ihn.

»Was meinen Sie?«, sagte er. »Es passiert eben. Ich werde wütend. Ich reagiere.«

»Waren Sie als Kind auch so?«

Er schnaubte. »Machen Sie Witze? Nicht bei uns zu Hause.«

»Wo sind Sie aufgewachsen?«

Andy entspannte sich etwas. »Indiana. Kleinstadt.«

»Große Familie?«

»Vier Jungs.« Sein Gesicht wurde weicher. »Meine Mum war eine Art Betty Crocker, kochte ständig. Sie war großartig ... und mein Dad hielt den ganzen Laden fest im Griff.«

»Er war streng?«

»Oh ja.«

Andy erzählte davon, wie es in seinem Elternhaus zugegangen war. Es herrschten Zucht und Ordnung, und jegliches Fehlverhalten wurde schnell und rasch bestraft. Sein Vater war ein echter Hitzkopf gewesen.

»Verstehen Sie mich nicht falsch«, sagte Andy. »Er liebte uns. Du wusstest nur verdammt gut, dass du seinen Zorn nicht abbekommen wolltest.«

»Klingt beängstigend«, sagte ich. »Als hätten Sie ... wie auf rohen Eiern gehen müssen?«

Andy starrte mich eine Weile an und drehte sich dann mit einem reumütigen Blick zu Charlotte. »Oh weh, schätze mal, ich habe mich in meinen Dad verwandelt.«

Eine starke Einsicht für Andy. Auch wenn er seinen Vater liebte, der ihm als Erwachsener ans Herz gewachsen war, waren seine Kindheitserinnerungen eine bunte Mischung aus Emotionen und sicherlich kein Erbe, das er an seine eigenen Kinder weitergeben wollte. Wut und Zorn sind hartnäckige Gewohnheiten, die sich nur schwer wieder ausmerzen lassen. Sie gleichen einer Droge, einer Sucht, da der Feuerspucker lernt, seine Wut als Machtinstrument und Drohkulisse zu gebrauchen, um andere Menschen einzuschüchtern. Wut und Zorn können dem Feuerspucker ein vorübergehendes Gefühl der Macht und Kontrolle geben, so dass er sich im Moment des Gefechts unbesiegbar fühlt. Doch wie es so ist bei Drogenmissbrauch, sobald der Rausch vorüber ist, warten Schmerzen und Qualen, denen er versucht hatte zu entfliehen.

Das Emotionskarussell aus dem Schwarze-Peter-Spiel und der Scham-Schuld-Spirale ist damit in Gang gesetzt. Andy beschwor die Wutgeister seiner Kindheit herauf, die sich ihr Ziel suchten. Haben Sie in dieser Situation einen Partner, der in gleicher Weise reagiert, fliegen die Fetzen. Haben Sie einen Partner, der reagiert wie Charlotte – der die Kinder beschwichtigt, sich bei der Bedienung entschuldigt, der alles tut, um Wutausbrüche zu vermeiden und der Schadensbegrenzung betreibt, wenn alle Vorkehrungen scheitern –, sieht es auch nicht viel besser aus.

Und was hilft das Ganze dem zugrundeliegenden Problem? Sie ahnen es: nichts. Rein gar nichts.

Wie also lässt sich das Ruder noch rumreißen?

Ich bat Andy, seine Augen zu schließen und uns an den Erinnerungen an seine Kindheit teilhaben zu lassen.

»Meine Mutter hat ein Kindergartenfoto von mir«, erzählte er, »darauf sehe ich genauso aus wie unser Sohn. Bis heute hängt es in ihrem Arbeitszimmer. Ich war der Kleinste in der Schule und habe deswegen immer geheult, bis zur vierten Klasse.« Er lächelte. »Mum sagte immer, sie habe Sorge, dass ich noch im College heulen würde.«

»Hat sich in der vierten Klasse etwas geändert?«, fragte ich.

Er zögerte, räusperte sich. »Im Schulhof haben sie mich wegen meiner Heulerei ordentlich verprügelt, und ich lernte, härter zu werden. Umso härter zurückzuschlagen.«

Andy sah jetzt klarer: Er hatte seine eigenen Angstgefühle durch die ungezügelten Explosionen seines Vaters ersetzt. Und dieser Mechanismus war, wie er richtig erkannte, zu einer Art Standardverhalten geworden, nicht nur für ihn, sondern auch für seine Brüder.

Ich erklärte Charlotte, dass sie am Ball bleiben müsse, dass sie Andy immer wieder sagen müsse: »Hör mal, wenn du über deine Gefühle sprechen möchtest, gerne, dann bin ich da. Wenn du aber weiter toben möchtest, dann nicht. Ich schnappe mir die Kinder, gehe raus, ins Kino, in die Bibliothek oder sonst wohin. Ich werde jedenfalls keinen Eiertanz mehr machen und die Kinder fortan raushalten.« Im nächsten Schritt müsse es dann darum gehen, die gesagten Worte auch in Taten umzusetzen, so schwierig dies sein mochte. Wenn Charlotte also sagt, sie würde das Haus verlassen, dann muss sie dies auch tun.

Charlotte drang tiefer vor und gestand, dass es noch einen Grund gab, warum sie dieses Problem endlich angehen wollte. Sie fühlte sich an ihre eigene Kindheit erinnert, die geprägt war von verzweifelten Bemühungen, die ewig streitenden Eltern zu versöhnen. »Ich habe wieder angefangen, meine Gefühle in mich hineinzufressen, im wahrsten Sinne des Wortes. So wie ich es als Kind getan habe. Und unsere Mädchen machen genau das Gleiche, wenn *wir* streiten – Abby treibt es an den Kühlschrank, sie isst ihn komplett leer, und Jennifer versucht alles, um uns zu versöhnen.«

Geht es Ihnen ähnlich? Ertappen auch Sie sich dabei, dass Sie wie auf rohen Eiern gehen, wenn Ihr Partner vor Wut tobt? Dann erweisen Sie sich selbst und Ihrem Partner keinen größeren Liebesdienst, als den emotionalen Mut aufzubringen, ihm Grenzen zu setzen und sich demgemäß zu verhalten. Aber wie steht es um das bemitleidenswerte Kind, das gezwungenermaßen lernt, Wutanfälle als Ventil zu benutzen? Zu ergründen, wo diese Wut ihren Ursprung hat, welchem Zweck sie diente und wie sie uns vorgelebt wurde, als wir noch Kind waren, hilft uns, nicht nur unser eigenes Verhalten verstehen zu lernen, sondern auch, weit wichtiger noch, uns selbst und unseren Partner mit Mitgefühl, Neugier und Geduld zu betrachten. Das heißt aber nicht, dass Sie die Wutanfälle Ihres Partners tolerieren oder gar als Blitzableiter herhalten sollen. Wer zu Wutausbrüchen neigt, muss lernen, mit seiner Wut umzugehen und die volle Verantwortung für das, was sich dahinter verbirgt, zu übernehmen.

In den meisten Fällen wird der endlose Kreislauf aus Wut, Schuld und Scham auf die nächste Generation übertragen. Es liegt einzig an Ihnen, diesen Kreislauf zu stoppen. Sie haben es in der Hand. Sie können Ihre eigenen Wunden heilen, indem Sie Ihren Kindern die Mutter/der Vater sind, die/den Sie sich gewünscht hätten, und indem Sie negative Erlebnisse und Prägungen aus dem eigenen Elternhaus als Beispiel dafür nehmen, wie Sie selbst als Mutter/Vater niemals sein wollen. Eltern verkennen oft, welch tiefgreifende Auswirkungen es auf die Kinder hat, in einem Umfeld aufzuwachsen, in dem sie verbaler und/ oder körperlicher Gewalt ausgesetzt sind. Auch wenn zornige Worte und Taten nicht direkt gegen sie gerichtet sind, kann das Erlebnis an sich einen größeren Schaden anrichten, als wären sie selbst Zielscheibe der Wut.

Der Prozess des Wandels begann für Andy an jenem Tag in meiner Praxis. Er hatte ein gutes Stück Arbeit vor sich, um seine innere Wut künftig durch neue, liebevolle Verhaltensweisen zu ersetzen, sei es zu Hause, im Büro, im Verkehr oder wo auch immer. Ich zeigte ihm Techniken und Strategien zur Überwindung von Wut und Ärger auf (mehr dazu später), aber ich wusste auch, dass es ein langsamer, bisweilen mühsamer und oft auch entmutigender Prozess sein würde. Trotz allem konnte ich sehen, dass Andy den festen Willen (die *Absicht*) hatte, sich zu ändern und umso motivierter war, da er selbst erkannte, welch tiefgreifende Auswirkungen sein Verhalten auf seine Kinder hatte. Solange Andy es schaffte, sich an diesen guten Vorsatz zu halten, und Charlotte es gelang, ihn dabei zu unterstützen, indem sie seine Wut nicht stillschweigend hinnahm, hatte er eine gute Chance, seinen Zorn zu zähmen und das vom Vater ererbte Verhalten nicht auf seine Kinder zu übertragen. Er konnte etwas für sich selbst *lernen* und gleichzeitig seine Kinder *lehren*, mit Konflikten, in einer gesunden und produktiven Weise umzugehen.

Und Charlotte hatte die Chance, die über mehrere Generationen tradierten Beziehungsmuster zu durchbrechen und ihren Kindern ein starkes und gesundes Vorbild zu sein. Anstatt ihre Töchter unbewusst anzuregen, einen Eiertanz zu veranstalten, um wutschäumende Wogen glatt zu halten, wie sie selbst es von ihrer Mutter gelernt hatte, und damit ein irriges Reaktionsmuster zu chronifizieren, musste sie lernen, ihrem Partner seine Grenzen aufzuzeigen und sich selbst von ihm abzugrenzen. Kurzum: Es geht darum, sich des eigenen Selbstwerts bewusst zu sein und sich in einem liebevollen Umgang mit sich selbst und dem Partner zu üben.

Wir brauchen einen klaren Blick für die Realität: Wir leben heute in einer Gesellschaft der »Enabler«, wie es so schön heißt – wir können alles möglich machen, lernen, verändern und schaffen. Der Wut des Partners klein beizugeben ist so, als würden Sie jeder Quengelei Ihrer Kinder mit einer Handvoll Süßigkeiten nachgeben. Aber mal ehrlich. Den Kopf in den Sand zu stecken und abzuwarten, bis der Spuk vorüber ist, mag vielleicht die schnellste Methode sein, den Partner zu besänftigen, hat aber herzlich wenig mit einem liebevollen Umgang mit sich selbst zu tun. Und die scheinbar naheliegende Alternative ist auch nicht viel besser: Auf den Zorn des Partners in gleicher Weise zu reagieren macht die ohnehin hitzige Situation nur noch explosiver. Um in einer wutgeladenen Situation ein liebevolles Verhalten aufzubieten, braucht es extrem viel *emotionalen Mut*. (Wenn Sie das Gefühl haben, dass es außerdem auch *körperlichen Mut* braucht, dann suchen Sie bitte Hilfe und Unterstützung bei einem lizenzierten Psychotherapeuten.)

Halten Sie sich stets vor Augen, dass das liebende Verhalten sowohl sich selbst als auch Ihrem Partner gegenüber in der Weigerung besteht, seine Zornesausbrüche zu ertragen – ihm Grenzen zu setzen (Bis hierher und nicht weiter!), ein gesundes Reaktionsverhalten zu entwickeln und sich selbst zu schonen. Vielleicht müssen Sie es machen wie Charlotte, die sich darin übt, den einen Satz zu sagen: »Hör mal, wenn du über deine Gefühle sprechen möchtest, gerne, dann bin ich da. Wenn du aber weiter toben möchtest, dann nicht.« Und denken Sie daran: Was Sie für sich selbst aus Liebe tun, was Ihr eigenes emotionales und seelisches Wachstum langfristig unterstützt, tun Sie auch aus Liebe für Ihren Partner. Und falls Kinder da sind, ist es umso wichtiger, darauf zu achten, ihnen ein Fundament aus Liebe zu bereiten.

Wut verarbeiten

Ebenso, wie wir in unserer frühen Kindheit am Beispiel unserer Eltern lernen, wie man Gefühle zeigt und Liebe ausdrückt, lernen wir, wie man Wut verarbeitet, indem wir ihre Verhaltensweisen nachbilden (oder uns gegen sie auflehnen). Manche von uns »lernen« (explizit oder implizit) zu schreien, wenn der große Zorn sie packt; andere »lernen«, Zorn zu unterdrücken.

Wenn Sie der Typ Auf-rohen-Eiern-Geher sind …

… und zur Wut-Zielscheibe eines geliebten Menschen werden, nutzen Sie diese Übung, um Ohnmachtsgefühle zu lindern und sich nicht in den negativen Strudel des Wutanfalls hineinziehen zu lassen. Indem Sie die eigene Rolle in diesem Konflikt erforschen und nach gesünderen, liebevolleren Verhaltensalternativen suchen, finden Sie auch effektivere Wege, sich selbst zu schützen. Machen Sie einen Anfang, und beantworten Sie die folgenden Fragen:

Wenn mein Partner einen Wutanfall hat, reagiere ich normalerweise, indem ich ….

_____

_____.

(Mögliche Antworten: Ich versuche, ihn zu besänftigen; ich habe ebenfalls eine kurze Zündschnur und schreie zurück; ich versuche, ihn zu überzeugen, dass er Unrecht hat; ich gebe nach/gebe auf, verziehe mich in die Vorratskammer und plündere den Süßigkeitenvorrat; gehe auf Facebook und schaue mir an, was mein Ex so macht.)

Was kommt dabei heraus?

_____

_____

Verschärft sich die Konfliktschleife? Oder *entschärft* sich die Situation?

_____

_____

Sie wissen bereits, dass Ihre Reaktion der Situation nicht hilfreich ist und suchen nach gesünderen Alternativen? Wie könnten liebevolle Handlungen aussehen? Erstellen Sie eine Ideenliste, auf die Sie sich in der Hitze des Gefechts besinnen können.

_____

_____

(Mögliche Antworten: spazieren gehen; mich in ein gutes Buch vertiefen; mir auf die Schulter klopfen, da ich aus der Situation hinausgegangen bin und mich nicht habe hineinziehen lassen; meine Gefühle in einem Tagebuch niederschreiben; eine/n enge/n Freund/in anrufen; meditieren; hinaus in die Natur gehen.)

Wie fühlt es sich an, der Blitzableiter für die Wut Ihres Partners zu sein?

_____

_____

(Mögliche Antworten: furchterregend, bedrohlich; ausweglos.)

Können Sie sich an eine Situation aus Ihrem Leben vor der Beziehung mit Ihrem Partner erinnern, die die gleichen Gefühle hervorgerufen hat?

_____

_____

Welche körperlichen Reaktionen haben Sie, wenn Ihr Partner ausrastet?

_____

_____

(Mögliche Antworten: Mein Herz rast; ich ziehe die Schultern hoch und den Kopf ein; mein ganzer Körper ist angespannt; mein Atem wird flach; mir wird schlecht.)

Hat außer Ihrem Partner sonst irgendwann einmal jemand seine Wut an Ihnen ausgelassen? Wann war das? Wer war das?

_____

_____

Was könnte jetzt in diesem Moment Ihr Herz und Ihre Seele erfreuen?

_____

_____

Nehmen Sie sich fest vor, nicht mehr den Blitzableiter zu spielen, wenn Ihr Partner wutschnaubend Feuer spuckt. (»Wenn du über deine Gefühle sprechen, den Konflikt angehen und lösen willst, gerne, dann bin ich da. Wenn nicht, bin ich weg.«) Gehen Sie aus der Situation hinaus, beenden Sie das Telefonat, senden Sie keine SMS, und tun Sie sich etwas Gutes. Was das sein könnte? Werfen Sie einen Blick auf die Liste, die Sie erstellt haben.

Wenn Sie selbst der Feuerspucker sind …

… und erkennen, dass Wut und Zorn zu lodern und Sie innerlich zu kochen beginnen, liegt es an Ihnen gegenzusteuern, bevor die Situation unkontrollierbar wird. Von unschätzbarem Wert ist es in solchen Situationen, Achtsamkeit zu praktizieren. Sie werden umso leichter in der Lage sein, die Situation zu kontrollieren, bevor Sie etwas tun oder sagen, was Sie hinterher bereuen. Sind Sie ein wutschnaubender Feuerspucker? Haben

Sie Mühe, Ihre Wut im Zaum zu halten? Dann nehmen Sie sich Zeit, die Angst-, Schmerz- oder Schamgefühle zu erkunden, die möglicherweise unter der Oberfläche lauern.

Welche klaren Körpersignale verraten Ihnen, dass Ihre Wut unbeherrschbar eskaliert?

_____

_____

(Mögliche Antworten: Mein Herz rast; meine Kiefer pressen sich zusammen; meine Stimme wird laut.)

Woher kommt diese Wut? Handelt es sich um ein erlerntes Verhaltensmuster? Wenn ja, von wem? Unter welchen Umständen? Die Antworten auf diese Fragen können besonders schwerfallen, und Sie sind innerlich vielleicht blockiert – aber ein »Ich weiß nicht« hilft Ihnen hier nicht weiter.

(Mögliche Antworten: Ja, es ist ein erlerntes Verhaltensmuster; ich habe es von meinem/r Vater/Mutter gelernt; seine/ihre Wut hat mir/uns den Mund gestopft.)

Der Feuerspucker und die Auf-rohen-Eiern-Geherin

Können Sie sich an eine Situation erinnern, in der Ihnen die Wut einer anderen Person entgegenschlug und Ihnen Furcht einflößte?

_____

_____

Hat Ihr Partner Ihnen je erzählt, dass Ihre Wutausbrüche ihm Angst machen? Wenn ja, wie haben Sie sich dabei gefühlt?

_____

_____

Nutzen Sie Wut, um Ihren Willen durchzusetzen? In welchen Situationen? Was wollen Sie bezwecken? Ihren Partner fügsam machen? Ihm Angst einjagen? Ihn unterwürfig stimmen? Überlegen Sie, was Sie langfristig wollen. Liebe, Harmonie und Frieden?

_____

_____

Was empfinden Sie selbst, wenn Sie an Ihre Wutausbrüche denken? Gemeint ist hier nicht der Adrenalinstoß im Moment des Ausbruchs, sondern das Gefühl, das sich später einstellt, nachdem sich Ihr Zorn entladen hat? Fühlen Sie sich gut? Schlecht? Schuldig? Traurig?

_____

_____

Überlegen Sie, ob und inwieweit Ihre Wutgefühle die Funktion erfüllen, die eigene Seele zu schützen. Wie würden Sie sich fühlen, wenn Sie Ihre Wut nicht an jemandem auslassen könnten? Verletzlich? Schwach? Machtlos?

_____

_____

Auf welche Weise können Sie Ihrer aufsteigenden Wut entgegenwirken? Nennen Sie mehrere Dinge (oder werfen Sie einen Blick auf Ihre Ideenliste, die Sie für den Fall der Fälle erstellt haben; siehe oben).

_____

_____

(Mögliche Antworten: joggen, spazieren gehen, schwimmen; Gartenarbeit; meditieren; eine/n enge/n Freund/in anrufen; Tagebuch schreiben; eine HEART-work-Übung machen; eine Selbsthilfegruppe besuchen.)

> Am besten ist es, nicht zu warten, bis Sie kurz vor dem Explodieren sind, um effektive Strategien zum Umgang mit Ihren Wutgefühlen zu finden. Im Zustand blinder Wut nämlich setzen physiologische Vorgänge den Verstand außer Kraft, so dass wir kaum mehr klar denken können. Üben Sie also im Vorfeld, was Sie im Falle des Falles tun wollen, wenn es innerlich zu brodeln beginnt. Werfen Sie auch einen Blick auf die Ideenliste, die Sie erstellt haben (siehe oben), um Ihren Zorn zu zügeln.

Kein Vertrauen = Keine Beziehung

Molly, 44, war Nachrichtensprecherin bei einem großen Fernsehsender und zog auch hinter der Kamera in ihrem Alltagslook die Blicke auf sich. Ihr Mann, Julian, entsprach dem klassischen Bild eines Surfers, der er auch war – sonnengebleichtes Haar, gewinnendes Lächeln um die gekräuselten Lippen. Julian war Geschäftsleiter einer führenden Personal- und Unternehmensberatung.

»Sie klangen am Telefon sehr aufgelöst«, sagte ich zu Molly, während sie in meiner Praxis Platz nahm.

»Ja«, sagte sie. »Letzte Woche habe ich herausgefunden, dass er eine Affäre hat. Ich bin … verwirrt.«

»Ich sage ihr immer wieder, dass es mir leidtut«, sagte Julian. »Wie oft soll ich mich denn noch entschuldigen?«

»Wie kamen Sie denn dahinter?«, fragte ich Molly.

»Ich hatte schon länger so ein Bauchgefühl. Eigentlich hasse ich Frauen, die hinter ihren Männern herschnüffeln, aber letzte Woche schaute ich auf sein Handy ... und sah mehrere SMS einer anderen Frau.«

»Waren Sie überrascht?«, fragte ich.

»Ja und nein«, sagte sie. »Ja, weil ich so etwas niemals von ihm erwartet hätte. Und nein, weil ich schon seit geraumer Zeit so ein komisches Gefühl hatte. All die Geschäftsreisen, und angeblich konnte er mich nie anrufen, weil er betrunken oder anderweitig beschäftigt war ... Ich stellte ihn zur Rede, woraufhin er nur meinte, ich sei eifersüchtig, paranoid und besitzergreifend.«

»Sie wurden also heimtückisch hintergangen, *gaslighted*, wie man es in der Psychologie auch nennt.«

Der Begriff *Gaslighting* geht auf ein psychologisches Prinzip zurück, das seine Bezeichnung von dem gleichnamigen US-amerikanischen Theaterstück »Gaslight« (1938) hat, das 1940 unter der Regie von Thorold Dickinson als Thriller auch verfilmt wurde (deutscher Filmtitel: »Gaslicht«). Im Stück versucht ein Mann, seine Frau durch die geschickte, subtile Manipulation ihrer Umgebung systematisch in den Wahnsinn zu treiben, um an ihr Juwelenerbe heranzukommen. Er wendet etliche Tricks an, indem er beispielsweise die Gaslampen im Haus unbemerkt ein wenig dimmt, um seiner Frau dann einzureden, das Licht im Raum habe sich nicht geändert, es sei bloß ihre Einbildung, die ihr einen Streich spiele. Inzwischen ist der Begriff *Gaslighting* ein psychologischer Terminus, der eine Taktik beschreibt, die Menschen beispielsweise betreiben, um argwöhnische Fragen ihres Partners zu einem vermuteten Seitensprung abzuwenden. Dies geschieht, indem sie ihn gezielt verunsichern und seine Wahrnehmung von Wirklichkeit so verwirren, bis er das Vertrauen in die eigenen Sinne verliert. Mit der Zeit traut die Person, die durch *Gaslighting* manipuliert und getäuscht wird, dem eigenen Bauchgefühl nicht mehr: *Vielleicht sagt mein Partner ja die Wahrheit.* Das Selbstvertrauen wird zutiefst erschüttert und ist am Ende komplett zerstört. Und dazu braucht es keinen Psychopathen wie Charles Boyer, der in einer Neuverfilmung von »Gaslight« (deutsch: »Das Haus der Lady Alquist«, 1944) die Gaszufuhr zu den Lichtern manipuliert – das Phänomen kommt tatsächlich häufiger vor, als man meinen möchte.

»Ich kann nicht fassen, dass du mir so etwas unterstellst. Das sagt mehr über dich aus als über mich.«

»Was soll das heißen, ich verhalte mich komisch? Du verhältst dich komisch!«

»Das habe ich nie gesagt. Das bildest du dir ein!«

»Du bist doch nur eifersüchtig. Typisch für dich, aus einer Mücke einen Elefanten zu machen!«

»Diese Schuhe? Die hab ich doch schon ewig.«

»Du hast mir nie gesagt, dass ich die Kinder von der Schule abholen soll.«

»Ich weiß ganz genau, dass ich dir x-mal erzählt habe, dass ich heute mit meinen Freundinnen ausgehe.«

Derlei Sätze sind beispielhaft für eine verbale Form von *Gaslighting*. Sie dienen dazu, die Wahrnehmung des Opfers zu manipulieren, indem man geäußerte Verdächtigungen abwendet, argwöhnischen Fragen ausweicht, Lügen gebraucht und Fehlverhalten abstreitet. Ich höre solche Sätze oft in Paarbeziehungen, beispielsweise, wenn einer der Partner trinkt, und ich höre sie, wenn einer den anderen betrügt. Und nicht selten funktioniert diese Taktik. So auch bei Molly. Sie war drauf und dran, ihr gesundes Bauchgefühl, ja, gar ihren gesunden Menschenverstand zu verlieren. Sie hatte angefangen, an sich selbst zu zweifeln, obgleich ihre Ahnungen sie innerlich weiterhin auffraßen. Sie wollte Julians Erklärungen nur zu gerne glauben und hatte ihr eigenes Urteilsvermögen deshalb weit weggeschoben.

»Also gut! Tut mir leid. Es war ein schrecklicher Fehler. Aber sie war die ganze Zeit immer mit sich selbst beschäftigt, mit ihrer Arbeit, mit den Kindern, mit allem Möglichen. Ich kam da ja gar nicht mehr vor«, sagte Julian.

Langsam begann ich zu verstehen, warum Molly seine Entschuldigung nicht annehmen wollte. Doch dann war es Molly, die sich zu entschuldigen begann.

»Ich weiß, mein Beruf lässt mir kaum Zeit, um alles unter einen Hut zu bringen«, sagte sie. »Ich weiß, ich hätte mir mehr Zeit für dich nehmen müssen.«

Julian nickte.

»Molly«, sagte ich behutsam. »Sehen Sie, es ist wirklich schwer zu verstehen, dass Sie sich die Schuld dafür geben.«

»Klar, ich fühle mich schlecht«, sagte Julian. »Aber …« Er stockte, doch auch seine weiteren Worte ließen nicht erkennen, dass er kapiert hätte, um was es ging.

Wir haben bereits einige Beispiele in diesem Buch gesehen, wo Schuldgefühle ebenfalls ein Thema waren – sie quälen uns, weil wir uns heute vielleicht wünschen, früher einmal dieses oder jenes getan beziehungsweise nicht getan zu haben; oder weil wir heute nicht die Person sind, die wir gerne wären. Aber es gibt noch eine andere Art von Schuldgefühl. Die Scham. Genauer gesagt, die gesunde Scham. Gesunde Scham ist das Gefühl, das entsteht, wenn wir bewusst wahrnehmen, etwas Falsches getan zu haben, uns in einer Weise verhalten zu haben, die für unsere Beziehung und für das eigene Selbstempfinden toxisch ist. Gesunde Scham dient einem guten Zweck: Sie ist eine korrektive emotionale Lernerfahrung. Sie birgt die Chance, aus einem unangemessenen Verhalten zu lernen und dem Partner glaubhaft zu vermitteln, dass es nicht wieder vorkommen wird. Gesunde Scham ist eine normale und sehr menschliche Emotion. Der erste Schritt, um einen Seitensprung zu verarbeiten und die Beziehung zu heilen, besteht darin, dass der Fremdgeher zunächst wahrhafte, gesunde Schamgefühle empfindet ... doch genau dies konnte ich bei Julian absolut nicht erkennen.

Als Molly dann den Termin für unsere zweite Sitzung absagte, war ich zwar nicht wirklich überrascht, machte mir aber doch so meine Gedanken. Es sei alles wieder in Ordnung, sie habe einfach nur überreagiert, erklärte sie mir am Telefon.

Zwei Monate später war sie wieder da, zusammen mit Julian.

»Wissen Sie was?«, sagte Molly, kaum dass sie Platz genommen hatte. »Ich habe aufgehört, mich dafür zu schämen, dass ich misstrauisch war, dass ich sein Handy, seine Facebook-Seite und so weiter ausspioniert habe. Es war nämlich kein einmaliger Ausrutscher! Und ich glaube auch nicht, dass es jetzt zu Ende ist.«

Da war sie. Ihre Wut. Ich hatte mich schon die ganze Zeit gefragt, wo sie bleiben würde.

»Ist sie hübscher als ich? Sexier als ich?«, schrie Molly ihn an. »Du entschuldigst dich, aber du kapierst überhaupt nicht, was du mir mit den Affären antust. Es ist so schon verheerend genug, aber wie ich inzwischen weiß, begucken mich die Frauen, mit denen du mich betrogen hast, im Fernsehen. Die wissen, wer ich bin! Ich fühle mich so verraten, so verletzt! Haben sie bei der Spendenaktion mitgemacht? Oder hast du sie auch zur Party in unser Haus eingeladen?«

»Okay, ich fühle mich mies, wirklich. Ich bin ein widerlicher Dreckskerl. Du bist die Letzte, die sich schämen müsste. Ich hab's kapiert. Schande über mich! *Ich* muss mich in Grund und Boden schämen, nicht *du*«, sagte Julian.

Diesmal glaubte ich ihm. Trotzdem, die beiden hatten noch einen harten Weg vor sich.

Paare können einen Seitensprung überstehen, aber es gibt fünf nicht verhandelbare Bedingungen, die beide erfüllen müssen, damit der Neuanfang nach einem Treuebruch beginnen kann:

1. Beide Partner müssen den festen Willen haben, die Beziehung zu retten.
2. Der Fremdgänger muss glaubhaft *gesunde Scham* empfinden – die Art von Schamgefühl, das als emotionales Korrektiv hervortritt.
3. Sämtliche Kontakte mit dem/der »anderen« müssen eingestellt werden.
4. Der Fremdgänger muss mit heftigen Wutausbrüchen des Partners rechnen und sie aushalten – und zwar nicht nur einmal.
5. Beide müssen bereit und willens sein zu verzeihen.

Die dritte Bedingung erfordert die *totale Transparenz*. Zu Julian sagte ich: »Ich möchte, dass Sie Molly einladen, Ihre E-Mails zu checken, und zwar alle, so oft sie es möchte. Geben Sie ihr sämtliche Passwörter. Und Sie müssen Farbe bekennen und ihr reinen Wein einschenken, egal, was sie von Ihnen wissen will. Sie muss diese Löcher füllen können.«

Zu Beginn dieses Kapitels war die Rede von psychotherapeutischen Konzepten, die darauf zielen, den Partner als Blitzableiter für die eigene Wut zu benutzen – doch das ist meist keine gute Strategie. Im Falle einer Affäre muss der Fremdgeher dem Betrogenen jedoch zugestehen, der blinden Wut über die Untreue Ausdruck zu verleihen. Anders gesagt: Schiere Wut zu äußern ist ein wichtiger Schritt, um die Beziehung zu retten. Nachdem Julian zugestimmt hatte, Molly uneingeschränkte Transparenz bezüglich seiner sozialen Kontakte und Korrespondenzen zu gewähren, damit sie als die Betrogene auch absolut sicher sein konnte, dass es keinerlei Kommunikation zwischen ihm und der »anderen« mehr gab, war es an Molly, die vierte nicht verhandelbare Bedingung umzusetzen und ihrer Wut freien Lauf zu lassen.

»Ich weiß nicht, wie oft ich dir noch sagen muss, dass es mir unendlich leidtut«, sagte Julian. »Es scheint nichts zu helfen.«

»Julian, sind Sie bereit, Molly wirklich zu *hören*?«, fragte ich ihn.

Julian neigte sich nach vorn, die Ellbogen auf den Knien. »Sie ist stinksauer, das höre ich. Ich höre es seit einem Monat, seit sie dahintergekommen ist.«

»Ach? Und du meinst, das geht einfach so wieder weg?«, fragte Molly ungläubig. »Nur, weil es dir leidtut? Nach all den Lügen, die du mir erzählt hast?«

Ich griff behutsam ein, als Julian auffuhr, um zu antworten. »Julian, könnten Sie einfach sitzen bleiben und zuhören, ohne sich zu erklären oder zu verteidigen? Bleiben Sie einfach bewusst präsent und lassen Sie Molly erzählen, was sie gerade alles empfindet.«

»Gut, aber geht es auch darum, was ich empfinde?«, erwiderte er.

Ich schüttelte den Kopf. »Im Moment erst mal nicht.«

Julian fuhr sich mit der Hand durch die Haare, holte tief Luft und nickte. Es war vielversprechend zu sehen, dass er näher an seine Frau heranrückte, konzentriert ihren Worten lauschte und ganz bei ihr war, in einer Weise, die ich so noch nie bei ihm gesehen hatte.

Mehrere Minuten lang ließ Molly ihren Gefühlen freien Lauf – sie fühlte Wut, Herzschmerz, Verrat. Sie verlieh ihren Ängsten und Gefühlen Worte – ihrer Furcht, wegen einer anderen Frau verlassen zu werden; ihrem Albtraum, ihren eigenen Instinkten und sogar ihrem Verstand nicht mehr trauen zu können; ihren Schuld- und Schamgefühlen.

»Ich schaue dich an und sehen den Mann, den ich einmal liebte, von dem ich heute nicht mehr weiß, wer er ist. Und ich weiß ja selbst nicht mehr, wer ich bin. Ich schäme mich so, dass ich das alles nicht gesehen habe, dass ich mir selbst nicht mehr getraut habe … ich schäme mich so sehr dafür.« Mit diesen letzten Worten verrauchte ihre Wut, und sie sank in der Ecke des Sofas förmlich in sich zusammen.

»Schämen? Wofür?«, fragte ich

Molly schüttelte nur den Kopf, unfähig, mich oder Julian anzusehen.

»Kommt Ihnen dieses Gefühl … dieses Schamgefühl … *vertraut* vor?«, fragte ich.

Nachdem sie kurz und hörbar Luft geholt hatte, verstummte sie plötzlich. Ich wartete ab.

Julian sah zuerst sie und dann mich an. »Ich weiß nicht recht, was hier gerade vor sich geht«, sagte er.

»Warum fragen Sie sie nicht?«, sagte ich. »Fragen Sie, seien Sie wahrhaft neugierig!«

»Molly«, sagte er sanft. »Kannst du mir sagen, was los ist?«

»Ich denke an meine Mum«, sagte sie mit leiser Stimme.

»Und was genau denkst du?« Julian war sichtlich irritiert. »Weißt du«, fuhr er fort, »immer wenn ich dich nach deiner Kindheit gefragt habe, bist du ganz still geworden, wenn ich das so sagen darf.«

Molly schlang die Arme um sich, wie zum Schutz. »Gut, du weißt, sie ist heute nüchtern. Sie hat einen

Entzug gemacht, als ich auf dem College war. Doch die ganzen Schuljahre hindurch, wenn ich mit meinem Bruder von der Schule nach Hause ging, wussten wir nie, wer uns daheim erwarten würde, Dr. Jekyll oder Mrs Hyde.

»Wo war Ihr Dad in dieser Zeit?«, fragte ich.

»Er war Chirurg. Er arbeitete immer lange. Es war hart für ihn.«

»Und für Sie«, sagte ich sacht.

Molly nickte. »Ich lud damals nie Freundinnen nach Hause ein. Ich ging auch nach der Schule nie in eine Sport-AG oder so etwas, weil ich meinen kleinen Bruder nicht alleine bei unserer Mutter lassen wollte.«

»War sie gewalttätig?«, fragte ich nach.

Molly zog die Stirn in Falten. »Nicht, wenn sie nüchtern war.«

Es ist die alte Geschichte. Kinder, die Gewalt erfahren oder die Eltern haben, die alkohol- oder drogenabhängig sind, eine Essstörung haben oder wiederholt fremdgehen – alles, was Scham und Heimlichkeiten zur Folge hat –, lernen, durch ausgesprochene oder unausgesprochene Familienregeln, diese Familiengeheimnisse zu ertragen und darüber Stillschweigen zu wahren. Sie lernen, so zu tun, als sei alles »normal«, und sie lernen, das Verhalten der Eltern zu vertuschen. Sie haben oft Angst, Freunde mit nach Hause zu bringen, die das Familiengeheimnis entdecken könnten. Diese Heimlichtuerei, diese strikte Befolgung der Regel *Frag nicht, rede nicht* erzeugt in den Kindern Schuld- und Schamgefühle. Haben sie sich erst einmal eingenistet, bleiben sie bis ins Erwachsenenalter hinein bestehen. Trotz der Tatsache, dass die Kinder nichts Falsches getan haben, sich nichts zuschulden haben kommen lassen, empfinden sie ein starkes Schamgefühl, das in der Folge das eigene Selbstwertgefühl zerfrisst.

Diese Form der Scham ist eine toxische Scham, also eine giftige Scham. *Gesunde Scham*, also das Gefühl, das uns bewusst machen kann, wenn wir einer anderen Person Unrecht getan haben oder etwas falsch gemacht haben, ist sowohl normal als auch sinnvoll und wichtig für unser Zusammenleben. Gesunde Scham nämlich zeigt, dass wir ein Gewissen haben, das unser Handeln leitet. *Toxische Scham* hingegen ist das tiefsitzende Gefühl, dass die Person, die wir sind (nicht das, was wir getan haben), verwerflich ist und wir folglich nicht liebenswert und voller Fehler sind. Die Leidtragenden *toxischer Scham* tragen in sich eine Schuld, die gerechterweise anderen anzulasten ist. Menschen, die an toxischen Schamgefühlen leiden, erleben ein gewisses Maß an Selbsthass und Selbstverachtung, was es ihnen umso schwieriger macht, ihr wahrhaftes Innenleben zu offenbaren, auch und sogar dem Partner gegenüber.

Toxische Scham entwickelt sich aber nicht nur unter dem Einfluss alkoholkranker Eltern(teile). Es gibt viele andere Familiengeheimnisse, beispielsweise im Zusammenhang mit Armut, Depression, einer bestimmten religiösen oder ethnischen Zugehörigkeit – jegliche Aspekte unseres Lebens, die das Gefühl in uns auslösen, das eigene Selbst vor der Welt verstecken zu müssen, aus Furcht, verurteilt oder zurückgewiesen zu werden. Das eigentlich Wichtige dabei aber ist, dass Sie lernen zu erkennen, dass Sie selbst für diese toxischen Schamgefühle nicht verantwortlich sind. Sie gehören nicht zu Ihnen. Sie sind anderen anzulasten, Ihren drogensüchtigen Eltern zum Beispiel, oder Ihren Schulkameraden, die Sie schikaniert und gemobbt haben, weil Sie vielleicht nicht die richtigen Klamotten trugen.

Wenn es Ihnen gelingt, dieser toxischen Scham in Ihrem Inneren nachzuspüren (diesem Gefühl, nicht »durchschaut« werden zu wollen, da die unausgesprochene Regel waltete, die eigene (Familien-)Situation als Geheimnis zu wahren), können Sie darangehen, diese Scham, die nicht zu Ihnen gehört, loszulassen.

Molly war in vielfacher Weise »schambesetzt«. Mollys Scham, die auf Julians Affäre zurückzuführen war, gehörte nicht zu ihr – sie gehörte zu Julian. Doch da die Alkoholsucht ihrer Mutter eine tief verinnerlichte, toxische Scham geschaffen hatte, war es für Molly verdammt einfach, jetzt auch Julians Fehltritte auf sich zu beziehen.

»Ich hatte immer das Gefühl, dass da irgendetwas ist«, sagte Julian. »Aber das ist ein echt großer Teil deines Lebens, von dem ich nichts wusste. Nicht, dass es eine Affäre gebraucht hätte, um davon zu erfahren, aber langsam steige ich wirklich dahinter. Ich habe dich einmal mehr dem Gefühl der Beschämung ausgesetzt, dich bloßgestellt und erniedrigt, weil ich getan habe, was ich getan habe … *ich* schäme mich zutiefst.«

Während er Molly anschaute, die wie ein Häufchen Elend in der Sofaecke kauerte, die Arme fest um die angezogenen Knie geschlungen, war auch Julians Elend offensichtlich. Molly war Welten von ihm entfernt, und er hatte Angst, sie würde ihn nicht wieder einlassen.

»Was mich interessiert, ist … hatten Sie, noch bevor Sie die Affäre vermuteten, irgendwann schon einmal das Bedürfnis, den Kopf in den Sand zu stecken und so zu tun, als hätten Sie keine Probleme?« fragte ich, während ich Molly die Schachtel mit den Papiertaschentüchern reichte.

Molly schnäuzte sich die Nase. »Kann sein. Die Wahrheit ist, dass es in unserer Ehe schon länger kriselte.«

»Haben Sie das auch gespürt?«, fragte ich an Julian gewandt.

Er nickte. »Wir hatten schon länger überlegt, eine Therapie zu machen, fanden aber immer wieder einen Grund, es aufzuschieben.« Julian rückte näher an Molly heran, griff zögernd nach ihrer Hand.

Jetzt konnte die eigentliche Beziehungsarbeit beginnen. Nicht, dass Molly und Julian die Affäre plötzlich wie von Zauberhand überwunden hätten, aber sie waren bereit, das Vertrauen langsam wieder aufzubauen, zueinanderzufinden und nach Wegen zu suchen, damit so etwas nie wieder passieren würde. Gewiss, die Heilung passierte nicht über Nacht; es dauerte eine ganze Weile, um diese Beziehung auf einen heilsamen Weg zu führen. Wir trafen uns regelmäßig, und es war harte Arbeit.

Und schließlich, nachdem ein gutes Jahr verstrichen war, in dem Julian Wort gehalten und er Molly uneingeschränkte Transparenz geboten hatte (ohne einen einzigen Ausrutscher), war Molly bereit, ihm zu verzeihen und loszulassen. Ein wichtiger Schritt, andernfalls hätte der Partner das Gefühl, er bekäme nie eine zweite Chance – wozu sich also mühen? Dem Partner zu verzeihen ist ein großer Schritt nach vorn, heißt aber nicht, dass Vertrauensprobleme in der Beziehung nie wieder aufkommen können. Doch da Julian eine *authentische, gesunde Scham* für sein Verhalten erkennen ließ, da er Molly uneingeschränkte Offenheit und Transparenz gewährte und ihr zugestand, ihre Wut, ihre Traurigkeit, ihre Angst und ihren Schmerz zum Ausdruck zu bringen, war sie bereit, ihm ihr Herz noch einmal zu öffnen und ein neues Wagnis einzugehen.

Quick Tipp
♡
Uneingeschränkte Transparenz

Sie wollen einen schnellen Tipp in Sachen Untreue und Seitensprung? Fehlanzeige. Es geht schnell, Vertrauen zu zerstören, es wieder aufzubauen, dauert lange. Wir haben eben von Transparenz gesprochen, aber was genau heißt das? Sich um uneingeschränkte Transparenz zu mühen, um das kaputte Vertrauen in einer Beziehung wiederherzustellen, heißt, dass Sie Wort halten und um halb acht zu Hause sind, wenn Sie sagen, dass Sie um halb acht zu Hause sind. »Was, wenn ich im Stau stecke?«, höre ich Sie fragen. Klar, früher gar kein Thema. Aber diese Zeiten sind vorbei, mein Freund! Wenn Sie tatsächlich im Stau stecken bleiben, dann rufen Sie Ihren Partner an und bleiben Sie während der Fahrt am Telefon. Wenn nicht, öffnen Sie eine weitere Büchse der Pandora. Lügt er/sie? Lügt er/sie nicht? Ihr Partner kann sich nicht sicher sein.

Aber Achtung: Selbst, wenn Sie sich glaubwürdig verhalten, wird es Ihrem Partner schwerfallen, Ihnen zu trauen. Warum? Weil Sie sein Vertrauen schon einmal oder sogar häufiger missbraucht haben. Und das heißt, dass Sie jetzt umso verlässlicher agieren müssen, denn nur 100-prozentige Transparenz schafft Vertrauen. Sie dürfen sich keinen einzigen Ausrutscher mehr erlauben – denn das könnte diesmal wirklich das Ende der Beziehung bedeuten.

Treffen Sie kleine vertrauensbildende Absprachen, die Sie gut einhalten können. So zeigen Sie Ihrem Partner, dass Sie es ernst meinen. Zum Beispiel: Sie vereinbaren, dass Sie zu einer bestimmten Zeit zu Hause sind (und zwar auf den Punkt). Falls Ihnen etwas dazwischenkommt und Sie aufgehalten werden, wie etwa durch einen umgestürzten Baum auf der Autobahn, rufen Sie Ihren Partner an, sagen Sie ihm Bescheid und schlagen Sie ihm vor, den Fernseher einzuschalten und die Meldung vom umgestürzten Baum, der die Autobahn blockiert, in den Nachrichten zu überprüfen. Oder: Falls Sie ein Geschäftsessen haben, lassen Sie Ihren Partner im Vorfeld wissen, wohin Sie gehen und mit wem. Und auch, wenn Sie nur zum Lokal um die Ecke gehen, sagen Sie Ihrem Partner immer, wann Sie wieder zurück sein werden, und halten Sie sich daran! Nur uneingeschränkte Transparenz fördert Vertrauen. Es reicht nicht mehr, nur darüber zu reden. Sie müssen die vereinbarte Transparenz auch leben und Absprachen 100-prozentig einhalten. Nur so kann Vertrauen wieder wachsen!

HEARTwork

Wie Sie die Scham-Schuld-Spirale in Eigenverantwortung und Respekt verwandeln

Übung 1: Der Scham-Schuld-Test

Stecken Sie und Ihr Partner in einer Scham-Schuld-Spirale fest? Um das herauszufinden, lesen Sie die folgenden Aussagen und kreisen Sie jeweils die Zahl ein, die Ihrem Empfinden am nächsten kommt.

**1 = starke Ablehnung, 2 = Ablehnung,
3 = Zustimmung, 4 = starke Zustimmung**

---

1. Mein Partner übernimmt nie Verantwortung für den eigenen Anteil an unseren Konflikten.
   1   2   3   4
2. Mein Partner nutzt Vorwürfe und Wutausbrüche, um seinen Willen durchzusetzen.
   1   2   3   4
3. Die Wutausbrüche meines Partners machen mir Angst.
   1   2   3   4

4. Wenn ich den Mund halte, kann ich den Konflikt verhindern.

    1   2   3   **4**

5. Nach einem Streit »fresse« ich meine Gefühle buchstäblich in mich hinein, rauche eine Zigarette oder tue mir in sonst einer Weise etwas »Gutes«, was mein Partner garantiert missbilligen würde.

    1   2   3   **4**

6. Ich habe oft das Gefühl, dass einer von uns wie auf rohen Eiern gehen muss.

    1   2   3   **4**

7. Wir streiten ständig darüber, wer Recht hat und wer nicht.

    1   2   3   **4**

8. Wir können nicht einmal ganz normal über ein Problem sprechen, ohne dass es eskaliert und die Fetzen fliegen.

    1   2   3   **4**

9. Nach einem Streit schäme ich mich für das, was ich Böses gesagt habe.

    1   2   3   **4**

10. Es gibt in unserer Beziehung so viel Groll und Wut, dass ich nie sexuelle Lust auf ihn/sie verspüre.

    1   2   3   **4**

11. Ich habe das Gefühl, dass hinter meiner Wut ein anderes Gefühl steckt – die Angst, verletzt zu werden.

1 2 3 4

12. Als Kind habe ich geglaubt, ich könnte den Zorn meiner Eltern kontrollieren, indem ich ebenfalls mit Wut reagierte, wie auf rohen Eiern ging oder den Schlichter zwischen ihnen spielte.

1 2 3 4

13. Ich kann mich an Begebenheiten in meiner Kindheit erinnern, da ich mich zutiefst beschämt und schuldig fühlte.

1 2 3 4

14. Ich wünschte, mein Partner wäre nur eine Sekunde lang einmal still, damit er überhaupt hört, was ich sage.

1 2 3 4

15. Wenn wir streiten, habe ich manchmal das Gefühl, wahnsinnig zu werden.

1 2 3 4

16. Er hat die Wahrheit schon so oft verdreht, dass ich mir nicht einmal mehr sicher bin, was wirklich stimmt.

1 2 3 4

17. Mein Partner erachtet seine Auffassung als »gültiger« und »richtiger« als meine.

1 2 3 4

18. Wenn ich nur lange genug zornig bin (oder: geduldig genug bin), ist die Wut irgendwann verraucht.

1 2 3 4

19. Ich habe verrückte Rachefantasien (z. B. das Toilettenbecken mit seiner Zahnbürste zu schrubben).

1 2 3 4

20. Ich schäme mich dafür, dass ich so geworden bin (oder: dass mein Partner so geworden ist).

1 2 3 4

Punktebewertung: Addieren Sie die Zahlen, die Sie eingekreist haben, zu einer Gesamtsumme.

Unter 35: Es ist unwahrscheinlich, dass Sie und Ihr Partner in der Konfliktschleife namens Scham-Schuld-Spirale feststecken. Werfen Sie einen Blick auf die Aussagen, bei denen Sie eine 4 eingekreist haben. Besprechen Sie diese Punkte mit Ihrem Partner, damit diese Konfliktschleife gar nicht erst entsteht oder Sie andere in diesem Buch beschriebenen Konfliktschleifen entwirren können.

35–50: Schuld, Scham und Wut sind in Ihrer Beziehung definitiv ein Thema. Arbeiten Sie die folgenden HEARTwork-Übungen bis ganz zum Schluss durch, um den Konflikt aufzulösen.

51 und mehr: Die Konfliktschleife namens Scham-Schuld-Spirale ist nicht zu unterschätzen und mitunter sehr explosiv. Nicht selten ist es daher ratsam, sich zusätzlich in professionelle Hände zu begeben, um den Konflikt restlos aufarbeiten zu können.

Übung 2: Wut *los*lassen (ohne sie an Ihrem Partner auszulassen)

Wenn Sie spüren, wie blinde Wut Sie packt, wird Ihnen diese zweistufige Übung helfen, Ihre Wut zu entladen und ganz bewusst Zugang zu den liebevollen Gefühlen dahinter zu finden.

Manchmal geht es nicht anders, dann muss man Dampf ablassen, und die Wut muss raus. Aber sie am Partner abzubauen ist für gewöhnlich keine gute Idee. Hier eine gesündere Alternative: anstatt Ihre Wut am Partner auszulassen, greifen Sie besser zu Stift und Papier, um sich abzureagieren. Schreiben Sie einen »Wutbrief«, wie ich es nenne!

Geben Sie sich bewusst die Erlaubnis, wütend zu werden, während Sie Ihren Brief schreiben. Spielen Sie das Opfer! Lassen Sie Schuld- und Schamgefühle zu, jegliche Gefühle, ganz egal. Nehmen Sie kein Blatt vor den Mund, erlauben Sie sich zum Beispiel zu schreiben: »Es geht mir hundsmiserabel, mein Leben ist die reinste Hölle, nur deinetwegen! Wie konnte ich nur so dämlich sein, dich zu heiraten? Was hat es mir gebracht? Nichts als Enttäuschung, Einsamkeit, Traurigkeit. Alles deine Schuld!«

Schreiben Sie sämtliche Emotionen nieder, bis Sie innerlich ganz leer sind und die Gefühle hinter der Wut langsam zum Vorschein kommen: Trauer, Sehnsucht, was auch immer. Aber keine Spielchen! Lassen Sie Ihren Brief ja nicht »rein zufällig« herumliegen, damit Ihr Partner ihn womöglich findet und liest. Zerreißen Sie ihn, oder verbrennen Sie ihn!

Sobald die Wut dann verraucht und Ihr verletzlicher Kern offengelegt ist, können Sie die Übungen in Angriff nehmen und die tief im Herzen und mit allen Sinnen empfundene Liebe zu Ihrem Partner sprechen lassen. Reden Sie offen über Ihre Gefühle, darüber, was Sie traurig stimmt, wovor Sie Angst haben, wofür Sie sich verantwortlich fühlen:

»Ich fühle mich traurig und einsam, wenn wir streiten.«

»Ich fühle mich so richtig mies, wenn ich dir Vorwürfe mache oder dir die Schuld zuschiebe; wenn ich tobe vor Wut, wo ich in meinem tiefsten Innern doch nichts mehr will, als dich zu lieben.«

»Ich fühle mich traurig, wenn ich dich in meiner Wut bestrafe, verletze oder zurückweise.«

»Ich verspüre große Angst, wenn du sagst, dass du

so ein Leben nicht haben willst, oder dass unsere Beziehung ein Fehler ist.«

Wenn die Wut verflogen und das Herz offen ist, kann nun ein Realitäts-Check erfolgen. Schauen Sie genau hin, und Sie bekommen nicht nur beste Aussichten auf eine wahrhaftige und erfüllende Beziehung, sondern Sie eröffnen sich mit dieser HEARTwork-Übung auch den Zugang zu liebevollen Gefühlen, die Sie in sich tragen. Es ist eine fruchtbare Übung, auch wenn Ihr Partner sie vielleicht gerade nicht mitmachen kann.

Übung 3: So bekommen Sie körperliche Wutreaktionen in den Griff

Sind Sie fest entschlossen, Ihren immer wiederkehrenden, automatischen Wutreaktionen den Kampf anzusagen? Dann habe ich hier eine weitere Übung für Sie, die Ihnen hilft, diesem Vorsatz treu zu bleiben. Wir haben zuvor bereits von Achtsamkeit gesprochen – über jenen kostbaren Moment zwischen Auslöseimpuls (Trigger) und Reaktionsmoment, in dem ein winziges Fenster der Chance aufgeht und ein achtsamer Atemzug helfen kann, eine automatische Wutreaktion zu unterlaufen. Halten Sie inne und entscheiden Sie sich stattdessen für eine von Liebe geleitete Reaktion. Wenn man achtsam reagiert und bewusst Atem schöpft, gelingt es, die aufsteigende Wut zu zerstreuen. Diese HEARTwork-Übung wird Ihre Atemfähigkeiten verbessern. Sie wird Sie in den gegenwärtigen Augenblick zurückführen, was eine Herausforderung für uns alle darstellt.

Beginnen Sie, indem Sie sich fünf Minuten Zeit für diese Übung nehmen (20 Minuten wären ideal). Und so geht's: Setzen Sie sich hin und nehmen Sie eine bequeme Haltung ein. Legen Sie die Hände locker auf Ihre Oberschenkel oder übereinander auf Ihr Herz. Schließen Sie die Augen und atmen Sie ruhig. Nehmen Sie bewusst wahr, wie die Luft in Ihre Lunge ein- und wieder ausströmt, wie Ihr Bauch sich hebt und senkt. Konzentrieren Sie sich auf die Laute Ihres Atems. Wenn Sie merken, dass Sie gedanklich abschweifen – wenn Sie sich zum Beispiel dabei ertappen, wie Sie überlegen, was Sie zu Mittag essen wollen, oder was Sie heute noch alles erledigen müssen –, so ist das völlig in Ordnung. Nehmen Sie den Gedanken einfach an und lenken Sie Ihre Konzentration wieder auf Ihren Atem zurück. Bei jedem vierten Atemzug sagen Sie ein positives Wort oder einen positiven, kurzen Satz, wie zum Beispiel »Frieden« oder »Alles ist gut«, denken Sie Liebe und Frieden in Ihren Atem hinein und spüren Sie die reinigende und ausgleichende Kraft Ihres Atems. Bei jedem sechsten Atemzug stellen Sie sich vor, wie sie jegliche Spannungen und Stressmomente ausatmen.

Diese Achtsamkeitsübung, die Kombination aus Atemübung und Meditation, ist eine weitere positive Aktivität, die Sie beide sehr gut gemeinsam machen können, denn sie tut sowohl dem Einzelnen als auch dem Paar gut und schafft so ein allgemeines Gefühl der friedvollen Ruhe und Harmonie. Beim gemeinsamen Meditieren entsteht eine wunderbare Energie. Und so wird diese Übung mit der Zeit zu einem sehr schönen Ritual, das nicht nur die Beziehung zum eigenen Selbst vertieft, sondern auch die Beziehung zueinander.

Wie überlebt eine Beziehung einen Seitensprung?

In diesem Kapitel haben wir ein Paar kennengelernt, das nach dem Seitensprung große Anstrengungen unternahm, das Vertrauen wieder aufzubauen und der Liebe eine neue Chance zu geben. Um den Seitensprung zu verarbeiten und zu überwinden, mussten sie mehrere nicht verhandelbare Bedingungen erfüllen und einige wichtige Schritte gehen. Hier noch einmal eine kurze Übersicht:

1. **Beide Partner müssen den festen Willen haben, die Beziehung zu retten.**
   Und das ist nach einer Affäre nicht selbstverständlich. Seien Sie ehrlich mit sich selbst: *Wollen* Sie Ihre Beziehung *wirklich* retten? Nur, wenn Sie diese Frage beide mit Ja beantworten, können Sie die nächsten Schritte in Angriff nehmen und sich auf die weiteren Bedingungen einlassen.
2. **Der Fremdgänger muss glaubhaft *gesunde Scham* empfinden**.
   Nur, wenn derjenige, der den Fehltritt begangen hat, echte und tiefe Scham über sein Verhalten empfindet, kann es weitergehen. Gesunde Scham ist eine korrektive Emotion, die uns vor möglichen

»Gefahren« bei Fehlverhalten warnt und uns daran hindert, »schlechte« Verhaltensweisen zu wiederholen. Gesunde Scham ist das Gefühl, das sich einstellt, wenn wir (an)erkennen, dass wir jemandem Unrecht getan oder einen Fehler gemacht haben. Gesunde Schamgefühle sind nicht nur ganz natürlich, sondern auch überaus wichtig. Sie machen uns zu einfühlsamen Wesen und zeigen, dass wir ein Gewissen haben.

3. Sämtliche Kontakte mit dem/der »anderen« müssen eingestellt werden.

Dies scheint selbstverständlich, doch ich kann nicht oft genug betonen, wie wichtig es ist, dass der Fremdgänger die Affäre beendet – und zwar endgültig. Das heißt, keine E-Mails, keine Anrufe, keine SMS und keine »freundschaftlichen Treffen« mehr (womit das ganze Schlamassel wahrscheinlich einmal angefangen hat). Beide Partner müssen offen darüber sprechen, und der Fremdgänger muss bereit sein, totale Transparenz zu schaffen. Das heißt, wenn der Betrogene das Schlussmach-Telefonat mithören oder den Schlussmach-Brief lesen will, muss er das dürfen. Der Fremdgänger kann nicht einfach behaupten, er hätte die Affäre beendet und jeglichen Kontakt eingestellt – er muss es auch beweisen! Dazu gehört, dass er dem Partner bereitwillig sämtliche Internet-Passwörter gibt, Einblicke in sämtliche Anruf- und SMS-Protokolle gewährt und eventuelle heimliche Reisen offenlegt. Einen Vertrauensvorschuss kann der Fremdgänger nicht verlangen. Er muss Taten sprechen lassen.

4. **Der Fremdgänger muss mit heftigen Wutausbrüchen des Partners rechnen und sie aushalten – und zwar nicht nur einmal.**
Zugegeben, in manchen Streitsituationen gibt ein Wort das andere, und am Ende ist alles nur noch schlimmer. Aber hier herrscht eine emotionale Ausnahmesituation. Der Betrogene kann nicht anders: Es muss alles raus!

5. **Beide müssen bereit und willens sein zu verzeihen.**
Nachdem beide Partner die nicht verhandelbaren Bedingungen erfüllt haben und der Fremdgänger alle Anstrengungen für einen Neuanfang unternommen hat, muss der betrogene Partner nun bereit sein, dem anderen einen Vertrauensvorschuss zu gewähren und ihm zu verzeihen. Erfolgt dieser Schritt nicht, verliert der Fremdgänger möglicherweise die Hoffnung auf einen Neuanfang und gibt auf.

Gewiss, dieser Schritt bedeutet auch, sich verletzlich zu machen, ein Risiko einzugehen. Seien Sie gütig mit sich selbst! Es ist nicht leicht, etwas zu verzeihen. Vielleicht ist es sogar eines der schwierigsten Dinge innerhalb einer Beziehung überhaupt. Es ist ein komplexer Schritt, eine echte Herausforderung, wenngleich unerlässlich. Doch wer meint, mit dem Akt des Verzeihens den tief empfundenen Schmerz vertreiben zu können, der irrt. Und Verzeihen hat auch nichts damit zu tun, einfach wegzuschauen und so zu tun, als wäre nichts gewesen. Es ist ein langer Weg, und dass er wehtun wird, ist völlig normal und menschlich. Es kann gut sein, dass Sie den Schmerz nie völlig vergessen werden und die Erinnerung nie ganz verblassen wird. Doch irgendwann muss der Betrogene einen Punkt setzen und mit offenem Herzen neu auf den Partner zugehen können.

Ja, es ist möglich, diesen zerstörerischen Herzschmerz, das Ringen mit sich und dem Partner zu überstehen, gestärkt daraus hervorzugehen und eine neue innige Partnerschaft voller Liebe zu finden. Die vielen Beispiele aus meiner Praxis sind Beweis dafür!

6.
Test, Test, 1, 2, 3 … ∞
Tiefes Vertrauen

Wer Kinder hat, lächelt jetzt vermutlich in sich hinein und sagt sich im Stillen: *Ich weiß ganz genau, was damit gemeint ist – meine Kinder stellen mich tagtäglich auf die Probe und testen meine Zuwendung.* Kinder sind in dieser Hinsicht leicht zu durchschauen. Ungleich schwieriger wird es in der Partnerschaft, denn auch wir Erwachsenen stellen unseren Partner gerne mal auf die Probe, um uns seiner Liebe zu versichern. *Liebst du mich? Bin ich dir wichtig? Wirst du für immer bei mir bleiben? Stehst du noch auf mich? Wie weit kann ich meine Grenzen austesten? Kann ich ab und zu eine E-Mail oder SMS an den/die Ex schreiben? Ist doch nicht so schlimm, oder?*

Wir stellen unseren Partner immer wieder auf die Probe, so wie Kinder ihre Eltern, und oft riskieren wir damit nicht nur die Beziehung, sondern auch den eigenen Seelenfrieden. Die eigentlichen Beziehungsprobleme sprechen wir nicht an. Wer seinen Partner immer wieder auf die Probe stellt, lebt vermutlich eine Beziehung, die angefüllt ist mit dumpfen Ängsten und Zweifeln, die im Hintergrund stets leise wummern. Es ist eine Prüfung nach dem Motto »bestanden« oder »nicht bestanden«: *Wird mein Partner bei mir bleiben, ja oder nein? Kann er mich akzeptieren so wie ich bin, ja oder nein?* Und bei diesem Prüfprogramm schwingt in Ihrem Hinterkopf immer auch die Angst mit, die Antwort könnte Nein lauten.

Die eigentliche Frage dabei lautet: *Wie sehr liebst du mich?* Ziel der Prüfung ist schließlich nicht, verlassen zu werden (okay, *manchmal* vielleicht schon). Ziel ist vielmehr, Bestätigung zu bekommen, Liebe zu erfahren oder sich vor Enttäuschungen und falschen Erwartungen zu schützen. Dummerweise aber ist es so, dass Sie genau das, wovor Sie sich schützen wollen, überhaupt erst in Gang setzen, wenn Sie sich in diese Test-Test-Konfliktschleife hineinbegeben. Sie haben Angst, Ihr Partner könnte Sie verlassen? Genau das wird er tun, wenn Sie ihn ständig auf die Probe stellen. Selbst, wenn er gar nicht die Absicht hat, Sie zu verlassen, sorgen Sie mit Ihrem permanenten Prüfprogramm dafür, dass er es am Ende tut.

Verbindlich oder unverbindlich?

»Ich spüre eine leise Angst«, gestand Natalie. Sie sah hinüber zu Owen, ihrem Freund. »Er hat zum Telefon gegriffen und diesen Termin hier gemacht ... Ich weiß nicht recht, warum. Vielleicht will er ja Schluss machen ...«

»Wie kommen Sie darauf?«, fragte ich.

»Weil ... wir keinen Schritt weiterkommen«, sagte Natalie.

»Eines der Dinge, die ich an ihr so liebe oder immer *liebte*, ist ihre Bodenständigkeit, auch in ihrem Auftreten«, sagte Owen. »Aber plötzlich kleidet sie sich für meinen Geschmack etwas zu aufreizend, etwas zu provokant. Das passt einfach nicht zu ihr ... außerdem hat sie angefangen, den Kontakt zu Exfreunden aufzuwärmen. Ich muss zugeben, dass ich langsam Zweifel bekomme.«

»Wie lange sind Sie beide denn schon zusammen?«, fragte ich.

Natalie und Owen antworteten gleichzeitig.

»Ewig«, sagte sie.

»Noch nicht so lange«, sagte er.

Natalie entfuhr ein nervöses Lachen. »Knapp zwei Jahre«, korrigierte sie sich. »Wir wohnen praktisch zusammen. Ich meine, ich habe meine alte Wohnung noch, aber wir verbringen fast jede Nacht zusammen.«

Wir haben bereits an etlichen Beispielen in diesem Buch gesehen, dass die meisten Männer anders ticken als die meisten Frauen (wenngleich es bei beiden Geschlechtern Gegenbeispiele gibt). Männer und Frauen ticken völlig unterschiedlich, wenn es darum geht, sich fest zu binden. Bei Frauen läuft die biologische Uhr ab, bei Männern nicht. Das soll nicht heißen, dass jegliche Beziehungsprobleme sich durch die weibliche Fruchtbarkeit erklären – aber es ist nun einmal so, dass Frauen einen Wettlauf gegen ihre biologische Uhr bestreiten. Ohne dieses Thema explizit anzusprechen, dachte Natalie ganz offensichtlich: *Werden wir überhaupt jemals ganz zusammenziehen? Wie lange soll ich noch warten?* Owen hingegen wirkte so unvorbereitet und ahnungslos, als wäre er zurück im Klassenzimmer und müsste einen unangekündigten Test absolvieren, für den er nicht gelernt hat … eiskalt erwischt. Mit anderen Worten: Er bekam Panik.

Es gibt viele Arten, den Partner oder Ehemann zu »testen« – zu viel trinken, bis in die Puppen abends ausbleiben, sich rarmachen, »fremdflirten« oder mit jemand anderem eine bestimmte Linie überschreiten. Wer immer wieder die Grenzen ausreizt und testet, wie weit er in seiner Beziehung gehen kann, will für gewöhnlich nur eines wissen: *Wie weit kann ich gehen, bis du mich verlässt? Liebst du mich wirklich? Wirst du für immer bei mir bleiben, ganz gleich, was passiert?* Er will wissen, ob er irgendetwas tun kann, damit er bekommt, was er will. In Natalies Fall war es der Wunsch nach einer verlässlichen, festen Bindung.

Und diesen Wunsch fasste sie plötzlich in Worte: »Nun, ich habe alles versucht, um dich irgendwie dazu zu kriegen, dass es vorwärtsgeht, dass wir uns verloben, doch langsam frage ich mich, ob es vielleicht an mir liegt. Vielleicht bin ich dir nicht mehr attraktiv genug. Nicht mehr *sexy* genug. Wenn ich mich hübsch kleide, dann drehen die Jungs die Köpfe nach mir ... und das fühlt sich *gut* an. Und vielleicht fühlt es sich deshalb gut an, weil ich will, dass du siehst, dass andere Männer mich wahrnehmen.«

»Ich weiß, ich weiß«, sagte Owen. Er für seinen Teil kam auch vorbelastet in die Beziehung. Wie sich herausstellte, war er mit seinen 40 Jahren bereits zweimal verlobt gewesen, bevor er mit der sechs Jahre jüngeren Natalie zusammenkam. »Beim ersten Mal fühlte es sich einfach nicht richtig an, also trennte ich mich und habe sie bestimmt sehr verletzt«, sagte Owen. »Beim zweiten Mal wohnten wir zusammen, und diesmal schien auch alles gut zu laufen. Doch kurz vor der Hochzeit merkten wir beide, dass es einfach nicht passte. Und jetzt, mit Natalie, wollte ich bewusst damit warten.« Er drehte sich zu seiner Freundin. »Ich weiß, Natalie, du möchtest wirklich gerne heiraten. Und ich rechne es dir hoch an, dass du mich nie gedrängt hast. Aber ich will ehrlich sein. Wenn ich mich jetzt binden müsste, würde ich dir sagen, dass ich noch Zeit bräuchte. Ich verspüre nicht den gleichen Druck wie du. Aber das heißt nicht, dass ich dich nicht liebe. Denn das tue ich. Und das weißt du auch. Ich schaue nicht nach anderen Frauen.«

In gewisser Weise stellte Owen nun umgekehrt Natalie auf die Probe, indem er herausfinden wollte, wie lange sie noch Geduld mit ihm haben und auf seinen Antrag warten würde. Als Kind hatte Owen die hässliche Scheidung seiner Eltern miterlebt und danach noch etliche weitere Ehen seines Vaters, von denen keine lange gehalten hatte.

»Owen«, sagte ich, »sehen Sie Ihre Entscheidungen, sich zu trennen oder Ihre Ansichten in puncto Ehe und Partnerschaft in irgendeinem Zusammenhang mit der Scheidung Ihrer Eltern und der weiteren Beziehungsgeschichte Ihres Vaters?« Ich wollte Owen helfen, sich mit den Ursprüngen seiner Beziehungsängste zu verbinden.

»Eine Ehe schafft offenbar immer Konflikte und führt zur Scheidung«, sagte er. »Mit Natalie habe ich eine wunderbare Beziehung, die beste, die ich je hatte, warum sie also zerstören?«

Ich wandte mich an Natalie. »Ich möchte, dass Sie wissen, dass nichts falsch daran ist, eine feste Bindung zu wollen. Sie haben alles Recht dazu. Doch der richtige Weg dorthin kann nicht sein, Owen ständig auf die Probe zu stellen. Damit erreichen Sie höchstens das Gegenteil.«

»Wenn ich eins gelernt habe«, sagte Owen ganz offen, »dann das: Es ist allerhöchste Zeit, dass mich meine Erfahrungen der Vergangenheit nicht mehr davon abhalten lassen dürfen, mit dir zusammen im Hier und Jetzt zu leben. Ich möchte mich meinen Ängsten stellen und dich – und mich selbst – nicht mehr enttäuschen.«

»Also, Natalie, ich denke, Sie stehen in der Tat an einem Wendepunkt«, sagte ich. »Sie lieben Owen, ganz klar, und er liebt Sie, aber zu dieser Tatsache gehört auch, dass er es sich vielleicht nie anders überlegen wird. Dass er vielleicht nie ›bereit‹ sein wird. Mein Vorschlag wäre, dass Sie für sich entscheiden, wie lange Sie mit ihm weiterhin eine, wie Sie sagen, unverbindliche Beziehung führen wollen. Drei Monate? Sechs Monate? Ein Jahr? Länger? Können Sie ihn lieben, auch wenn die Dinge so bleiben wie sie sind?«

»So schwierig es klingt, es leuchtet mir ein«, sagte sie.

»Und dann, irgendwann, kommen Sie an einen Punkt, wo Sie sagen können: ›Owen, weißt du, es sind jetzt soundsoviele Monate vergangen, und ich liebe dich nach wie vor, aber es wird Zeit für mich weiterzugehen.‹ Verstehen Sie, was ich meine? Es geht nicht darum, ihm ein Ultimatum zu setzen. Es geht darum, dass *Sie* entscheiden, womit Sie glücklich und zufrieden sind. Ich denke nicht, dass Sie ihn weiterhin auf die Probe stellen werden, ich denke, Sie haben es verstanden.«

Meine Klienten finden in meiner Sprechstunde meist nicht direkt zu den *Lösungen* ihrer Probleme. Vielmehr ist es das *einsichtsvolle Verstehen*, das sie hier auf meinem Sofa erfahren und das sie zu einer Lösung hinführt. Manchmal habe ich den Eindruck, das Sofa fungiere als eine Art zweiter Therapeut.

Natalie und Owen hatten nicht so lange in der Konfliktschleife verbracht wie andere Paare aus diesem Buch, entsprechend brauchten sie auch nicht so lange, sie in einen Liebeskreis umzuwandeln. Als sie meine Praxis an jenem Tag verließen, gab es keine Garantie, dass Owen jemals fähig sein würde, eine verbindliche Beziehung einzugehen, und es gab auch keine Garantie, dass Natalie bei ihm bleiben würde, bis er zu einer endgütigen Entscheidung bereit wäre. Doch nachdem sie die wahren Gründe für ihr jeweiliges Verhalten erkannt hatten, mit dem sie der Konfliktschleife immer näher kamen, waren sie zumindest in der Lage, eine Entscheidung zu treffen, die sich für beide richtig anfühlte und die ihren jeweiligen Wünschen entsprach. Sie legten nach und nach ihre Ängste ab und verzichteten auf Bewährungsproben. Dabei lernten beide viel über sich selbst und ließen einen gewaltigen Berg hinter sich.

Quick Tipp
♡

Den Partner nicht testen, sondern fragen

Es gibt zwei Möglichkeiten, um sich Aufschluss über den Zustand einer Beziehung zu verschaffen: den direkten und den indirekten Weg. Wer zum Beispiel wissen will, ob sein Partner ihn wirklich liebt, kann ihn direkt fragen. Der zweite, indirekte Weg führt über Bewährungsproben, mitunter ganz schön große. Wer diesen Weg einschlägt, wird die Zuwendung seines Partners testen und ihn immer weiter provozieren, um herauszufinden, wie weit er gehen kann. Doch auch kleine Provokationen sind möglich – wie zum Beispiel den Hund im Garten laufen zu lassen, anstatt mit ihm Gassi zu gehen, oder die Milch nicht aus dem Glas, sondern direkt aus der Packung zu trinken. Vielleicht denken Sie auch: *He, ich hab den Abwasch heute nicht gemacht, und sie hat sich gar nicht aufgeregt! Mal sehen, was sie mir sonst noch so durchgehen lässt.* Doch diese vielen kleinen »Proben« können sich bis zum Beziehungsaus summieren.

Das Austesten kann auch darin bestehen, Absprachen nicht einzuhalten (beispielsweise bei Telefonaten lautstärkemäßig Rücksicht zu nehmen oder sich für den fest verabredeten gemeinsamen Abend nichts anderes vorzunehmen). Wir alle kennen diese Spielchen, wir alle spielen sie vielleicht hin und wieder mal. Wir stellen unseren Partner bewusst auf die Probe, um zu sehen, was passiert. Schluss damit! Dieser Quick Tipp hilft Ihnen dabei.

Anstatt überall im Haus leere Weinflaschen herumstehen zu lassen oder abzuwarten, bis Ihr Partner das ausufernde Minus auf der Kreditkarte bemerkt, fragen Sie sich lieber, welche Angst Sie treibt, die Liebe Ihres Partners immer wieder auf die Probe zu stellen. Welche Unsicherheiten und Ängste versuchen Sie durch Ihr Verhalten zu beschwichtigen? Was wollen

Sie ihm mit den vielen leeren Weinflaschen im Haus sagen – *Wenn du mich lieben würdest, dann würde ich nicht ...*? Spielen Sie das Wenn-Dann-Spiel?

Oder denken Sie: *Ich trinke immer mehr. Ich mache mir deshalb richtig Sorgen, du nicht? Wenn du mich lieben würdest, würde dir auffallen, dass ich jeden Abend später heimkomme.*

Das Grenzenaustesten ist weit verbreitet. Hören Sie auf damit. Sprechen Sie auch schwierige Probleme offen und ehrlich an. Stellen Sie die Fragen, die Ihnen am meisten auf der Seele brennen. Ein einfaches »Liebst du mich *wirklich*?« reicht oft nicht aus. Versuchen Sie, gemeinsam mit Ihrem Partner herauszufinden, warum Sie das beständige Gefühl der Bestätigung und Rückkopplung brauchen. Greifen Sie notfalls auf professionelle Hilfe zurück, oder suchen Sie nach Wegen, auf denen Ihr Partner seine Liebe durch Taten ebenso wie durch Worte beweisen kann. Bitten Sie Ihren Partner ganz direkt um Antworten auf die Fragen, die Sie am meisten plagen, und Sie müssen ihn nicht auf die Probe stellen. Doch das erfordert emotionalen Mut!

Fluchtgedanken

Nach zehn Jahren praktischer Erfahrung als Paartherapeutin weiß ich, dass Frauen sich häufiger entschließen als Männer, ihre Ehe zu beenden. *Mann* geht meist nur dann, wenn er unglücklich ist oder eine andere im Spiel ist, was *frau* oftmals längst gespürt hat. Insofern kommt die Trennung für sie nicht ganz aus heiterem Himmel. Ist es hingegen die Frau, die geht, ist dies für den Mann oft wie ein Schlag vor den Kopf, auch wenn sie ihm jahrelang Sätze gesagt hat wie »Du musst unbedingt mit mir reden. Ich brauche mehr. Ich habe das Gefühl, wir leben uns auseinander. Ich fühle mich einsam zu zweit.« Kommt ein Paar dann zu mir in die Therapie, ist dies für den Mann noch lange kein Weckruf. Erst, wenn die Frau tatsächlich ihre Koffer packt und geht, wacht er auf und erkennt den Ernst der Lage. Einer dieser Männer war Dan. Er und seine Frau Cheryl kamen zu mir, kurz nachdem ihr drittes Kind zum Studieren aus dem Haus war.

»In 23 Jahren Ehe habe ich immer wieder gesagt: ›Schatz, komm, lass uns dies machen. Lass uns das machen. Ich möchte mehr Nähe, mehr reden.‹ Doch es war müßig. Er sagte dann immer: ›Ja, Schatz, dann mach doch. Ich hab allerlei zu tun, muss Papierkram erledigen und so fort.‹ Also habe ich irgendwann gar nicht mehr gefragt. Und ganz ehrlich? Ich will die nächsten Jahrzehnte nicht weiter neben ihm herleben wie in einer WG«, sagte Cheryl.

»Nun, Dan, was sagen Sie dazu?«, fragte ich ihn.

»Ich höre zu«, sagte er.

»Genau das meine ich«, sagte Cheryl. »Ich habe nicht die emotionale Ausdauer, dir ständig in den Hintern zu treten oder dich so lange zu plagen, bis du etwas mit mir unternimmst. Ich bin es leid, diejenige zu sein, die sagt: ›He, dein Dad ist gestorben, und du hast nie darüber gesprochen, wie es dir damit geht. Möchtest du vielleicht darüber reden?‹«

»Und je weniger Dan zur Verfügung stand, desto mehr hielten Sie Ausschau nach Zuspruch und Bestätigung außerhalb der Beziehung, richtig? Sie haben versucht auszubrechen«, sagte ich.

»Aber ich habe jahrelang doch alles versucht, habe versucht, ihn zu bewegen, sich mehr zu öffnen, mit mir zu reden. Aber es ändert sich einfach nichts. Ich brauche mehr. Ich muss eine tiefere Verbindung spüren.« Sie drehte sich zu ihrem Mann, erwartete irgendeine Reaktion. Dan hatte die Hände auf seine Oberschenkel gelegt und nickte nur bedächtig.

»Dan, wie fühlen Sie sich, wenn Sie Cheryl so hören?«, fragte ich.

Er schnaufte hörbar aus. »Ich weiß nicht, wie ich ihr das geben kann, was sie möchte. Dabei will ich das.« Er drehte sich zu seiner Frau und schaute sie an. »Und ja, ich weiß, du brauchst mehr«, sagte er. »Ich will dir ja mehr geben. Aber ich ... ich weiß einfach nicht, wie.«

»Damit haben eine Menge Männer zu kämpfen«, sagte ich. »Männer tun sich meist schwer, die richtigen Worte zu finden. Und manchmal vergessen wir Frauen das einfach, weil wir gerne reden, über jede noch so winzige Kleinigkeit, über Gefühle ... es macht uns Spaß und ist etwas völlig Natürliches, eine Art Freizeitsport. Männer dagegen reden nicht wirklich gerne, und es fällt ihnen auch nicht leicht.«

Cheryl und Dan lachten beide verhalten, und ich spürte, wie die Spannung im Raum sich etwas löste.

»Ein Anfang, Dan, könnte folgendermaßen aussehen – ich weiß, es fällt Ihnen schwer, aber versuchen Sie es. Schauen Sie Ihre Frau an und fragen Sie sie: ›Was kann ich tun, um dir das Gefühl zu geben, in unserer Beziehung nicht einsam zu sein?‹«

Er schaute Cheryl an, fragte sie, und Cheryl antwortete: »Du könntest mir erzählen, wie du dich gerade fühlst.«

Dan überlegte kurz. »Kann aber sein, dass es mir nicht gut gelingt ...«

»Macht nichts, Schatz«, sagte Cheryl.

»Niemand hier verlangt, dass Sie perfekt sind«, bemerkte ich. »Atmen Sie einfach tief in sich hinein, spüren Sie Cheryls Worten nach: ›Ich liebe dich, und ich möchte dich nicht verlassen, aber ich brauche mehr.‹ Was empfinden Sie? Versuchen Sie, sich mit den Emotionen, die

Sie gerade fühlen, zu verbinden, jetzt in diesem Augenblick. Das fällt mitunter schwer, ich weiß. Leichter wird es, wenn Sie zunächst darauf achten, was körperlich fühl- und erfahrbar ist.«

»Ich fühle mich tieftraurig«, sagte er.

»Wo genau in Ihrem Körper fühlen Sie das?«

»Tief in meinem Herzen. Ich spüre Tränen aufsteigen.«

»Gut, dann wenden Sie sich jetzt an Ihre Frau.«

»Ich sehe ein, dass ich nicht gerade der Tollste war«, sagte er langsam. »Ich war selbstgefällig, widerborstig sogar. Dass du da warst und immer da sein würdest, erschien mir selbstverständlich. Aber es würde mir das Herz brechen, dich zu verlieren.«

»Dan, was fühlen Sie noch?«, fragte ich.

»Ich frage mich, ob es ist, wie es ist, weil du einen anderen kennengelernt hast.«

»Ich kann dir versichern, dass es hier nicht um einen anderen geht«, erwiderte Cheryl. »Aber ja, nachdem ich dich jahrelang gefragt habe, ob wir zusammen dies oder das machen, bin ich ja auch wieder allein zu diesem Foto-Workshop gegangen … und dort habe ich tatsächlich jemanden kennengelernt. Er ist mir ein guter Freund geworden, nicht mehr. Er war mein Workshop-Partner, und wir arbeiteten bei etlichen Projekten zusammen. Es war spannend und interessant. Aber du hast ja nicht einmal gefragt, wie der Workshop war oder meine Fotos sehen wollen. Ich treffe ihn noch ab und zu, und es ist jedes Mal nett.

Er hat eine Scheidung hinter sich und bereut so einiges in seinem Leben. Es ist schön, mit jemandem zu reden, der offen über seine Gefühle spricht. Und ehrlich gesagt, habe ich mich manchmal gefragt, wie es wäre, mit jemandem wie ihm zusammen zu sein. Eins aber ist ganz klar. Wenn ich Trennungsgedanken habe, dann nicht, weil ich mit ihm oder sonst wem eine Beziehung anfangen will. Ich denke einfach darüber nach, wie es wäre, mein Leben als Single zu leben. Es stimmt, ich habe in den letzten paar Jahren öfter mal über eine Trennung nachgedacht. Ich muss mich einfach selbst finden.«

»Streiten Sie beide?«

»Früher schon. Da waren es Machtkämpfe. Heute nicht mehr. Jeder macht sein Ding. Es ist eine Art stiller Pakt … ein toter Pakt, wie ich finde«, sagte Cheryl.

»Wie ist das für Sie, wenn Sie Ihre Frau von einem anderen Mann schwärmen hören? Was empfinden Sie?«, fragte ich Dan.

»Ich weiß nicht«, sagte Dan. »Ich bin wie gelähmt. Ich will einfach nicht, … dass du mich verlässt«, sagte er mit einer von Schluchzen erstickter Stimme.

Während Dan sich eingeigelt hatte, hatte Cheryl sich gefragt, was das Leben wohl sonst noch zu bieten hatte. Und nicht nur das, sie hatte sich überdies auch ausprobiert, hatte ein Leben ohne Ehe, ohne Dan erkundet. Indem sie besagten Foto-Workshop sowie zahlreiche Selbstfindungskurse machte, fand sie ein Gefühl der Erfüllung, das ihr in ihrer Beziehung fehlte. Außerdem konnte sie so ausprobieren, wie es wäre, als Single zu leben. Und sie kam zu dem Schluss, dass es ihr alleine besser ginge. Mit dieser Erkenntnis befindet sie sich in Gesellschaft vieler Paare, nachdem die Kinder aus dem Haus sind. Wenn das Nest leer ist, wenn Kinder und allerlei Drumherum den Alltag nicht mehr bestimmen, macht sich bei vielen Frauen eine plötzliche innere Leere breit, sie spüren, dass sie unglücklich sind, suchen sich neue Betätigungsfelder und gehen fest davon aus, dass das Leben dort draußen noch mehr zu bieten hat.

Frauen genießen heute eine größere finanzielle Unabhängigkeit und bessere Karrierechancen als noch zu Großmutters Zeiten. Sie können daher heute viel leichter ausbrechen, wenn sie in ihrer Beziehung unglücklich sind. Cheryl war eine dieser Frauen. Sie sagte sich: *Ich will mehr, und wenn ich das mit dir nicht haben kann, lebe ich lieber allein.* Sie hatte sich in den vergangenen zehn Jahren langsam von ihrem Ehemann entfernt und nun den emotionalen Mut gefunden, ihrem Mann zu sagen, dass sie mehr möchte als nebeneinander herzuleben. Und davon konnte sie auch eine 45-minütige Therapiesitzung nicht einfach so abbringen. Immerhin beschloss sie am Ende, mit dem Ausziehen noch zu warten.

»Ich möchte erst einmal hören, wie es seiner Meinung nach weitergehen soll«, sagte sie.

»Ich möchte gerne einmal die Woche zur Therapie. Du auch?«, fragte Dan.

»Ja, ich auch«, sagte Cheryl. »Ich habe zwar nach wie vor das Gefühl, mich in den normalen Beziehungstrott zu fügen, aber …«

»Lieben Sie ihn?«, fragte ich.

»Ja, das tue ich, tief drinnen. Ja. Aber ich kann nicht sagen, dass mein Herz vollkommen offen und bereit für ihn ist«, sagte Cheryl.

»Aber das waren Sie sicherlich einmal, immerhin haben Sie sich irgendwann in ihn verliebt und sind all diese Jahre bei ihm geblieben, richtig?«, fragte ich.

»Du warst wie ein heller Sonnenschein«, warf Dan ein. »So voller Energie, so voller Leben, so begeisterungsfähig. Es war so leicht, mit dir zu reden. Du warst so frei und offen, das gefiel mir sehr.«

»Und mir gefiel, dass er so bodenständig war, so vernünftig, so ernst«, sagte Cheryl. »Er war Geschäftsmann in einem traditionellen Beruf, sehr verlässlich – eine Eigenschaft, die ich in einem Mann suchte, mit dem ich den Rest meines Lebens verbringen wollte. Die meisten Männer, die ich vor ihm hatte, waren mehr die Künstlertypen … Schauspieler, Schriftsteller. Sie waren lustig, unterhaltsam und leidenschaftlich, aber, wie ich mit der Zeit erkannte, eben nicht der Typ Mann, mit dem ich eine Familie gründen und ein Leben aufbauen wollte. Dann lernte ich Dan kennen.« Sie drehte sich zu ihm. »Dann habe ich *dich* getroffen. Mit dir wurde ich ruhiger, gefestigter. Es fühlte sich an wie das perfekte Yin und Yang.« Sie wandte sich wieder an mich. »Aber heute scheint er sich für nichts mehr zu interessieren ... er äußert sich nie zu irgendetwas.«

»Nie?«, fragte ich.

»Na ja, manchmal schreibt er mir kleine Kärtchen oder schickt mir SMS, die so schön sind, so poetisch, so innig, und dann denke ich, genau das ist es, was mich noch bei ihm hält. In diesen Momenten sehe ich die Liebe und die Zärtlichkeit ... trotzdem denke ich, das reicht mir nicht, ich will immer noch mehr. Wo ist er, mein Mann? Wo ist er die meiste Zeit?«, sagte Cheryl.

»Ich will auch mehr«, sagte Dan.

Wie bei all den anderen Paaren, deren Geschichten ich in diesem Buch erzähle, gab es auch für Dan und Cheryl kein einfaches Lösungskonzept, hübsch verpackt und mit einer Schleife versehen. Dan tat sein Bestes, aber er war im Laufe der Jahre selbstzufrieden geworden und hatte die Beziehung zu Cheryl für selbstverständlich gehalten. Auch Cheryl hatte *jahrelang* ihr Bestes getan. Sie hatte einst eine sehr »gesunde Wahl« für das eigene persönliche Lebensglück getroffen, das sie heute in ihrer Ehe so nicht mehr erfahren konnte und das sie in einer potenziellen Affäre mit dem Mann aus dem Foto-Workshop suchte. Sie hatte eine Grenze überschritten.

An diesem Punkt gab es keine Garantie, dass Dans erneuerte Versprechungen diese Ehe retten würden. Doch indem sie ihre Konfliktschleife offen zur Sprache brachten, sich mit den stillschweigenden Übereinkünften, die sich zwischen ihnen eingeschliffen hatten, auseinandersetzten und sich bewusst machten, was auf dem Spiel für sie stand, gaben Dan und Cheryl sich die beste aller Chancen für ein neues Beziehungsglück. Und das kann auch Ihnen gelingen. Lesen Sie weiter!

Quick Tipp

Geben Sie sich ein Jahr!

Was ich meinen Klienten immer sage, egal, ob sie als Einzelperson oder Paar zu mir kommen, ist Folgendes: »Bevor Sie Schluss machen, weil Sie glauben, Ihr Partner sei das Problem, geben Sie sich ein Jahr Zeit, um an sich selbst zu arbeiten. Lernen Sie hinzuschauen und Ihre Beziehung in Ruhe zu reflektieren ... *bevor* Sie gehen. Lösen Sie sich von der irrigen Überzeugung, Sie müssten Ihren Partner ändern, um selbst glücklich zu sein. Tun Sie, was Sie tun müssen, um innerhalb vereinbarter Grenzen Verantwortung für Ihr eigenes Glück zu übernehmen.«

Wenn Sie sich wie Dan und Cheryl in einer Abwärtsspirale befinden, befeuert durch Gleichgültigkeit, Selbstzufriedenheit und Hoffnungslosigkeit, dann sind Sie sich dieses eine Jahr schuldig. Nehmen Sie sich diese Zeit, um jeder für sich zu wachsen, damit auch die Beziehung wieder wachsen und gedeihen kann, und nicht auseinanderbricht. Und was ist schon ein Jahr, wenn Sie so wie Dan und Cheryl bereits viele Jahre zusammen sind? Das heißt aber nicht, dass Sie sich auf Teufel komm raus durch dieses eine Jahr hindurchquälen sollen, so wie all die Jahre zuvor. Wenn Sie sich auf dieses eine Jahr einlassen, dann ganz bewusst und mit festen Vorsätzen. So wie Cheryl, die die Freundschaft mit dem Mann aus dem Foto-Workshop beendet hat. Auch wenn sie mit ihm keine sexuelle Affäre hatte, so hatte sie doch damit geliebäugelt und damit eine Grenze überschritten. Eine nicht sexuelle Beziehung kann eine Partnerschaft ebenso gefährden wie eine sexuelle, in manchen Fällen sogar stärker.

Dan fasste den Vorsatz, eine Therapie zu machen und sich aus seiner Komfortzone hinauszubewegen. Und Sie? Mit welchen Vorsätzen wollen Sie dieses Jahr zur Rettung Ihrer Beziehung beginnen? Die Gefahr dabei ist, dass Sie sich den Vorsätzen Ihres Partners fügen. Oder anders gesagt, dass Sie sich ein ganzes Jahr lang nach seinen Regeln richten und zusehen, dass Sie sich irgendwie zusammenraufen. Doch das ist der

> falsche Ansatz, den Sie nicht durchhalten werden. Sie müssen aus dem Herzen heraus *entscheiden* und ohne eine Garantie auf Erfolg die Ärmel hochkrempeln, auf Ihren Partner zugehen, Änderungen vornehmen und Erlebnisse teilen, die der Beziehung und Ihnen selbst neue Nahrung geben. Wenn Sie sich bewusst dafür entscheiden, Ihren Partner glücklich zu machen und die Beziehung zu bereichern, werden Sie nicht das Gefühl haben, faule Kompromisse einzugehen. Überlegen Sie daher, was Sie im Laufe eines Jahres alles tun können, um die Beziehung zu schaffen, die Sie sich wünschen. Geben Sie Ihr Bestes – geben Sie Ihr ganzes Herz und Ihre ganze Seele hinein. So ein Beziehungs-TÜV mag ein ganzes Jahr dauern, doch der Entschluss dazu nur wenige Minuten.

Findungsphasen

Die eigene Rolle zu finden und Aufgaben abzustimmen ist in traditionellen Familienkonstellationen mitunter schwierig genug: Wer packt die Pausenbrote? Wer zahlt die Rechnungen? Wer kümmert sich um die Kinder bei aufgeschlagenen Knien? In Patchworkfamilien, wie es sie heute mehr und mehr gibt, kann es umso schwieriger sein, in diese Rollen hineinzufinden. Um herauszufinden, wer welche Rolle in diesem neuen Familiengefüge spielen soll, hilft meist nur eins: Herumprobieren. Und das tun in einer Patchworkfamilie zunächst alle – die Kinder, die Ex-Partner, Sie selbst. Es ist ganz normal und braucht Zeit, seine Rolle und seinen Platz in der neuen Familie zu finden und dabei auch Fragen zu stellen wie: »Liebst du deine Kinder mehr als mich?« »Hängst du noch an deiner/deinem Ex, oder bin ich jetzt die Nummer eins?«

Aber es wirken auch wunderbare, positive Absichten in dieser Findungsphase. Zum Beispiel gibt sich die neue Stiefmama, die geliebt und akzeptiert werden will, alle Mühe, die Situation so ungezwungen wie möglich zu gestalten und den Kindern ausreichend Freiraum zu lassen; oder der neue Stiefpapa zeigt sich von seiner coolsten und lässigsten Seite. Eine Konfliktschleife entsteht in dieser Phase dann, wenn nicht explizit darüber gesprochen wird, dass es sich um eine Eingewöhnungsphase handelt oder wenn Grenzen ausgetestet werden, um zu sehen, wie weit man in der neuen Konstellation gehen kann. Letzteres trifft insbesondere auf die Kinder einer Patchworkfamilie zu. Der für Sie und Ihren Partner wunderbare Neubeginn ist für die betroffenen Kinder oft mit seelischen Qualen verbunden, denn sie wurden nie gefragt. Sie haben sich diesen Partner ausgesucht, es war nie die Wahl der Kinder, und so können Sie wohl kaum damit rechnen, dass sie einen Luftsprung machen.

Schauen wir uns Claire und Nathan an, ein frisch verheiratetes Paar mit Kindern aus jeweils erster Ehe.

»Claire ging mit den Kindern zum Filmabend in der Schule, aber meine Tochter Cassie hatte ihre Hausaufgaben noch nicht gemacht. Daraufhin erhielt meine Exfrau Carol am nächsten Tag einen Anruf von der Schule, und ich durfte mir ihre Vorwürfe anhören«, sagte Nathan, nachdem er in meinem Sprechzimmer Platz genommen hatte. Wenn Sie nun prompt verstehen, was er eigentlich damit sagen will, Glückwunsch, dann sind Sie wohl selbst ziemlich geübt in dieser besonderen Sprache von Patchworkfamilien.

»Sie hatte mir gesagt, sie sei fertig mit ihren Hausaufgaben«, sagte Claire, sichtlich verärgert.

»Ich weiß, Liebling, aber Cassie ist zwölf. Da kannst du nicht alles, was sie sagt, für bare Münze nehmen.«

»Mal langsam, ganz ruhig, ich muss mir erst einmal ein Bild verschaffen«, sagte ich, um diesen Schwall erregter Worte, der sich da über mich ergoss, einzudämmen. »Geben Sie mir doch zuerst einmal einen kurzen Überblick über Ihre Beziehungsgeschichte, damit ich weiß, worum es geht.«

»Klar«, sagte Nathan mit einem sympathischen Lächeln. »Vor einem Jahr noch waren Claire und ich jeweils anderweitig verheiratet. Claire mag meine Kinder sehr. Doch in letzter Zeit lief es nicht mehr so gut. Die Spannungen bauen sich schon seit einer geraumen Weile auf. Seit wir zusammenzogen und vor sechs Monaten heirateten, scheint der Wurm drin zu sein, ständig kommt es zu irgendwelchen Machtkämpfen. Auch zwischen Claire und meiner Exfrau gibt es größere Spannungen.«

Nathan erklärte mir, dass Claire sehr hart daran gearbeitet hatte, dass seine Mädchen sie mochten. Und das wussten die Mädchen natürlich und drängelten sie, ihnen Klamotten zu kaufen und abends lange wach bleiben zu dürfen. Sie hatten versucht, ihre Grenzen auszuloten.

»Es ist einfach alles durcheinandergeraten«, sagte Claire.

»Inwiefern durcheinander?«, fragte ich.

»Na ja«, sagte Nathan. »Claire und ich scheinen ständig aneinander vorbeizureden, wenn es darum geht, wer was wann erledigen soll. Oder was den Mädchen erlaubt werden soll und was nicht. Claire kaufte Cassie neulich Klamotten, die Cassie sehr gefielen. Aber meine Exfrau hatte ein Problem damit. Sie rief mich daraufhin an, und das Ganze artete in einen heftigen Streit aus, bei dem ich mal wieder zwischen allen Stühlen saß.«

»Ich wollte ihr lediglich eine Freude machen«, sagte Claire. »Ich versuche, mich einzufühlen, herauszufinden, wie ich eine gute Stiefmama werde, wie ich eine Verbindung zu ihr kriege und eine gute Beziehung aufbauen kann. Aber manchmal habe ich das Gefühl, du unterstützt mich gar nicht dabei. Du stehst eher auf Carols Seite.«

»Ich möchte dich ja unterstützen«, sagte Nathan und

schaute seine Frau an. »Aber neuerdings kommt es mir vor, als wärst du gar nicht da.« Er wandte sich an mich. »Nachdem wir uns verlobt hatten und auch noch in den ersten Monaten unserer Ehe war Claire abends immer zu Hause, wenn die Mädchen bei uns waren. Sie hat dann immer ein großes Familienessen zubereitet. Heute, wenn ich von der Arbeit nach Hause komme, ist das Haus meist leer. Sie ist für gewöhnlich mit ihren Freundinnen aus oder im Fitnessstudio.«

»Tara, darf ich hier kurz einhaken und sagen, dass seine Ex zu allen möglichen und unmöglichen Nachtzeiten anruft und er ständig springt, wenn sie pfeift?« Claire schaute mich an, suchte in meiner Miene nach einem Zeichen von Verständnis. »Er ist dann stundenlang weg, und wenn ich ihn auf dem Handy anrufe, kriege ich zu hören, dass er noch zum Abendessen bleibt, einen tropfenden Wasserhahn repariert oder sonst irgendetwas tun muss. Ich glaube, Carol erfindet einfach Gründe, damit sie ihn anrufen und zu sich zitieren kann.« Sie drehte sich wieder zu Nathan. »Du sagst, du sitzt zwischen allen Stühlen, aber ich sitze zu Hause rum und grüble. Prima, dann mache ich eben mein eigenes Ding. Bin sowieso die meiste Zeit allein.«

»Ich *sitze* nun mal zwischen allen Stühlen. Carol ist die Mutter meiner Kinder, Ich kann sie nicht einfach ignorieren. Wir werden immer verbunden sein, allein durch die Kinder.«

»Ich verlange nicht von dir, dass du sie ignorierst. Mir

ist wirklich daran gelegen, dass ihr gut miteinander auskommt. Ich habe nur einfach das Gefühl, dass diese ewigen Machtkämpfe zwischen dir und mir, zwischen mir und deinen Kindern und zwischen mir und deiner Ex unsere Beziehung vergiften. Ich weiß, du tust dein Bestes, Liebling. Aber mir scheint, als würde es dir nur darum gehen, Carol alles recht zu machen, und mich siehst du gar nicht. Als wäre Carol dir wichtiger als ich.«

So schwierig es ist, als Patchworkfamilie zusammenzuwachsen, im Grunde stritten Claire und Nathan nicht wegen irgendwelcher Entscheidungen, die Claire in ihrer neuen Rolle als Stiefmutter traf oder wegen Nathans Exfrau. Auch bei ihnen ging es darum, sich im neuen Familiendasein zurechtzufinden. Das Zusammenleben in einer neuen Partnerschaft mit Kindern erfordert enorme Anstrengungen aller Beteiligten, um die jeweiligen Rollen und Plätze in diesem neuen Familiengefüge zu finden. Doch Nathan beging einen Fehler, den viele Männer in dieser Situation machen: Da er wollte, dass alle glücklich waren – seine Exfrau, seine neue Frau, seine Kinder –, vermied er jegliche Konfrontation und warf nur jedes Mal hilflos die Hände in die Luft, wenn er sich mal wieder »zwischen allen Stühlen« sah. Das führte dazu, dass am Ende keiner glücklich war. Ohne es zu wollen, hatte Nathan seine Kinder darin bestärkt, Claire für sich auszunutzen, und seine Exfrau darin, ständig in seine neue Beziehung hineinzufunken.

»Haben Sie beide je über die Herausforderungen gesprochen, die diese Übergangsphase mit sich bringt?«, fragte ich. »Eine schwierige Phase für alle Beteiligten – für Sie beide, für die Kinder und für Ihre Exfrau. Aber das ist alles absolut normal.«

Nathan schüttelte den Kopf. »Bis vor Kurzem noch lief alles prima. Es schien, als gäbe es gar nichts zu besprechen.«

»Dann fängt die Arbeit jetzt genau an diesem Punkt an. Jeder in der Familie muss diese Übergangsphase abschließen, damit Ruhe einkehren kann. Ich will Sie, Claire, deshalb fragen: Könnten Sie Nathan erklären, was Sie wirklich wollen? Was würden Sie sich von ihm wünschen?«

Claire rückte sich auf dem Sofa zurecht, streckte die Hand nach Nathan aus und berührte sein Knie. »Ich will nur wissen, dass ich ihm wichtig bin.«

»Du *bist* mir wichtig«, sagte er.

»Und ich will wirklich eine gute Stiefmama sein. Ich will, dass du das weißt. Ich fand es schön, abends für uns alle zu kochen, ein schönes Ritual, wie ich dachte, um beim gemeinsamen Abendessen langsam eine Beziehung zu deinen Mädchen zu entwickeln.« Ein versonnenes Lächeln umspielte ihre Lippen. »Es hat aber alles nichts geholfen, und so habe ich mir angewöhnt, abends nicht mehr da zu sein, wenn du nach Hause kommst, um zu sehen, ob es dir überhaupt auffällt.«

Nathan lachte. »Natürlich ist es mir aufgefallen! Aber

irgendwie hatte ich ein schlechtes Gewissen wegen der Scheidung. Und so habe ich erst recht alles getan, um meinen Kindern das sichere Gefühl zu geben, dass sie auch weiterhin von mir geliebt werden. Doch offenbar habe ich es darüber versäumt, dieses Gefühl auch *dir* zu geben!«

Quick Tipp

Was verstehen Sie unter Liebe?

Wie wir am Beispiel von Nathan und Claire gesehen haben, besteht eine der Herausforderungen, die Partner in einer Patchworkfamilie zu meistern haben, darin, für die neue Beziehung einzustehen und sich von außen von keiner Seite (weder von Kindern noch von Expartnern) hin- und herreißen zu lassen. Darum ist es so wichtig, dass Partner in Patchworkfamilien (wie in *jeder* anderen Familienkonstellation auch) sich grundsätzlich im Klaren darüber sein sollten, was sie in ihrer Beziehung unter Liebe verstehen. Um das herauszufinden, empfiehlt es sich, den Blick zurück in die Kindheit zu wenden und zu ergründen, mit welchen Vorstellungen von Liebe Sie aufgewachsen sind. Gehen Sie mit Offenheit und Neugier auf Ihren Partner zu und stellen Sie ihm folgende Fragen:

1. Wie hast du Liebe und Zärtlichkeit bei deinen Eltern erlebt (wenn überhaupt)? Wie hat sich ihre Liebe geäußert?
2. Haben deine Eltern ihre Liebe offen gezeigt? Wenn ja, in welcher Weise?
3. Inwiefern hat die Beziehung deiner Eltern dein eigenes Partnerschaftsverhalten geprägt? Welche Einstellungen hast du übernommen?
4. Liebe macht uns verletzlich. Liebe ist ein Geben und Nehmen. Wie stehst du zu diesen Aussagen?
5. Liebe geben, Liebe nehmen – wofür hast du dich in deinen bisherigen Beziehungen entschieden?
6. Was kam dabei heraus? Welche deiner Entscheidungen erwiesen sich als gut und gesund, welche als weniger gesund? Würdest du die gleichen Entscheidungen wieder treffen?
7. Hast du dich in einer früheren Beziehung jemals verletzlich gezeigt? Wenn ja, was passierte dann?
8. Vervollständige diesen Satz: Wenn ich mich zu 100 Prozent auf deine Liebe einlasse,

   _____.

9. Vervollständige diesen Satz: Eine Angewohnheit von mir, die mich weniger liebenswert macht, ist

   _____.

10. Was wäre, wenn du mir dein Herz vollkommen öffnen würdest?

HEARTwork

Wie Sie Tests in tiefes Vertrauen verwandeln

Übung 1: Test, Test, 1, 2, 3 …

Stecken Sie in einer Test-Konfliktschleife fest? Um das herauszufinden, lesen Sie die folgenden Aussagen und kreisen Sie jeweils die Zahl ein, die Ihrem Empfinden am nächsten kommt.

**1 = starke Ablehnung, 2 = Ablehnung,
3 = Zustimmung, 4 = starke Zustimmung**

---

1. Ich vermeide es, klar zu formulieren, was ich möchte, und warte erst einmal ab.

    1   2   3   4

2. Ich stelle meine Beziehung auf die Probe, indem ich mich körperlich wie emotional auf andere Personen einlasse (z. B. Expartner, enge Freunde etc.)

    1   2   3   4

3. Einer von uns beiden wird am Ende einlenken und nachgeben müssen.

    1   2   3   4

4. Wenn mein Partner Grenzen setzt, nehme ich dies als offene Einladung, sie auszutesten.

1 2 3 4

5. Ich wünsche mir von meinem Partner, dass er weiß, was ich brauche, ohne dass ich ihn darum bitten muss. Ihn direkt anzusprechen, traue ich mich nicht.

1 2 3 4

6. Wir betreiben regelrechte Liebestestspielchen.

1 2 3 4

7. Direkte Antworten bekomme ich nicht, also gehe ich den indirekten Weg, indem ich ihn verschiedene Tests unterziehe.

1 2 3 4

8. Ich will wissen, ob mein Partner mich wirklich liebt ... aber ihn direkt zu fragen, ist für mich keine Option.

1 2 3 4

9. Ich provoziere meinen Partner gern, einfach nur so.

1 2 3 4

10. Ich ertappe mich dabei, dass ich manchmal Dinge tue, von denen ich sicher weiß, dass mein Partner sie missbilligt.

1 2 3 4

11. Wenn ich meinen Partner ein bisschen triezen kann, fühle ich mich oft besser.

1   2   3   4

12. Ich flirte mit anderen, wenn ich genau weiß, dass mein Partner mich beobachtet.

1   2   3   4

13. Wenn mein Partner nicht tut, was ich möchte, finde ich immer subtile Möglichkeiten, es ihm heimzuzahlen.

1   2   3   4

14. Ich habe Angst, dass mein Partner mich verlässt, aber ich weiß nicht, ob diese Angst berechtigt ist.

1   2   3   4

15. Manchmal sage ich das eine und meine das andere.

1   2   3   4

16. Ich weiß nicht, warum ich der Liebe meines Partners nicht einfach vertrauen kann.

1   2   3   4

17. Ich lasse meinen Partner gern bildlich durch Ringe springen, die ich ihm hinhalte, um sich meine Zuneigung zu verdienen.

1   2   3   4

18. Ich halte gerne Kontakt zu meinen Verflossenen, will wissen, was sie so machen. Oder: Ich habe Sor-

ge, dass mein Partner Kontakt zu seinen Verflossenen hält.

1   2   3   4

19. Ich bin völlig durcheinander. Warum können wir uns nicht einfach vertragen und miteinander auskommen?

1   2   3   4

20. Ich habe das Gefühl, dass wir beide uns um die dominante Position in der Beziehung rangeln, dass jeder von uns Oberwasser haben will.

1   2   3   4

Punktebewertung: Addieren Sie die Zahlen, die Sie eingekreist haben, zu einer Gesamtsumme.

Unter 35: Sie stellen Ihren Partner nicht auf die Probe und er Sie wohl ebenfalls nicht. Das heißt aber nicht, dass Sie in keiner Konfliktschleife stecken, sondern wahrscheinlich nur nicht in dieser. Möglicherweise haben Sie sich und Ihre Beziehung an der einen oder anderen Stelle in diesem Buch wiedererkannt, was auch in den folgenden Kapiteln der Fall sein könnte. Lesen Sie also weiter!

35–50: Es fällt Ihnen schwer zu glauben, dass Ihr Partner es ernst mit Ihnen meint und Sie so liebt, wie Sie sind. Sie brauchen Liebesbeweise, das Gefühl der Bestätigung. Und das holen Sie sich, indem Sie Ihren Partner immer wieder auf die Probe stellen. Die folgenden Übungen helfen Ihnen, auf gesündere Weise dieses Gefühl zu bekommen.

51 und mehr: Aus welchen Gründen auch immer, Sie zweifeln an Ihrem Partner und an sich selbst. Sie sind derart unsicher in Ihrer Beziehung, dass Sie sie immer wieder auf die Probe stellen. Nur wenn Sie (oder Ihr Partner) ausnahmslos jeden Testfall bestehen, kann es für Sie weitergehen. Doch ein einziger Ausrutscher, so scheint es, und alles ist dahin. Überlegen Sie, ob Sie zusätzlich zu den HEARTwork-Übungen einen Therapeuten aufsuchen, der Sie bei Ihrem Veränderungsprozess begleiten kann.

Übung 2: Ursachen an der Wurzel packen

Wir alle testen, probieren, prüfen. Und das ist mitunter auch gut so. Zum Beispiel, wenn wir uns selbst auf die Probe stellen und testen, ob wir weitere zehn Situps schaffen oder ob wir es schaffen, diesem Kuchenstück zu widerstehen, das uns so süß anlacht. Es gibt aber auch andere Testformen, die uns genau von den Dingen fernhalten, die wir uns am meisten wünschen:

Liebe, Eintracht und ein Gefühl der Verbundenheit mit dem Partner. Indem wir ergründen, wo die Konfliktursache liegt, können wir die einsichtsvolle Erkenntnis erfahren.

Stellen Sie sich die unten aufgeführten Fragen, zum Beispiel morgens beim Joggen oder nachmittags bei einer Tasse Tee, und warten Sie einfach ab, bis die Antworten ganz von allein Gestalt annehmen. Sie können aber auch alle Fragen in einem Rutsch durcharbeiten, wenn Ihnen das lieber ist. Lassen Sie Gedanken, Bilder oder auch Erinnerungen ungehindert an die Oberfläche Ihres Bewusstseins steigen, und halten Sie Ihre Antworten schriftlich fest. Wenn Sie wollen, können Sie Gedankenbilder auch als kleine Zeichnungen erfassen. Und vergessen Sie nicht: Keiner muss Ihre Antworten auf diese Fragen erfahren, außer Ihnen. Teilen Sie Ihre Erkenntnisse und Einsichten nur, wenn Sie es wirklich wollen und wenn Sie bereit dazu sind.

1. Haben Sie Ihren Partner schon einmal einer Testsituation unterzogen? Dabei kann es sich um ein Austesten wie den bewussten und provokanten Schluck zu viel handeln, oder Sie haben »vergessen«, den Rasen zu mähen. Lassen Sie Ihre Wertung beiseite und betrachten Sie lediglich Ihre Handlungen.

2. Gehen Sie zurück in Ihre Kindheit. In welchen Situationen haben Sie bemerkt, dass Sie Grenzen austesten können (oder gar müssen), um Ihre Bedürfnisse befriedigt zu bekommen? Welche Begleitumstände gab es?
3. Haben die Tests die gewünschten Ergebnisse erbracht? Wie fiel das »Testergebnis« aus?
4. Welche Intention hat Sie zu diesen Tests motiviert? (Zum Beispiel: »Nur so kriege ich, was ich will«, oder »Nur so merkt er, wie wertvoll ich bin.«)
5. Was motiviert Sie in Ihrer aktuellen Beziehung, Ihren Partner zu testen? Möchten Sie zum Beispiel einen Gegenbeweis für Ihr Misstrauen? Führen die Tests zu den Ergebnissen, die Sie wollen? Versuchen Sie, andere die Probleme lösen zu lassen, die nur Sie selbst lösen können?
6. Wie wirkt sich Ihr Testverhalten auf Ihren Partner und Ihre Partnerschaft aus?
7. Sind Sie bereit, den Ängsten zu begegnen, die ursächlich hinter Ihren Testhandlungen stecken?

Übung 3: Entdecken Sie liebevolles Verhalten

Sie haben das Gefühl, Ihr Partner würde Sie auf die Probe stellen, sind sich aber nicht sicher? Dann gibt es nur eins: Klartext reden – den Elefanten beim Namen nennen, wie man so schön sagt. Es mag etwas Überwindung kosten, aber fragen Sie Ihren Partner ganz direkt: »Ich frage mich gerade ... interessierst du dich wirklich noch für deine/n Ex, oder stellst du mich auf die Probe?« oder: »Wieso kommt es mir vor, als würdest du ausprobieren, wie weit du gehen kannst?«

Aber es gibt noch einen zweiten Elefanten, und der sind Sie. Insofern lautet die andere direkte Frage, die Sie sich selbst stellen müssen: Warum mache ich die Spielchen meines Partners mit? Spiele ich insgeheim oder unbewusst mit, um einem bestimmten Problem aus dem Weg zu gehen? Wir beschließen einfach, nicht zu sehen, was wir sehen, oder nicht zu wissen, was wir wissen, im irrigen Glauben, dass es von allein verschwinden oder sich einfach in Luft auflösen wird. Es kann auch sein, dass wir nicht bereit sind, den emotionalen Mut aufzubringen, um der Wahrheit ins Auge zu sehen. Und so reden wir uns lieber ein, unseren Partner nicht belasten zu wollen, wenn wir in Wirklichkeit Angst davor haben, uns selbst damit zu belasten. Was erwarten Sie sich? Wenn Sie weiterhin alle Tests bestehen, was wird passieren? Wird Ihr Partner irgendwann aufhören, Sie auf die Probe zu stellen? Wird er eine Lehre daraus ziehen? Wird er Verantwortung übernehmen für das, was weiter geschieht?

Stellen Sie sich vor, Sie sind ganz allein. Niemand hört zu, niemand urteilt. Was spricht Ihr Herz? Haben Sie das Gefühl, dass Ihr Verhalten sich selbst und Ihrem Partner gegenüber ein liebevolles ist? Fragen Sie sich, wie so ein liebevolles Verhalten aussehen könnte. Egal, was Sie umtreibt, üben Sie sich darin, Ihren Partner in liebender, nicht wertender Weise darauf anzusprechen: »Schatz, ich mache mir etwas Sorgen wegen deines Alkoholkonsums. Willst du darüber reden?« Oder: »Schatz, du ziehst dich in letzter Zeit ziemlich aufreizend an, lässt dein Handy rumliegen, so dass ich die SMS von deinem Ex sehen kann. Hast du Zweifel an unserer Beziehung? Willst du darüber reden?« Gehen Sie einen Moment in sich, bieten Sie allen emotionalen Mut auf, um Ihre Beziehungsprobleme anzusprechen, und agieren Sie liebevoll, um nicht nur Ihr eigenes körperliches, seelisches und emotionales Wachstum zu unterstützen, sondern auch das Ihres Partners.

7.
Auseinanderleben ∞ Zusammenwachsen

Manche Menschen stürzen sich geradezu hinein in Prozesse von Lernen, Reifen und Wachsen. Es ist ihnen angeborenen, und sie finden es aufregend und spannend. Hier ein Workshop, der besucht, dort ein neues Gericht, das probiert, und noch ein neuer Ort, der besucht werden muss. Es ist ein bestimmter Typ Mensch, der möglicherweise schon als Kind von Natur aus einen nicht zu bändigenden Abenteuerdrang hatte. Andere hingegen halten es eher nach dem Motto »Meine Komfortzone will ich nicht verlassen!«. Dieser zweite Typ Mensch hatte als Kind möglicherweise einen ebenfalls großen Abenteuerdrang oder hat diesen Teil in sich als Erwachsener entdeckt, bekam dann aber irgendwann vermittelt, besser etwas leiserzutreten oder auf Nummer sicher zu gehen. Joseph Campbell sagte einmal »Follow your bliss«, was so viel heißt wie: »Folge Deinem Herzen!«. Doch das ist für diesen Typ Mensch leichter gesagt als getan. Wo und wie finden wir unser Glück? Beginnen wir mit einer der wichtigsten Zutaten für eine gesunde Beziehung – der Neugier. Mit der Neugier kommt oftmals das Feuer, die Leidenschaft, eine neue Richtung, eine große Entwicklung. Stellen Sie Ihrem Partner und sich selbst doch einmal Fragen nach dem folgenden Muster: »Warum fühlst du dich so?«; »Warum denkst du so?« Was ist das Schlimmste, das passieren kann, wenn Sie Ihren Partner auf diese Weise in ein Gespräch verwickeln?

Ob Sie von Natur aus einen nicht zu bändigenden Abenteuer- und Entdeckerdrang haben oder ob Sie ein eher reservierter und zurückhaltender Mensch sind, Veränderungen stellen sich im Laufe der Zeit immer ein, da Wachsen und Reifen an sich natürliche menschliche Prozesse sind und daher unvermeidbar. Manchmal aber geschehen auch Dinge, die von außen einwirken und einen zwingen, daran zu wachsen, ob man will oder nicht. Beispiel: Ein Elternteil stirbt. Oder: Ihr Partner verliert seinen sicher geglaubten Job, auf den Sie Ihre Lebensplanung gebaut haben. Oder: Ihre junge, gesunde Frau erhält die Diagnose Brustkrebs. Oder: Ihre Pläne, eine Familie zu gründen, sind nach unzähligen Fruchtbarkeitsbehandlungen endgültig passé oder bringen Drillinge hervor. Treten Ereignisse wie diese ein, wird sich Ihr weiterer Lebensweg definitiv verändern. Entweder Sie nehmen diese Veränderungen an und machen das Beste daraus ... oder Sie bleiben in einer Sackgasse stecken.

Eine liebevolle, erfüllte und dauerhafte Beziehung ist eine sich entwickelnde Beziehung, was bedeutet, dass sich beide Partner als Einzelpersonen wie auch zusammen als Paar entfalten können. Es ist dieses Zusammenwachsen, das den Reiz, das Interesse und auch die sexuelle Leidenschaft lebendig erhält. Wir alle kennen Sätze wie »Wir haben uns auseinanderentwickelt« oder »Ich habe mir diese Frau ausgesucht, weil ich sie spannend fand«. Ob es der Verlust des Arbeitsplatzes ist oder eine andere von außen bedingte Krise, unsichere Lebensphasen machen unsere Partnerschaft zerbrechlicher. Es gibt eine Frage, die sich zu bestimmten Zeiten im Leben immer wieder stellt: »Kann es das schon gewesen sein?« Und manchmal antworten wir darauf: »Wenn dem so ist, dann brauche ich mehr, und vielleicht muss ich dafür einige Dinge radikal ändern.«

Es ist, wie es ist: Paare wachsen entweder zusammen, oder sie entwickeln sich auseinander. Und machen Sie sich nichts vor. Wenn Sie bislang noch keine wirklich schwere Lebenskrise zu bewältigen hatten, eine von der Sorte, die eine Beziehung hart auf die Probe stellt, seien Sie gewiss – sie wird kommen. Wie werden Sie reagieren? Werden Sie irgendwann sagen können: »Wir haben die Job-Kündigung überstanden, wir haben den Brustkrebs überstanden, und wir sind immer noch zusammen, stärker als zuvor?« Oder werden Sie unfähig sein, mit den Veränderungen umzugehen … und beschließen, die Beziehung zu beenden? Mit anderen Worten: Werden Sie aneinander wachsen, oder werden Sie sich auseinanderentwickeln?

In diesem Kapitel werde ich Ihnen zeigen, wie Sie Ihre Beziehung stärken können. Sie haben die Chance, Ihre Beziehung neu zu gestalten, einen Schritt auf Ihren Partner zuzugehen und ihm zu zeigen, was Ihnen wichtig ist. Gemeinsame Erinnerungen wirken dabei wie Klebstoff, der kleine Probleme zu kitten vermag. Wir werden in diesem Kapitel außerdem in die Zukunft blicken, voller Zuversicht und in der aufrichtigen Hoffnung, dass alles, was kommen mag, noch schöner sein wird als sämtliche Erinnerungen, die Sie bislang teilen.

Sie müssen nicht aneinanderkleben und immer genau die gleichen Dinge tun, um zusammenzuwachsen. Will heißen, Sie müssen sich nicht beide für Sporttauchen oder Proust begeistern. Vielmehr gilt es, an persönlichem Wachstum und ständiger Weiterentwicklung zu arbeiten, begleitet von Wertschätzung und gegenseitigem Respekt. Mein Mann Eric, zum Beispiel, ist ganz wild auf Hörbücher, insbesondere auf Biographien von Präsidenten und historischen Figuren wie Winston Churchill, während ich eine leidenschaftliche Romanleserin bin und jeden Krimi verschlinge. Das ist meine ganz persönliche gesunde Flucht!

Nun, eines Abends, als wir zusammen kochten, erzählte er mir von der Bob-Dylan-Biographie, die er sich gerade angehört habe. Er kannte nur ein paar wenige Songs; ich hingegen kannte fast alle auswendig. Er erwähnte einen Titel, und schon stimmte ich die Melodie an. Da stand ich also und sang Dylan-Songs. Und fragen Sie mich nicht, warum, aber mein Mann liebt es, mich singen zu hören. Wir schnippelten zusammen Gemüse, schüttelten uns vor Lachen und hatten Spaß. Spaß! Also, vergessen Sie nicht: Der Trick besteht nicht darin, sich immer in allem einig zu sein, die gleichen Dinge gut zu finden oder genau das Gleiche zu tun wie der andere. Es geht darum, beständig zu wachsen und zu reifen. Wenn der eine sich weiterentwickelt und Neues für sich entdeckt, während der andere stehenbleibt, kommt irgendwann der Punkt, an dem man sich auseinanderlebt.

Ein neues Ich entwickeln

Tom und Susan wuchsen in einer Kleinstadt in Iowa auf. Toms Vater war Werkmeister bei John Deere, dem weltweiten Marktführer für landwirtschaftliche Maschinen, und Susans Vater betrieb ein Hotel. Susans Mutter sorgte dafür, dass Susan und ihre vier Geschwister mit Pausenbroten und gemachten Hausaufgaben pünktlich jeden Tag im Schulbus saßen. Sowohl Susans als auch Toms Eltern hatten mit Anfang 20 geheiratet und waren bis heute zusammen. Tom und Susan heirateten, als er 28 und sie 26 war, waren aber bereits seit Highschool-Zeiten ein

Pärchen. Nach der Highschool begann Tom, im Vertrieb eines Unternehmens für Bau-Schwermaschinen zu arbeiten, wo er mit dem Aufstieg auf der Karriereleiter rasante Gehaltssprünge machte. Kurz nach ihrer Heirat wurde Susan mit dem ersten Kind schwanger.

Während der Schwangerschaft bekam Tom von einem seiner Freunde aus Highschool-Zeiten eine Stelle als Verkaufsvertreter für Erntemaschinen im kalifornischen Santa Rosa angeboten. Mit dem Geld, das ihre Eltern als Starthilfe leihweise zusammengelegt hatten, kauften Tom und Susan ein Haus mit einem kleinen Garten in der Nähe von Petaluma, wenige Meilen südlich von Toms Arbeitsstätte. Das junge Paar packte alles, was es für den Start in ein neues Leben brauchte, in einen Transporter, und machte sich auf nach Westen bis an den Pazifik. Susan erzählte mir später, dass die Fahrt eines der schönsten Erlebnisse ihrer Beziehung war, nur sie und Tom (und das Baby in ihrem Bauch). Sie sprachen über ihre Hoffnungen und Träume, während sie Meile um Meile fuhren. Sie waren aufgeregt und gespannt, und alles schien möglich. Am allerwichtigsten aber, sie waren zusammen. Und einige Dinge verstanden sich von selbst: Tom würde seinem Geschäft nachgehen und eines Tages vielleicht ein eigenes betreiben, während Susan daheim bei den Kindern bleiben würde, so wie sie es von ihrer Mutter kannte.

Und schließlich war das erste Kind da, ein süßes Mädchen namens Grace. Susans Eltern hatten geplant, nach

Kalifornien zu fliegen, um ihrer Tochter im Wochenbett zur Hand zu gehen. Doch wenige Tage vor der Geburt hatte ihr Vater angerufen, um Susan zu sagen, dass ihre Mutter ein wenig krank sei und sie als frischgebackene Mama samt Baby nicht anstecken wolle. »Wir kommen dafür nächsten Monat«, versprach ihr Vater. Einen Monat später rief Susan ihre Eltern an, um sich zu versichern, dass es dabei bleiben würde. Ihr Vater aber schlug vor, dass Susan und Tom besser nach Iowa kämen, sobald die Kleine reisetauglich sei. Susan war sofort klar, dass irgendetwas nicht stimmte. Sie packte ihr Baby, stieg in den nächsten Flieger und kam gerade noch rechtzeitig, um ihre Mutter vor einer kurzfristig anberaumten Herzoperation noch zu sehen.

Ihre Mutter lächelte sie an und sagte: »Meine Süße, mach dir keine Sorgen, es wird alles gut gehen. Aber versprich mir eins – versprich mir, dass du deine Träume leben wirst. Tu, was dein Herz dir sagt.«

Susans Mutter wachte nicht mehr auf. Tom kam mit dem Flieger zur Beerdigung, und wenig später flog die junge Familie wieder zurück nach Kalifornien. Tom nahm seine Geschäfte in Santa Rosa wieder auf, und Susans Leben drehte sich um ihre Tochter Grace und das kleine Haus in Petaluma. Doch von nun an hatte Susan mit depressiven Gefühlen zu kämpfen. Tom zeigte Verständnis. Schließlich war Susans Mutter gerade gestorben. Doch als der depressive Zustand anhielt, aus einem Monat zwei wurden, dann drei, begann Tom sich zu fragen, wie lange es noch dauern würde, bis Susan »damit durch« wäre – wie er mir später erzählte. Er schlug Susan vor, ein zweites Kind zu planen, und er ermunterte sie, sich einer Strickgruppe anzuschließen. (Stricken war immer ein Hobby von ihr gewesen.) Als Susan dann mit ihrem Gynäkologen darüber sprach, gab der ihr die Visitenkarte einer hiesigen Paartherapeutin: Und das war meine.

Susan steckte die Karte weg, wohl wissend, dass Tom von einer Paartherapie nicht begeistert wäre. Stattdessen ließ sie sich auf ein zweites Kind ein, versuchte schwanger zu werden, obgleich sie mir später gestand, dass sie nicht mit dem Herzen dabei war und insgeheim hoffte, dass es nicht klappen würde. »Ich weiß nicht, was los war mit mir«, sagte sie später. »Ich habe ein wunderbares Kind, einen liebevollen Ehemann. Warum kann ich nicht einfach glücklich sein?« Hauptsächlich, um ihrem Mann einen Gefallen zu tun und ihm zu zeigen, dass sie alles versuchte, schloss sie sich einer Strickgruppe an. Freunde hatte sie in der neuen Heimat noch keine, und so dachte sie, dass ihr die Gesellschaft anderer Frauen ganz guttun würde.

Nun weiß ich zwar nicht, wie man sich Strickgruppen im Rest der USA vorzustellen hat, aber zumindest in der Bay Area um San Francisco sitzen dort keine Omas mit grauem Dutt und Stopfzeug in der Hand. Und so machte sich Susan an einem schönen Mittwochabend auf, ließ die kleine Grace bei einer netten Nachbarin und fuhr in das wenige Minuten entfernte Sonoma, um sich einer

Strickgruppe anzuschließen, für die sie eine Annonce auf einem Handzettel im Supermarkt gesehen hatte. Susan war prompt klar, dass sie hier nicht in Kansas oder Iowa war. Die Gruppe traf sich im Haus eines lesbischen Pärchens, das in der Weinindustrie tätig war. Die Frauen in der Gruppe waren jung, alt, Single oder verheiratet. Manche waren Hausfrauen und Mütter, andere waren Mütter mit Vollzeitjobs. Es gab auch eine 57-jährige Künstlerin, die jeden Tag ein Bild malte. Susan genoss das Stricken sehr, mehr noch den Wein und die Plaudereien, die ihr finsteres Gemüt wieder heller machten.

Susan blühte sichtlich auf, und Tom freute sich, dass sein Ratschlag offenbar genau der richtige gewesen war. Zwei Wochen lang lief alles prima. Danach begann Tom Susan zu fragen, wie lange sie gedenke, die kleine Grace der Nachbarin jeden Mittwoch zuzumuten und was er an jenen Abenden essen solle. Könnte sie auf Dauer nicht einfach zu Hause stricken? Susan wollte davon nichts wissen, und der Konflikt begann. Als sie eines Mittwochabends vom Strickkurs nach Hause kam, ein Programmheft der örtlichen Volkshochschule in der Hand, drehte Tom am Rad.

»Machst du Witze?«, fragte er. »Was ist mit unserem Plan?«

»Ich liebe dich. Ich liebe Grace. Aber ich will nicht so enden wie meine Mutter«, sagte Susan. »Ich möchte mit jemandem sprechen, der uns helfen kann.«

Was ihre Probleme einen Fremden angehen sollten, fragte Tom seine Frau. Das bringe doch nichts. Koste nur eine Menge Geld. Doch schließlich willigte er ein, Susan zuliebe eine Sitzung mitzumachen, und zwar unter der Bedingung, dass niemand davon erfuhr und er auch nie wieder mitkommen müsse, wenn er sich dort nicht wohl fühlen würde. Und so zog Susan die Visitenkarte heraus, die vier Monate lang in ihrer Sockenschublade gelegen hatte, und machte einen Termin bei mir.

Nachdem wir uns vorgestellt hatten, meldete sich Tom zu Susans Überraschung (und möglicherweise auch zu seiner eigenen) freiwillig als Erster zu Wort. »Also, Tara«, begann er. »Ich weiß nicht, was los ist mit meiner Frau. Alles war in bester Ordnung, bis ihre Mutter starb und sie sich dieser ... *Strickgruppe* anschloss.«

»Sind Sie sicher, dass alles in Ordnung war?«, fragte ich nach.

Susan fing sofort an zu weinen.

»Na ja ... vielleicht nicht«, sagte er. Es war offensichtlich, dass Tom traditionell eingestellt war, er war aber auch intelligent und verständig. »Wir stammen aus einer Gegend, wo die Kinder es so machen, wie die Eltern es gemacht haben. Das Leben war einfach und hat gut funktioniert. Dass jemand sich scheiden ließ, gab es nicht, weder in unserem Familien- noch in unserem Freundeskreis. Ich verstehe es nicht.«

Sie würde ihren Mann lieben, sagte Susan, machte aber

auch ganz deutlich, dass sie die Strickgruppe nicht aufgeben wolle. Tom wusste nicht mehr weiter, wie er gestand, und machte genau damit einen ersten vielversprechenden Schritt: Er versetzte sich damit in die Lage, die richtigen Fragen zu stellen. Tom war kein Typ, der einen Bogen um Probleme machte, er packte die Dinge vielmehr direkt und tatkräftig an. Diese Haltung brachte er auch in die Paartherapie mit. Er ließ keinen Zweifel daran, dass er garantiert alles daransetzen würde, seine Ehe zu retten und die Beziehung zu seiner Frau, die er aus tiefstem Herzen liebte, zu kitten und wieder in Ordnung zu bringen.

Für Susan und Tom bedeutete dies eine Überprüfung ihrer jeweiligen Rollen und Rollenbilder. Vor dieser Aufgabe stehen viele Paare. Gewiss, Tom und Susan folgten eher den traditionellen Geschlechterrollen, aber wir alle haben unsere einprogrammierten Muster, Ansichten und Prägungen. Sobald man sich aus einer vertrauten Umgebung herausgelöst und sich von Eltern, Freunden und eventuell auch dem geographisch bedingten, kulturellen Raum getrennt hat, hat man nun die Möglichkeit, die in der Kindheit oder durch die Gesellschaft vermittelten Werte und Überzeugungen zu hinterfragen. Man kann eine eigene Familie gründen und eigene Rollenbilder entwickeln. So wie bei einer Kindsgeburt geht auch das »Gebären« eines neuen, unabhängigen Selbst nicht ohne Schmerzen und Widerstände vonstatten. Nicht selten erzeugen Sie selbst unbewusst eine Abwehrreaktion auf das

Gefühl der Entwurzelung und des ziellosen Umhertreibens. Sie sehen sich mit bisher unbekannten Fragen konfrontiert und wissen nicht, wie Sie damit umgehen sollen.

Dieser Widerstand gegen Ihre persönliche Veränderung kann aber auch von Ihrem Partner kommen, der Sie bislang mit bestimmten Wertvorstellungen und Ansichten kannte, sich aber plötzlich mit einer völlig veränderten Realität konfrontiert sieht. Denn Sie haben sich weiterentwickelt und folgen nun einem völlig anderen Konzept. Dahinter steckt die unterschwellige Angst, dass Sie sich auseinanderentwickeln. Ihr Partner denkt: *Entfernst du dich gerade von mir? Und nimmst du die Liebe mit fort?*

»Man findet das richtige Mädchen, man heiratet, man kriegt Kinder, man liebt sich, und fertig. Das ist Glück«, sagte Tom.

»So denke ich auch. So bin ich auch«, sagte Susan. Im Rückblick aber, erzählte sie weiter, glaube sie nicht, dass ihre Mutter jemals glücklich gewesen war. Als Kind hatte sie ihre Mutter öfter mal weinen sehen, wenn diese sich unbeobachtet glaubte. Susan wusste nicht, warum, und erzählte niemandem davon, auch nicht ihren Geschwistern. »Ich beschloss einfach, nie mehr an diese Momente zu denken. Bis jetzt«, sagte Susan. »Du kannst gerne sauer auf mich sein oder mich hassen, wenn ich das jetzt sage, aber ich will nicht so enden wie meine Mutter. Ich habe fest vor, ein paar Volkshochschulkurse zu belegen.«

»Warum denn?«, fragte Tom.

»Ich weiß nicht, warum«, sagte Susan. »Ich weiß nur, dass ich mich weiterentwickeln will, auch künftig.«

»Tom, Sie müssen wissen, Sie sind hier in einer gänzlich neuen Umgebung, alle beide«, sagte ich. »Das ist auch für Sie eine Chance. Sie wollen so weiterleben wie gehabt – bevor Ihr Kind kam, bevor Ihre Frau ihre Mutter verlor, bevor Sie hierherzogen. Aber vielleicht können Sie sich ja für den Abend, an dem Susan nicht da ist, ebenfalls etwas vornehmen. Nicht, dass Sie sich sonst einsam fühlen.«

»Es gibt bei der Arbeit ein paar Jungs, die nach Feierabend regelmäßig zusammen weggehen. Ich sage dann immer, dass ich nach Hause muss. Aber vielleicht gehe ich das nächste Mal einfach mit …«

»Was wäre denn eine große, schöne Idee, die Sie gemeinsam umsetzen könnten, um Ihre Ankunft in dieser neuen Welt zu feiern?«, fragte ich.

Tom überlegte kurz. »Wir könnten eine Grillparty geben und Freunde einladen, deine Freundinnen aus der Strickgruppe und meine Kollegen von der Arbeit«, sagte er. »Aber … damit wird sich doch nicht gleich alles ändern?«

»Nein, natürlich nicht«, sagte ich. »Aber das Schöne daran ist doch, dass Sie beide immer noch die gleichen Werte haben. Die haben sich offenbar nicht verändert und sind nach wie vor ein wichtiger Teil Ihrer Beziehung. Und, Tom, Sie können sich wirklich freuen. Ich denke, Sie haben Ihrer Frau ein Geschenk gemacht, das größer ist, als Sie denken.«

»Was für ein Geschenk?«

Wir sprachen über die Tatsache, dass das Gemeinschaftsgefühl und neue Denkanstöße nicht die einzigen Dinge waren, die Susan in der Strickgruppe erfuhr. Und nicht zuletzt war es Tom gewesen, der ihr die Teilnahme an einer solchen Gruppe vorgeschlagen hatte.

»Erzählen Sie Tom, was Ihnen die Strickgruppe außer der Freude am gemeinsamen Hobby noch so alles gibt?«

Susan erzählte, wie diese Frauen ihr stets mütterliche Zuwendung und Hilfe anboten, wann immer es nötig war; und wenn sie Grace hin und wieder in die Gruppe mitnahm, war es, als hätte die Kleine eine ganze Kompanie von Großmüttern. Der Zuspruch und die aufmunternden Worte dieser Frauen hatten Susan in einer Weise geholfen, die sie sonst nie erfahren hätte.

»Das hast du für mich getan, Tom, und dafür liebe ich dich. Ich weiß wirklich nicht, wie ich den Verlust meiner Mutter überwunden hätte, noch dazu als frischgebackene Mami mit dem Umzug und allem Drumherum, wenn ich diese Gruppe nicht gehabt hätte. Ich kann mir gar nicht vorstellen, wie ich ohne ihre Unterstützung zurechtgekommen wäre.«

Mit dieser neuen Einsicht erkannte Tom, dass er letztlich bekam, was er immer wollte – eine zufriedene und glückliche Ehefrau. Er und Susan bekamen ein zweites Kind. Nachdem Susan ein Jahr lang halbtags auf eine weiterführende Fachschule gegangen war, machte sie ihren

Abschluss als Krankenpflegerin. Toms alte Ängste kamen wieder hoch, die er zusammen mit seiner Frau aber reflektieren und bewältigen konnte. Das Glück, das er empfand, seine Frau, seine Tochter und seinen neugeborenen Sohn reifen und gedeihen zu sehen, besiegte seine Ängste. Susan liebte ihre neuen Aufgaben, und sie liebte ihren Mann dafür, dass er sie darin unterstützte. Und Tom begann sogar, sich zu freuen, den Mittwochabend allein mit den Kindern zu haben und lernte ein paar einfache Kochrezepte, um sich und die Kinder satt zu bekommen, während Susan unterwegs war.

Quick Tipp
♡
Rollentausch

Wenn Sie Ihren Partner einengen, engen Sie sich selbst ein; wenn Sie ihm die Flügel stutzen, halten Sie sich selbst gefangen. Das bedeutet, dass Sie selbst einseitig Ihrer (oft durch das Geschlecht definierte) Rolle verhaftet bleiben, wenn Sie versuchen, Ihren Partner auf eine festgelegte Identität zu beschränken.

Egal, wer welche Rolle in Ihrer Beziehung innehat, versuchen Sie, diese einmal zu tauschen! Das kann kleine Hausarbeiten betreffen, wie etwa Wäsche zusammenzulegen, statt Abwasch zu machen, oder auch größere Dinge, wie etwa, die Kinder morgens für die Schule fertig zu machen oder abends das Essen zu kochen. Durch so einen Rollentausch erfahren Sie beide, was mit der Ausübung der jeweiligen Rolle tatsächlich alles verbunden ist. Er ermöglicht Ihnen einen Perspektivwechsel und damit auch die Chance, Handlungsalternativen zu entwickeln.

Quick Tipp
♡
Den Horizont erweitern

Wenn es um körperliche Herausforderungen geht, ist mein Mann Eric der Risikofreudigere von uns beiden, in anderen Lebensbereichen bin ich es. Um einem Machtkampf zuvorzukommen, haben wir die folgende Abmachung getroffen: Wenn einer von uns unbedingt etwas ausprobieren möchte, macht der andere wenigstens ein einziges Mal mit. Hat er keinen Spaß daran, muss er nie wieder mitmachen.

Beispiel: Erinnern Sie sich, als die San Franscisco Giants es in die World Series schafften? Ich merkte Eric förmlich an, dass er mir gerne davon erzählt hätte, es gerne gehabt hätte, wenn ich mich mit ihm vor den Fernseher gesetzt und ein Spiel verfolgt hätte, ja, vielleicht sogar ein wenig Begeisterung für seine geliebten Giants aufgebracht hätte. Nun interessierte mich Baseball nicht im Geringsten, doch als ich mich ihm zuliebe aufraffte, ein Spiel anzuschauen, hat es mich derart gepackt, dass ich heute, ob Eric zu Hause ist oder nicht, kein einziges Spiel verpasse. Das Gleiche passierte Eric. Ich wusste, dass ihm die wunderbare Yogagruppe, die ich regelmäßig besuche, gefallen würde. Er kam also (gemäß unserer Absprache) einmal mit und ist seither fest dabei.

Sie können nicht erwarten, dass Ihr Partner sich von Grund auf ändert oder sich nach Ihren Vorstellungen verbiegt. Aber wenn Sie machbare Erwartungen haben, könnte es durchaus sein, dass er Ihnen zuliebe kleine Veränderungen angeht. Beispiel: Ich bin Veganerin, Eric nicht. Mittlerweile aber basiert seine Ernährung vorwiegend auf pflanzlicher Kost. Seien Sie flexibel, bewegen Sie sich raus aus Ihrer Komfortzone und probieren Sie Dinge, die Ihr Partner mit Ihnen teilen möchte, ruhig einmal aus. Falls Sie sich Änderungen von Ihrem Partner wünschen, feiern Sie jeden Schritt, den er dafür tut!

Ziele und Werte neu definieren

Es ist kein Geheimnis, dass der Verlust des Arbeitsplatzes eine traumatische, alles verändernde Erfahrung sein kann. Und sie ist besonders traumatisch, wenn Beruf und Karriere prägend sind für die eigene Identität. Fakt ist, je traumatischer der Jobverlust für einen Partner in der Paarbeziehung ist, desto traumatischer ist er auch für den anderen. Eine derart tiefgreifende Veränderung wühlt die ganze Familie auf. Ein Jobverlust zieht jede Menge entscheidender Fragen nach sich. Was wird die Person, die den Job verloren hat, jetzt tun? Wird sie sich sofort in die Jobsuche stürzen und nach einer vergleichbaren Arbeit suchen? Oder ist der Jobverlust ein Weckruf, der sagt, dass es Zeit ist, etwas Neues auszuprobieren?

Die Zeit des Leerlaufs ist nicht nur für jeden Betroffenen, sondern auch für dessen Partner eine angsterregende Erfahrung. Gibt es Ersparnisse, auf die man zurückgreifen kann? So oder so, der Ausblick auf eine finanziell unsichere Zukunft gleicht einem lebensbedrohlichen Wettkampf mit der Angst. Für den Partner ist die Situation ebenso schwierig, da er meist nichts tun kann, sie zu ändern. Der arbeitssuchende Partner ist derjenige, der das Internet nach einem neuen Job durchforstet, der aktiv nach Angeboten sucht. Nichts tun zu können, außer danebenzustehen, Fingernägel zu kauen und geduldig abzuwarten, ist mitunter nur schwer auszuhalten.

Ziele und Werte neu definieren

Aber diese existentielle Krise kann auch schon mal bei all den neuen Herausforderungen des Alltags in den Hintergrund treten. Anfangs ist es sicherlich toll, den Partner auf einmal den ganzen Tag zu Hause zu haben. Doch was zunächst als Chance erscheint, kann sich schnell als echte Herausforderung erweisen. Zumindest aber zwingt es die Familie, die gewohnten Abläufe neu zu durchdenken, neu zu gestalten und neu umzusetzen. Wenn bestimmte Abläufe wie ein Schweizer Uhrwerk jahrelang reibungslos funktioniert haben, kann jeder Einfluss von außen wie ein Sandkorn im Getriebe wirken.

Genauso erging es Alex und Hannah. Sie kamen zu mir, nachdem Alex mit der Auflösung einer ganzen Abteilung seinen Job als Börsenmakler verloren hatte. Als die beiden in meine Praxis kamen, war Alex bereits seit sechs Monaten arbeitslos. Vor Alex' Entlassung hatte Hannah ein sorgenfreies Leben als Hausfrau und Mutter geführt, zu dem Pilates in hochpreisigen Fitnessklamotten sowie Einkäufe im Biomarkt dazugehörten. Jetzt lebten sie von ihren Ersparnissen, und ihr Konto ging langsam, aber sicher den roten Zahlen entgegen. Statt aber die Fühler auszustrecken und loszuziehen oder seine Kontakte spielen zu lassen, um sich einen neuen Job an Land zu ziehen, hing Alex nur zu Hause herum.

»Früher habe ich meinen Job wirklich geliebt«, sagte Alex zu Beginn unserer Sitzung. »Wie gesagt, früher einmal. Als ich noch jünger war. Es ist das erste Mal, dass ich aus diesem Job raus bin, und ich fühle mich, als hätte ich jetzt die einmalige Gelegenheit kürzerzutreten, was ich auch tun will. In den letzten paar Monaten habe ich so viel Zeit mit den Kindern verbracht wie nie zuvor in ihrem Leben. Ich will nicht die Zeit zurückdrehen, nein. Aber ich verstehe nicht, warum das Ganze jetzt so schlimm sein soll«, sagte er und drehte sich zu Hannah.

»Ich weiß, wie hart es ist, wenn man seinen Job verliert«, sagte Hannah. »Aber ich werde langsam wirklich unruhig. Er scheint überhaupt keinen Plan zu haben. Ich fürchte, er sieht das alles als eine Art Urlaub. Er ist zu Hause, hängt den ganzen Tag nur herum. Oder er drängt mich, irgendwelche Einkäufe oder sonstige Besorgungen mit ihm zusammen zu machen. Oder er läuft mir pausenlos hinterher und fragt, ob es nicht irgendetwas zu tun gäbe, ob er mir nicht irgendetwas abnehmen könne. Ich mache das nun lange genug mit und denke mal, es ist Zeit, die Dinge in gewisse Bahnen zu lenken.«

»Hör zu, ich versuche wirklich, dir unter die Arme zu greifen. Versuche, dir Dinge abzunehmen, dir mit den Kindern zu helfen und all so was«, sagte Alex. »Doch du gibst mir das Gefühl, dass du mich gar nicht um dich haben willst. Du behandelst mich, als sei ich ein lästiger Quälgeist und ständig nur im Weg.«

»Als Alex entlassen wurde, wusste ich sofort, dass sich einiges ändern würde«, sagte Hannah. »Aber was mir wirklich Angst macht, ist, dass er mir in einem fort erzählt, vielleicht gar nicht mehr in seinem alten Job arbeiten zu wollen. Seit 25 Jahren ist er nun Börsenmakler, und er hat nie an seinem Beruf gezweifelt. Ich verstehe ja, wenn er sich ein wenig deprimiert und entmutigt fühlt, aber wenn er anfängt, so zu reden, wird mir einfach himmelangst. Ich weiß gar nicht, wie ich mir diesen plötzlichen Sinneswandel erklären soll. Und genau darum sind wir hier.«

Was Hannah unerwähnt ließ, war die Tatsache, dass Alex offenbar sämtliche Motivation verloren hatte. Nach dem College war er geradewegs in die Finanzbranche gegangen, wo er bald schon als Börsenmakler unter Einsatz harter Ellbogen die Karriereleiter steil erklommen hatte. Und jetzt? Wenn morgens nicht gerade die Milch alle war und er aus dem Haus gehen musste, um welche zu holen, war er nicht selten bis zwölf Uhr mittags im Pyjama.

»Was macht Ihnen außerdem zu schaffen, wenn Alex zu Hause ist?«, fragte ich Hannah.

»Nun ja, wenn ich ihn ständig *sehe*, werde ich daran erinnert, warum er überhaupt zu Hause ist. Wenn er dann weg ist, Besorgungen machen oder so, muss ich nicht unbedingt daran denken, dass er arbeitslos ist. Nicht, dass ich mir einbilden würde, damit sei alles wieder in Ordnung, aber ich bin dann weniger angespannt, als wenn er mir die ganze Zeit vor der Nase sitzt«, sagte sie.

Erinnern Sie sich? Wir hatten in den vorangegangenen Kapiteln über das Wenn-Dann-Spiel gesprochen, vom

Teufelskreis der emotionalen Erpressung, der darin besteht, sich in einer bestimmten Weise zu verhalten, um den eigenen Willen durchzusetzen und den Partner (emotional) gefügig zu machen. Nun, das gilt nicht nur für Paare, sondern auch für Individuen. Denn die Sache ist die: Alex war deprimiert. Ja, er genoss diesen Leerlauf, um sich neu zu erfinden, aber er tat dies unrasiert und im Pyjama. Er hatte seinen Takt verlangsamt, sein Leben hatte seinen Takt verlangsamt, und alles fühlte sich an, als wäre es von einer schweren Decke zugedeckt. Für Alex, wie auch für viele andere Menschen, für die der Tag viel zu viele Stunden hat, um ihn auszufüllen, ist eine Sache ganz wichtig: Agieren Sie bewusst und achten Sie darauf, wie Ihr Handeln Ihre *Gefühle* beeinflusst. Gehen Sie weiter. Finden Sie einen Grund, aktiv zu bleiben, motiviert zu bleiben, und bleiben Sie in *Bewegung*.

»Ein erster Schritt könnte meines Erachtens darin bestehen, wieder eine gewisse Routine in den Alltag zu bringen«, schlug ich vor. Ich sprach mit Alex darüber, wie wichtig es sei, einen bestimmten Fahrplan einzuhalten, jeden Morgen zur gleichen Zeit aufzustehen, sich zu duschen, sich anzuziehen. Als Antwort darauf, erklärte er mir, was ihm für die Zukunft vorschwebte. Er träume davon, sich mit ein paar Leuten, gleichaltrigen wie jüngeren, in einem Gemeinschaftsbüro für wenig Geld zeitweise ein paar Schreibtische anzumieten, um an Konzepten für neue Unternehmen oder neue Produkte zu basteln ... von denen einige für die Schublade wären, andere aber den ganz großen Reibach brächten ... dagegen seien die in vielen Börsenjahren erwirtschafteten Profite nur Kleingeld. Er träumte von einem Startup-Unternehmen. Und während er davon erzählte, sah ich ein Leuchten in seinen Augen, das nicht da war, als es darum ging, sich nach einer neuen Stelle als Börsenmakler umzusehen. Alex' Idee für so ein Startup-Unternehmen war alles andere als ausgegoren, und so überlegten wir gemeinsam, wie er sie realisieren könnte. Ein Gedanke war, dass er sich im Gemeinschaftsbüro einmal vorstellen und als Börsenfachmann einen Vortrag über Investmentgeschäfte halten könnte.

Alex nickte. »Klingt gut. Ich will mich nicht ewig ziellos treiben lassen. Ich sagte auch nur, dass ich nicht weiß, ob ich wieder als Börsenmakler arbeiten möchte, aber dass ich wieder arbeiten möchte, das steht fest.«

Ich sah Hannah an, wie sie ruhiger wurde, während wir nur darüber sprachen, was Alex künftig tun könnte.

»Wenn man sein Leben eingerichtet hat, so wie Sie, und plötzlich ist alles anders, dann macht das Angst, ganz klar«, sagte ich. »Doch es ist wichtig, diese einschneidende Veränderung nicht herunterzuspielen, denn sie ist gleichwohl eine Herausforderung, die Ihre Beziehung durchaus stärken kann. Sie müssen beide daran arbeiten, diese Veränderung als Chance zu begreifen.«

Alex nickte, Hannah hingegen wirkte noch immer etwas skeptisch. Vor Alex' Entlassung kannte die Familie keine materielle Not. Ob iPads, Urlaube, Privatschulen, alles war selbstverständlich. Doch laut Richard A. Easterlin, einem berühmten US-amerikanischen Wirtschaftswissenschaftler, ist der durch materielle Güter erzielte Glücksgewinn flüchtig und vergänglich. Der Jobverlust war eine Chance, und zwar nicht nur für Alex, der sich nun neue, kreative Wege aus der Tretmühle eröffnen konnte, in der er seit seinem College-Abschluss steckte, sondern auch für die Familie insgesamt, die ihr *Glück* nun neu definieren konnte.

»Schauen Sie«, sagte ich. »Sie sind gesund, Sie haben einander, Sie haben zwei wunderbare Kinder. Hören Sie also auf, sich ständig nur auf die Dinge zu fokussieren, die Sie seit dem Jobverlust nicht mehr haben, und fangen Sie an, Ihren Blick auf all die Dinge zu lenken, die Sie haben.«

»Ja, Alex hat viele Jahre sehr hart gearbeitet, und er hat wirklich gut für uns gesorgt. Ich habe von anderen Ehemännern gehört, die nach Ihrer Entlassung nichts anderes taten, als Golf zu spielen. Alex nutzt die Zeit wenigstens für seine Kinder. Und wissen Sie was? Bei den Privatschulen geht es viel um sozialen Status, darum, dass man sagen kann, meine Kinder gehen auf die Privatschule. Ich denke, darauf kann ich gut verzichten«, sagte Hannah.

»In den Ferien fahren wir für gewöhnlich weg«, sagte Alex. »Aber wir mussten die Urlaubskasse bereits angreifen, um unsere Lebenshaltungskosten zu decken …«

Ziele und Werte neu definieren

»Wir könnten doch in den Grand Canyon oder den Yosemite-Nationalpark fahren?«, fragte Hannah. »Exotische Orte kennen wir zur Genüge, aber das, was vor unserer Haustür liegt, kennen wir nicht.«

Wir sprachen auch über Hannahs Berufsmöglichkeiten. Sie war so lange Hausfrau und Mutter gewesen, dass sie sich selbst in gar keiner anderen Rolle vorstellen konnte. Aber sie hatte eine Lehrerlaubnis, die sie in den zehn Jahren, da sie nicht erwerbstätig gewesen war, immer wieder sorgsam hatte erneuern lassen.

»Vielleicht ist es an der Zeit, mich aus meiner Komfortzone als Privatschul-Mami herauszubewegen. Wäre mir eigentlich ganz recht, diesen Mini-Konkurrenzkampf nicht mehr mitmachen zu müssen, meine Tage mit sinnvolleren Dingen zu füllen und obendrein das Familieneinkommen aufzubessern«, sagte sie. »Ich könnte mich nach einer Stelle als Vertretungslehrkraft umsehen.«

Als zentrales Thema für Hannah und Alex war zu erkennen, dass Veränderungen sowohl möglich waren als auch voller Chancen steckten. Sie mussten nicht mehr die Rollen spielen, die sie jahrelang gespielt hatten, zumal das Leben selbst dafür gesorgt hatte, dass sie sich aus ihren bequemen, alten Rollen herausbewegen mussten. Sechs Monate hatten sie damit verbracht, zurückzuschauen und nur die Dinge zu sehen, die sie einmal gehabt hatten. Jetzt aber richteten sie den Blick zum ersten Mal nach vorn, in die Zukunft. Alex war kurz davor, durchzustarten und sein Leben wieder anzupacken. Er war bereit, die Gelegenheit beim Schopf zu packen, all sein Know-how als Finanzexperte zu nutzen und ein Startup-Unternehmen auf die Beine zu stellen. Und Hannah war bereit, materielle Dinge loszulassen und ihre Energie auf etwas zu konzentrieren, das ihrem Leben eine Bedeutung gab. War es eine sichere Bank, ihr Leben und ihre jeweiligen Rollen neu zu gestalten? Nein. Doch der Moment der Veränderung und Weiterentwicklung war eine große Chance, sich auf die wirklich wichtigen Dinge im Leben zu besinnen und ihrem familiären Band eine tiefere Bedeutsamkeit zu geben.

Quick Tipp
♡
Was ist wirklich wichtig?

Für Alex und Hannah waren materielle *Dinge* stets bedeutender als *Erlebnisse* (so wie es bei vielen anderen Paaren auch ist). Das Kind braucht einen Laptop, das Haus eine neue Küche, und im nächsten Sommer machen wir alle zusammen einen richtig großen Urlaub! Aber wenn man mal darüber nachdenkt, wird schnell klar, dass wir uns all diese Dinge mit Zeit erkaufen. Gewiss, wenn man einen Job hat, den man gerne macht,

> oder wenn man sich gerne für andere Menschen engagiert, mag die aufgewendete Zeit durchaus sinnvoll sein. Doch wenn nicht, könnte es sich lohnen, einmal über all die *Dinge* nachzudenken, die Ihr Leben kontrollieren. Ich schlage Folgendes vor: Überlegen Sie, welche *Werte* und *Traditionen* Ihnen als Paar oder als Familie wichtig sind, wie zum Beispiel: Cidre-Keltern im Herbst, Bücher, die man ausgelesen hat, an Freunde weiterzuverschenken, Obdachlosen an Erntedank ein Festmahl zu bereiten, beim ersten Schnee barfuß durch den Garten zu rennen. Machen Sie eine gedankliche Liste dieser Rituale, oder besser noch, nehmen Sie Stift und Zettel und schreiben Sie alles auf.
>
> Und versuchen Sie, diese Werte und Traditionen hochzuhalten, denn sie bereichern Familie und Beziehung mehr als alles andere.

Aus zwei mach drei

Mit Kindern kommen Veränderungen und damit eine der schönsten Gelegenheiten, gemeinsam zu wachsen und zu reifen (oder Gefahr zu laufen, sich auseinanderzuleben). Rich und Laurie, Eltern eines drei Monate alten Sohnes namens Liam, sahen aus wie viele junge Elternpaare, die ich im Laufe der Jahre erlebt habe: leicht lädiert und sichtlich übermüdet. Laurie fühlte sich als frischgebackene Mami pudelwohl, sie war vielmehr besorgt um ihren Mann.

»Seit das Baby da ist, ist er völlig verschlossen«, sagte sie. »Er scheint total desinteressiert zu sein, fast so, als wehre er sich dagegen, Vater zu sein. Ich dachte immer, wir seien uns einig, und er freute sich auch richtig auf das Kind. Ich verstehe gar nicht, was auf einmal los ist.«

Während Laurie ihre Gefühle ausschüttete, beobachtete ich, wie Rich auf dem Sofa immer kleiner wurde, die Hände im Schoß faltete und sich langsam ausklinkte, bis er dann völlig teilnahmslos ein Loch in den Teppich stierte.

»Ich frage mich, Rich, was in Ihnen vorgehen mag«, sagte ich. »Wohin schweifen Sie ab, wenn Sie Löcher in den Boden stieren? Was denken Sie?«

»Ich will eigentlich nicht darüber sprechen.«

»Gibt es etwas, das wir tun können – oder das ich tun kann –, damit Sie sich leichtertun, Ihre Gefühle zu äußern?«, fragte ich.

Rich schaute seine Frau an. »Ich muss wissen, dass du mir nicht böse sein wirst ... wenn wir heute hier aus der Tür gehen.«

Laurie nickte und schnaufte tief durch. »Gut.«

»Und ganz gleich, was heute hier passiert, wir werden wiederkommen, versprichst du mir das?«, fügte er hinzu.

Laurie nickte. »Versprochen«, sagte sie.

So bestärkt rückte Rich sich auf dem Sofa zurecht. »Es ist nicht etwa so, dass ich nicht Vater sein will. Ich vergöttere Liam. Ich würde alles für ihn tun. Aber alles ändert sich derart schnell, dass ich das Gefühl habe, gar nicht hinterherzukommen. Ich habe etliche Male versucht, mit dir darüber zu sprechen, aber du hast einfach nur deinen Fahrplan. Deine Agenda. Ich weiß, dass du bereits über ein kleines Brüderchen oder Schwesterchen für Liam nachdenkst und darüber, dass wir ein größeres Haus brauchen.«

»Agenda?«, fragte Laurie ungläubig. »Verstehe ich nicht. Hatten wir das nicht alles genau so geplant? So macht man das doch? Man verlobt sich. Man heiratet. Man bekommt Kinder.«

»Ich möchte einfach nur das Tempo rausnehmen«, erwiderte Rich.

Laurie warf die Hände in die Luft. »Wir wären nie auch nur einen Schritt weitergekommen, wenn ich dir das Heft überlassen hätte.«

»Was ich mich frage«, hakte ich ein, um die wachsende Spannung etwas zu lindern, »haben Sie beide irgendwann einmal darüber gesprochen, inwiefern sich die Dinge mit der Elternschaft verändern würden? Haben Sie darüber gesprochen, wie Sie die Rollen aufteilen wollen? Haben Sie über Ihre Hoffnungen, Ängste oder auch über Ihre Träume für die Zukunft gesprochen?«

Laurie und Rich starrten einander mit leeren Gesichtern an.

»Gut«, sagte ich. »So wie ich das sehe, ist genau das Teil des Problems. Könnten Sie mir etwas mehr darüber erzählen, wie Sie sich die ganze Sache vorgestellt hatten? Was haben Sie erwartet?«

»Na ja ... ich liebe meinen Vater«, sagte Rich. »Aber ich habe mir auch immer vorgenommen, alles anders zu machen, wenn ich einmal selbst Vater bin.«

»Wieso das?«, fragte ich.

»Ich möchte mit meinem Sohn eine liebevolle Beziehung haben. Mein Dad war zwar immer da ... sprich, er war jeden Abend um sechs zu Hause. Aber er war nicht wirklich *da*. Er hatte nur immer Arbeit im Kopf, nichts weiter. Ich hatte keine enge Beziehung zu ihm.«

»Und das wünschen Sie sich mit Ihrem Sohn anders?«

Er nickte. »Stattdessen aber habe ich das Gefühl, genauso zu sein wie mein Vater. Mich genau so zu verhalten wie er. Und ich kann mir überhaupt nicht erklären, warum.«

»Zunächst einmal kann ich Sie beruhigen. All das ist völlig normal«, sagte ich. »Wenn ein Mann nicht weiß, wie er sich verhalten soll, zieht er sich meinen Erfahrungen nach häufig zurück und klinkt sich aus, um ja keine Fehler zu machen.«

Rich nickte beifällig. »Das stimmt in der Tat. Es ist nicht so, dass ich Laurie nicht unterstützen oder mich nicht mit Liam beschäftigen will, nur habe ich manchmal das Gefühl, dass er lieber bei seiner Mutter ist als bei mir.«

»Das ist völlig normal«, sagte ich. »Schließlich gibt es bei ihr Milch. Aber das wird sich schon noch ändern. In der Zwischenzeit gibt es nur ein Rezept: Verbringen Sie mehr Zeit mit Ihrem Sohn – nicht weniger.«

»Und genau das gelingt mir nicht immer«, sagte er. »Laurie hat ihre eigene Routine … Windeln wechseln, Baby baden und so fort.«

»Dann werden Sie ebenfalls eine Routine entwickeln. Damit ist Laurie bestimmt einverstanden, nicht wahr, Laurie?«, fragte ich.

Sie lachte. »Dann müsste ich meine Standards ein wenig lockern, aber das macht nichts. Ich möchte ja, dass er mir hilft. Ich möchte das Gefühl haben, dass er an meiner Seite ist. Ich will unsere Kinder nicht alleine großziehen.«

»Schön. Prima«, sagte ich. »Wie stellen Sie sich diese Hilfe denn vor? Was könnte Rich tun?«

»Er könnte sich auf den Boden zu Liam setzen und mit ihm spielen, wenn ich das Abendessen zubereite. Oder er könnte ihn in den Buggy setzen und mit ihm spazieren gehen, wenn ich ein Nickerchen brauche.«

»Nehmen Sie Laurie das Baby öfter mal ab?«, fragte ich Rich. »Nehmen Sie es zum Bäuerchenmachen auf den Arm? Füttern Sie es? Wickeln Sie es?«

Laurie zog ein schiefes Lächeln und rollte die Augen. »Das mache ich so ziemlich alles alleine.«

»Dann lassen Sie uns genau hier ansetzen. Anstatt von Rich zu erwarten, dass er immer genau weiß, was Sie gerade brauchen, könnten wir absprechen, wie wir die Aufgaben verteilen. Zum Beispiel könnte Rich den Kleinen nach den Mahlzeiten zum Bäuerchenmachen auf den Arm nehmen und ihn dann schlafen legen. Oder er könnte Liam am Abend waschen und baden.«

Laurie tat einen tiefen Seufzer. »Das wäre *wunderbar*.«

»Kann ich gerne machen«, sagte Rich mit einem plötzlich sehr viel lebhafteren Ton in der Stimme.

Ich lächelte. »Schön, was noch?«

»Nun, ich gehe sonntagmorgens immer die Zeitung holen und bringe Brötchen von unserem Lieblingsbäcker mit. Ich könnte Liam mitnehmen. So hätte Laurie etwas Zeit für sich, und für Liam wäre es etwas Besonderes, nur mit dem Papa zusammen etwas zu unternehmen.«

Während Laurie und Rich weiterredeten, fiel mir auf, wie sich die Körpersprache der beiden änderte. Als sie gekommen waren, hatten sie an den entgegengesetzten Enden des Sofas Platz genommen. Jetzt waren sie einander zugewandt und begannen langsam, sich als ein Team zu begreifen. Laurie und Rich waren dabei ihren Konflikt erfolgreich zu bearbeiten. Und nun, da sie gemeinsam überlegten, wie sie ihr Elterndasein gestalten wollten, florierte die Unterhaltung. An seiner Körpersprache sah ich, dass Rich dabei war, seine angespannte Angst abzulegen. Und Laurie fühlte sich ihrem Mann indes sehr viel enger verbunden.

Veränderungen können so überwältigend sein, dass wir uns ohnmächtig und ausgeliefert fühlen, so, als würde uns die Kontrolle über unser Leben entgleiten. Doch machtlos angesichts einschneidender Veränderungen sind wir nicht. Die Herausforderungen des Lebens ermutigen uns vielmehr dazu, uns zu einem Team zusammenzuschließen, auszutauschen und einen neuen Umgang mit Konflikten zu üben. Bei Rich und Laurie kam erschwerend hinzu, dass all die Dinge, die sie stillschweigend als selbstverständlich angesehen hatten, auf einmal nicht mehr zusammenpassten. Rich und Laurie sind ein typisches Beispiel für unausgesprochene Erwartungen, Wünsche und Bedürfnisse. Laurie hatte angenommen, dass auf das erste Kind gleich das zweite Kind folgen würde. Doch das war nicht zwangsläufig auch in Richs Sinne. Beide jedoch hüllten sich in Schweigen über ihre Vorstellungen, was am Ende dazu führte, dass sich Spannungen aufbauten.

Dies ist ein Grund, warum ich eine so große Anhängerin vorehelicher Beratungsprogramme bin, selbst wenn Sie gar nicht vorhaben, demnächst oder überhaupt zu heiraten. Die voreheliche Beratung umfasst meist nicht mehr als vier Sitzungen und bietet eine gute Gelegenheit, zentrale Fragen zu diskutieren: die liebe Verwandtschaft, Finanzen, Elternschaft, Religion, ob einer zu Hause bleibt oder beide arbeiten gehen, ob die Kinder auf eine private oder staatliche Schule gehen sollen etc. Viele Paare neigen zu der Annahme, dass Fragen und Probleme sich von selbst auflösen werden (»Er wird seine Meinung schon noch ändern, wenn wir verheiratet sind.« oder: »Sie wird bestimmt konvertieren, sobald einmal Kinder da sind.«) und verzichten auf entsprechende Beratungsdiente, was aber, wie ich oft erlebt habe, schnell nach hinten losgehen kann.

Sich frühzeitig über die persönlichen Erwartungen und Ansichten auszutauschen ist vorteilhaft, keine Frage, doch ebenso wichtig ist es, sich vom Lauf der Dinge nicht unterkriegen zu lassen. Erwartungen ändern sich. Das Leben ändert sich im Großen (beispielsweise mit dem Tod der Eltern, mit Krankheiten oder der Geburt eines Kindes) wie auch im Kleinen (wenn man beispielsweise alte Ernährungsgewohnheiten aufgibt). Warten Sie nicht darauf, bis Ihr Partner ein Thema aufs Tapet bringt oder den Austausch sucht. Je häufiger Sie Ihre Erwartungen erörtern, desto dynamischer und natürlicher wird der Austausch mit Ihrem Partner.

Ich gab Rich und Laurie an jenem Tag eine Hausaufgabe mit auf den Weg. Ich bat die beiden, sich einmal in Ruhe und jeder für sich hinzusetzen und sich sechs elterliche Eigenschaften zu überlegen, die sie sich gerne aneignen und an Liam weitergeben wollten – wie Mitgefühl, Neugier, Geduld, oder einfach der Vorsatz, für ihn da zu sein. Im nächsten Schritt sollten sie diese Eigenschaften auf ein Blatt Papier schreiben und sich anschließend zusammensetzen, um ein »Eltern-Manuskript« zu erstellen, wie ich es nenne. Dort konnten sie einzelne Ideen aus ihren jeweiligen Einzellisten zusammentragen. Manchmal reicht das einfache Niederschreiben persönlicher Vorstellungen schon aus, um unausgesprochene Erwartungen zu erhellen. Im Falle von Rich und Laurie drehten sich diese unausgesprochenen Erwartungen um das Thema Elternschaft.

Mit klaren Sätzen wie »So und so habe ich mir dies und das vorgestellt« eröffnen Sie sich die Chance, als Team gemeinsam zu entscheiden, wie Sie bestimmte Dinge handhaben wollen (so wie Rich und Laurie es erfolgreich taten). In jeder Partnerschaft ist es wichtig, Visionen und Träume zu teilen, auch wenn sie nicht realisierbar scheinen oder Ängste auslösen. Gemeinsam lassen sich Wege finden, sie lebendig zu halten oder sie anzupassen. Die folgende Übung gibt Ihnen die Möglichkeit, die Auslöser und Ursachen Ihrer Ängste herauszufinden. Anders gesagt: Spüren Sie Ihren Ängsten nach. Suchen Sie nach einem Kompromiss, mit dem Sie beide als Paar gut leben können. Um noch einmal auf Rich und Laurie zurückzukommen: Rich hatte den Wunsch, seinem Sohn ein wirklich guter Vater zu sein, nur wusste er nicht, wie er es anstellen sollte. Er brauchte ein klein wenig Hilfe. Als Laurie ihm diese Hilfe anbot, waren die beiden in der Lage, sich wieder näherzukommen und zusammenzuwachsen, anstatt sich auseinanderzuleben.

Nur, wer Veränderungen akzeptiert, kann auch daran wachsen. Indem Sie sich zusammensetzen und miteinander sprechen, sorgen Sie dafür, dass Sie aneinander wachsen. Veränderung hat viele Gesichter: Vielleicht will einer von Ihnen seine Ernährung umstellen und gesünder leben. Vielleicht stirbt Ihr Haustier. Vielleicht haben Sie Schimmel im Haus. Vielleicht sind Sie gerade 40 geworden. Oder vielleicht wachen Sie eines Morgens auf und sagen sich »So will ich nicht mehr weitermachen«. Und dass die Geburt eines Kindes eine Beziehung gewaltig auf den Kopf stellt, habe ich nicht nur bei Rich und Laurie erlebt, sondern bei vielen Paaren, die ich in all den Jahren beraten habe. Doch gemeinsam mit Ihrem Partner können Sie lernen, mit diesen Veränderungen umzugehen. Bleiben Sie nicht wie ein Zuschauer am Spielfeldrand stehen, wenn sich Umbrüche abzeichnen, sondern bringen Sie sich aktiv zusammen mit Ihrem Partner auf dem Spielfeld ein. Nur so können Sie gemeinsam wachsen und sich *finden*, anstatt sich zu *verlieren*.

HEARTwork

Wie Sie das Auseinanderleben verhindern und das Zusammenwachsen fördern

Übung 1: Der Auseinanderleben-Test

Sind Sie und Ihr Partner dabei, zusammenzuwachsen oder sich auseinanderzuleben? Um das herauszufinden, lesen Sie die folgenden Aussagen und kreisen Sie jeweils die Zahl ein, die Ihrem Empfinden am nächsten kommt.

**1 = starke Ablehnung, 2 = Ablehnung,
3 = Zustimmung, 4 = starke Zustimmung**

---

1. Ich wünschte, ich könnte besser verstehen, warum mein Partner so tickt, wie er tickt.

    1 2 3 4

2. Ich befürchte, dass ich mich von meinem Partner entferne, wenn ich mich weiterentwickle.

    1 2 3 4

3. Es ist schwer, meinen Partner für die Aktivitäten, an denen ich Freude habe, zu begeistern.

    1 2 3 4

4. Früher machten wir viele Dinge gemeinsam ... ich vermisse diese Zeit heute.

    1 2 3 4

5. Ich habe Träume und Wünsche, von denen mein Partner nichts weiß.

    1   2   3   4

6. Auch, wenn wir gemeinsame Freizeit haben, verbringen wir sie meist jeder für sich.

    1   2   3   4

7. Die Zukunfts- und Lebensplanung meines Partners geht mir zu schnell/zu langsam.

    1   2   3   4

8. Ich kann mich nicht erinnern, wann wir zuletzt gemeinsam etwas Neues ausprobiert haben, an dem wir beide Spaß hatten.

    1   2   3   4

9. Manchmal schaue ich meinen Partner an und kann den Mann/die Frau, in den/die ich mich einmal verliebt habe, kaum noch erkennen.

    1   2   3   4

10. Wenn wir tagsüber getrennt sind, weiß ich eigentlich gar nicht, was er/sie so macht.

    1   2   3   4

11. Wenn mein Partner von Freunden oder Arbeitskollegen erzählt, habe ich keine Ahnung, wen er damit meint.

    1   2   3   4

12. Wer hat schon Zeit für bewusste Zweisamkeit?

    1   2   3   4

13. Meinem Partner sind Dinge wichtig, die mich überhaupt nicht interessieren.

1 2 3 4

14. Wir sprechen heute nicht mehr so oft miteinander wie früher; wir führen quasi getrennte Leben.

1 2 3 4

15. Ich versuche, mich weiterzuentwickeln, doch mein Partner scheint in der Vergangenheit zu stecken.

1 2 3 4

16. Nun, da wir fest zusammen sind, fühle ich mich manchmal, als wäre ich in eine Falle getappt. Der Zauber ist vorbei.

1 2 3 4

17. Einer von uns versucht ständig zu ergründen, inwieweit die Vergangenheit unsere Beziehung beeinflusst, doch der andere hat darauf überhaupt keine Lust.

1 2 3 4

18. Der eine denkt, der andere sei ein Langweiler.

1 2 3 4

19. Mittlerweile ging so viel Wasser den Fluss hinunter, dass wir heute viel zu unterschiedlich sind.

1 2 3 4

20. Ich weiß nicht, warum ich ständig alles zu erklären versuche; er/sie wird es sowieso nie kapieren.

1 2 3 4

21. Mein Partner versucht nie, die Teile meiner Persönlichkeit zu begreifen, die er nicht auf Anhieb versteht.

1   2   3   4

Punktebewertung: Addieren Sie die Zahlen, die Sie eingekreist haben, zu einer Gesamtsumme.

Unter 35: Sieht ganz so aus, als wären Sie und Ihr Partner ein echtes Team, das sich alle Mühe gibt, sich den Veränderungen des Lebens zu stellen, den großen wie den kleinen. Der eine weiß, wie der andere tickt, und gemeinsam freuen Sie sich auf die Abenteuer, denen Sie in Zukunft noch begegnen werden. Bewusst verbrachte gemeinsame Zeit hat in Ihrer Beziehung oberste Priorität, und sobald Sie das Gefühl haben, den Draht zueinander zu verlieren, scheuen Sie sich nicht, den Partner darauf anzusprechen. Erkennen Sie sich wieder? Dann blättern Sie direkt weiter zum nächsten Kapitel.

35–50: Sie und Ihr Partner bewegten sich einst in einem Liebeskreis, haben neuerdings aber das Gefühl, auseinanderzudriften – selbst, wenn Sie zusammen sind. Fahren Sie fort mit den HEARTwork-Übungen 2 und 3. Es könnte helfen, sich etwas Zeit zu nehmen, sich gemeinsam hinzusetzen und einmal Bilanz zu ziehen. Und noch ein Tipp: Indem Sie Ihr Beziehungsversprechen erneuern, verhindern Sie möglicherweise, dass sich die Kluft weiter vertieft.

51 und mehr: Auch wenn alles einmal traumhaft schön begonnen hat, Sie haben heute immer öfter das Gefühl, den einst so geliebten Menschen nicht wiederzuerkennen. Gut möglich, dass Sie nebeneinanderher leben. Um diese Kluft wieder zu schließen, müssen Sie sich aufeinander zubewegen und sich gegenseitig ganz neu kennenlernen. Beginnen Sie mit den folgenden HEARTWORK-Übungen.

Übung 2: Vorstellungen revidieren

Wenn Paare an alten Erwartungen, Ansprüchen und Ansichten festhalten, die womöglich längst ihre Funktion oder Gültigkeit verloren haben, tun sie sich schwer, mit Veränderungen klarzukommen. Nehmen Sie Ihr Rollenverständnis unter die Lupe. Machen Sie eine Liste der Eigenschaften, die ein Partner in einer Paarbeziehung Ihrer Meinung nach haben sollte. Und listen Sie auch Aufgaben und Pflichten auf, die ein Partner Ihrer Meinung nach erfüllen sollte. Soll er der hauptsächliche oder alleinige Versorger der Familie sein? Soll er derjenige sein, der den Sex initiiert? Soll er derjenige sei, der kocht? Sollen die Aufgaben klar verteilt sein: Der eine bringt das Essen auf den Tisch, der andere mäht den Rasen? Vielleicht sind Sie auch der Meinung, in einer Ehe müsse alles fifty-fifty verteilt werden. Ganz gleich, welche Vorstellungen und Ansichten Sie über die Rollenverteilung in einer Partnerschaft haben, schreiben Sie alles auf:

Mein Partner sollte _____ sein.

Ich sollte _____ sein.

Mein Partner sollte _____ tun.

Ich sollte _____ tun.

Übung 3: Rollen neu definieren

Es ist Ihre Aufgabe herauszufinden, ob Ihre jeweiligen Ansichten zur Rollenverteilung in Ihrer Beziehung eher förderlich sind oder nicht. Halten Sie an bestimmten Rollen fest, nur weil Sie denken, dass es so und nicht anders sein *muss*? Sind Sie bereit, einige dieser festgefahrenen, nicht diskutierbaren Vorgaben loszulassen zugunsten eines neuen Rollenverständnisses, das sich authentischer anfühlt?

Gehen Sie die Liste, die Sie in Übung 2 angefertigt

haben, noch einmal durch, und fragen Sie sich, woher diese ganzen Ansichten kommen. Wurden sie durch Ihre Eltern geprägt? Oder durch eine allgemeine, gesellschaftlich tradierte Vorstellung von Geschlechterrollen? Orientieren Sie sich eher danach, *wer* Sie wirklich *sind*, oder eher danach, *wie* Sie sein *sollten*? Wie viele der Ansichten auf Ihrer Liste stammen tatsächlich von Ihnen selbst? Und wie viele wollen Sie wirklich beibehalten?

Suchen Sie nach Aspekten in Ihrer Beziehung, die den Erwartungen der Gesellschaft oder Ihrer Eltern nicht entsprechen. Macht Ihr Mann den Abwasch? Verdient Ihre Frau das Geld? Wenn das für Sie gut funktioniert, warum nicht? Prima! Nur darauf kommt es an. Nehmen Sie sich einen Moment Zeit und listen Sie mindestens drei für Ihre Beziehung typische Dinge auf, die aus dem Rollenklischee herausfallen. Und falls Sie in Ihrer Ehe die klassische geschlechterspezifische Rollenverteilung leben, listen Sie Aufgaben und Pflichten auf, auf die Sie gut und gerne verzichten könnten.

_____

_____

_____

8.
Gebrauchsanleitung für eine glückliche Partnerschaft

Neulich an der Supermarktkasse stand ich in einer langen Schlange. Gleich nebenan befand sich der Cafeteria-Bereich mit ein paar Tischen und Stühlen. An einem der Tische saß ein Paar um die 70. Beide hatten den Blick nach unten auf ihre iPhones gerichtet, tippten vor sich hin, jeder für sich, selbstvergessen, als wäre der andere gar nicht da. Die ganze Zeit, die ich in der Schlange stand, blickten sie nicht ein einziges Mal auf. Schien ganz so, als wären die 20- bis 60-Jährigen nicht die Einzigen, die vergessen haben, wie es ist, wirklich zusammen zu sein. Ich fragte mich, was sich die beiden wohl zu sagen hätten, wenn sie ihre iPhones weglegten. Wir senden alle möglichen Details unseres ganz privaten Lebens hinaus in die Twitter-Welt, vergessen aber, genau diese Dinge mit dem Menschen zu teilen, neben dem wir jeden Abend einschlafen. Gehören Sie zu den vielen Menschen dort draußen, die intime, vertrauliche Momente mit ihrem Partner seit Langem nicht mehr kennen? Hätten Sie diese Momente gerne wieder zurück, wissen aber nicht, wie Sie es anstellen sollen? Dann kommt hier Ihre Chance.

Wir haben in diesem Buch viel darüber gesprochen, jede Gelegenheit zu nutzen, um alle Aspekte in einer Beziehung zu hinterfragen, Konflikten und Ängsten Raum zu geben, um persönliche Wunden und Traumata zu heilen, seien es große oder kleine. Die Salbe, die alles heilt, heißt liebevolles, völlig wertfreies Verstehen. Das größte Geschenk, das ein Mensch einem anderen machen kann, ist es, ihm dieses Verstehen zuteilwerden zu lassen. Und alles beginnt damit, sich Zeit zu nehmen, sich bewusst einzulassen, sich präsent und achtsam im gegenwärtigen Moment miteinander zu verbinden.

Die HEARTwork-Übungen in den vorangegangenen Kapiteln sollen Ihnen helfen, den Weg zurück zueinander zu finden. Doch es gibt auch universelle Strategien, die helfen können, all die Fragen und Probleme anzugehen, die durch die HEARTwork-Übungen möglicherweise aufgedeckt wurden. Insofern ist dieses Kapitel Ihr wichtigstes Werkzeug in diesem Buch, eine Gebrauchsanleitung für eine lebendige und gesunde Beziehung. Sie werden Ihren Partner in einer neuen Weise kennenlernen und imstande sein, ein starkes Band zu schaffen, das Sie untrennbar miteinander vereint.

Mein Mann Eric zum Beispiel weiß, dass ich höchst allergisch gegen Gifteichen bin, und hält daher auf jeder

Wanderung seine Augen danach offen. Er weiß auch, warum ich Essiggurken hasse, und er weiß auch, warum ich mich für die Rettung von Tieren engagiere. Ich weiß, dass Eric lieber zu Hause als in irgendeinem schnieken Restaurant isst und dass er am Neujahrstag immer Surfen geht. Für diesen Tag brauche ich also keine Termine zu machen. Derlei Kleinigkeiten läppern sich und führen dazu, dass Sie Ihren Partner in- und auswendig kennen.

Die Konfliktschleifen, die in diesem Buch beschrieben sind, wurzeln oft in einem Missverständnis, und ein Missverständnis stellt bekanntlich das Gegenteil von *Verständnis* dar. Warum denkt Ihr Partner, wie er denkt? Warum handelt Ihr Partner, wie er handelt? Wenn Sie Ihren Partner wirklich kennen, dann wissen Sie es. Und wie wir bei allen hier vorgestellten Paaren gesehen haben, entsteht Verständnis oft durch Empathie, durch die Bereitschaft, sich in den anderen einzufühlen. Die Empathie ermöglicht es uns erst, bestimmte Seiten an unserem Partner, die uns vielleicht nicht gefallen, zu akzeptieren und dadurch eine Verbindung zu ihm zu schaffen. Die Gebrauchsanleitung in diesem Kapitel fördert dieses empathische Verständnis füreinander und ebnet Ihnen damit den Weg direkt hinein in den Liebeskreis.

Manche von Ihnen werden gleich merken, dass Sie so gut wie nichts über den Menschen wissen, den Sie lieben. Mit diesem Kapitel haben Sie die Chance, alles über ihn zu erfahren, indem Sie ihm eine ganze Reihe von Fragen stellen. Sie können einander diese Fragen ganz nebenbei stellen, während Sie das Abendessen zubereiten, noch eben gemeinsam mit dem Hund rausgehen, oder bei einer Tasse Kaffee. Die einfachen Fragen dürfen Sie auch gerne im Beisein Ihrer Kinder stellen, die bestimmt gerne hören, wie Sie sich kennengelernt haben, warum Sie sich in Daddy verliebt haben, wie Ihr erstes Date war, was für Kosenamen Sie als Kinder hatten und so weiter. Manche dieser Fragen mögen albern erscheinen. Müssen Sie Ihren Partner wirklich nach seiner Lieblingsfarbe fragen? Wie sollte so eine Frage Ihre Beziehung retten können? Oder dabei helfen, wieder enger zusammenzufinden? Die Antwort ist: Es hilft *enorm*. Einige dieser Infos mögen wie unwichtige kleine Details erscheinen, machen aber den Menschen aus, den Sie lieben. Sie zu erfahren – und sie umgekehrt Ihren Partner wissen zu lassen – hilft, ein inniges Liebesband zu schmieden und zu stärken. Es erzeugt das Gefühl, dass Sie Ihren Partner kennen wie ihn niemand sonst auf dieser Welt kennt. Einige dieser Fragen, ganz gleich, ob man sie selbst stellt oder gestellt bekommt, rufen möglicherweise Gefühle wach, die man so nicht erwartet hätte. Schaffen Sie sich am besten eine behagliche Umgebung, in der Sie sich auch mit eher schwierigen Fragen emotional sicher fühlen. Stimmen Sie sich immer zuerst mit Ihrem Partner ab und respektieren Sie ein Nein oder Grenzen, die er eventuell steckt.

Das Gefühl, einander zu kennen, eröffnet Ihnen nicht

nur den Weg hin zu einer tiefen Vertrautheit und dauerhaften Liebe, es verhindert auch Konflikte und emotionale Brüche. Und es wirkt als Gegenmittel zur Einsamkeit. Oh ja, auch zu zweit kann man absolut einsam sein (und dass Sie dieses Gefühl gerade erleben, während Sie diese Zeilen lesen, ist gar nicht mal so unwahrscheinlich). Wir nehmen automatisch an, dass wir, sobald wir in einer Beziehung sind, nie mehr einsam sein werden. Doch die Realität sieht anders aus. Zuzugeben, sich einsam zu fühlen, obwohl man einen Partner an seiner Seite hat, kostet einiges an Überwindung und ist nicht selten mit Schamgefühlen verbunden – als wäre es eine Art Charakterfehler, einsam zu sein. Und da unsere Gebrauchsanleitung um die große Frage kreist, wie gut Sie Ihren Partner kennen, haben Sie beide hiermit die Chance, wieder zueinander und zurück in den Kreis der Liebe zu finden, in dem Sie einmal waren.

Fangen Sie also an! Stellen Sie Ihrem Partner jede Woche ein paar kleine Fragen. Starten Sie eine gemeinsame Entdeckungsreise und lernen Sie den Menschen kennen, mit dem Sie Ihr Leben verbringen möchten. Überlegen Sie sich auch eigene, zusätzliche Fragen. Scheuen Sie sich nicht, auch heikle und schwierige Bereiche anzusprechen. Vielleicht finden Sie heraus, dass Ihre heute so selbstbewusste Frau früher einmal ein schüchternes Mauerblümchen war (und so ein Thema kann sehr abendfüllend sein).

Zum Einstieg etwas »Leichtes«

Die folgenden Fragen klären die wesentlichen Dinge und haben drei verschiedene Zwecke.

Erstens: So albern Ihnen einige der Fragen scheinen mögen, so erstaunt werden Sie sein, wie wenige Menschen derart grundlegende Dinge über Ihre Partner nicht wissen. Dabei sind sie vielen Paaren sehr wichtig. Beispiel: Wie oft kommt es alle Jahre wieder wegen Geburts- und sonstiger Jahrestage zu Spannungen, weil einer von beiden sich diese Daten scheinbar nicht richtig merken kann? Und wer kennt sie nicht, die Männer, die wie aufgescheuchte Hirsche im Scheinwerferlicht durch die Dessous-Abteilungen streifen, auf der Suche nach einem Geschenk für ihre Frau? Und wie oft schenken wir unserem Partner etwas, das eigentlich wir uns wünschen? Finden Sie jetzt heraus, was sich Ihr Partner wirklich wünscht. Ich liebe Überraschungen, insbesondere solche, von denen ich weiß, dass Eric sie mir irgendwann machen wird. Aber Geschenke sind nur ein Beispiel zum Warmwerden. Es geht vielmehr darum, auch scheinbar unwichtige Details zu kennen, mit denen Sie Ihrem Partner zeigen können, dass Sie ihn wirklich verstehen.

Zweitens: Es geht darum, wieder miteinander reden zu lernen. Und auch dabei helfen Ihnen diese Fragen. Wenn Sie es nicht gewohnt sind, mit Ihrem Partner zusammen tiefer gehende Dinge zu erörtern, Gefühle beispielsweise oder Ängste, werden Sie eine kleine Aufwärmphase brauchen, um sich vorzutasten. Diese Fragen helfen Ihnen, eine solide Kommunikationsbasis zu schaffen.

Und drittens: All die Fragen in dieser Gebrauchsanleitung sind lediglich ein Anfang, um die Gespräche in Gang zu bringen. Wenn Sie Ihren Partner zum Beispiel fragen: »He, hattest du eigentlich mal einen Spitznamen?«, erfahren Sie garantiert mehr als nur den Spitznamen. Sie erfahren vielleicht, ob er damit glücklich war oder sich eher gehänselt fühlte und ihn deswegen gar nicht mehr hören will. Dieses Wissen kann zu wahren Aha-Erlebnissen führen, denn was Sie früher als bescheuerte Macke an ihm abgetan haben, können Sie sich nun erklären. Ein schnödes Urteil kann in wahres Mitgefühl verwandelt werden, wenn man einander wirklich versteht.

Die folgenden Fragen werden Ihre Zunge lockern und Gespräche in Gang setzen. Nachdem Sie eine von ihnen gestellt haben, versuchen Sie, eine weitere anzuschließen, um eine möglichst differenzierte Antwort zu bekommen. In welche Richtung Sie das Gespräch lenken wollen, liegt ganz an Ihnen. Jede noch so dämlich scheinende Frage kann zu einem tieferen Verständnis führen, und zwar in einer Weise, wie Sie es niemals geahnt hätten.

1. Was ist deine Lieblingsfarbe?
2. Was ist deine Lieblingsblume?
3. Was ist dein Lieblingsessen?

4. Was schmeckt dir überhaupt nicht?
5. In welchen Klamotten fühlst du dich am wohlsten? Was ziehst du gar nicht gerne an?
6. Wenn du dir etwas Gutes tun möchtest, was machst du dann?
7. Wenn du mal abschalten willst: Welche Veranstaltungen besuchst du gerne? Was unternimmst du gerne?
8. Kannst du mir etwas über dich erzählen, was ich noch nicht weiß?
9. Hattest du als Kind einen Spitznamen? Darf ich den verwenden?
10. Welche Düfte magst du? Welche gar nicht? Welche Erinnerungen verknüpfst du damit?

Verstehen, woher man kommt

Wir sind uns nicht immer bewusst darüber, inwieweit unsere Kindheit, Familienerfahrungen und bisherigen Liebesbeziehungen daran mitwirken, wie wir heute mit Druck, Stress, Konflikten und festen Bindungen umgehen. Nehmen Sie sich ein paar Minuten Zeit, um Ihre Vergangenheit sowie die Ihres Partners zu erkunden. Überlegen Sie, weiter nachzuhaken, beispielsweise so: »Wie hast du dich dabei gefühlt?«, »Kannst du mir mehr erzählen?«, »Wie war das für dich?«. Für gewöhnlich steht hinter jeder Frage eine ganze Geschichte.

1. Wer war als Kind dein/e beste/r Freund/in?
2. Wie ging man in deiner Familie mit schmerzhaften Themen oder Ereignissen um? Hat man offen darüber gesprochen? Wurden sie unter den Teppich gekehrt und so getan, als gäbe es sie gar nicht oder als wären sie nicht der Rede wert? Inwiefern prägt und beeinflusst der damalige Umgang mit Problemen deine Lebensführung heute?
3. Welche Rolle hattest du damals in deiner Familie? Warst du das Lieblingskind? Der brave Junge/das brave Mädchen? Warst du ein lebhaftes Kind? Das schwarze Schaf? Der Schlichter, der Vermittler? Hat man dich gehätschelt oder eher ignoriert? Viel gefoppt oder viel gelobt? Beeinflusst die Rolle von damals dein Verhalten von heute?
4. An wen konntest du dich wenden, wenn du Zuspruch brauchtest? Gab es jemanden, wenn es darauf ankam?
5. Wie wurde in deinem Elternhaus Liebe zum Ausdruck gebracht? Gab es viele Umarmungen? Viele Küsse? Gab es viel Lob?
6. Wie wurde in deinem Elternhaus Wut zum Ausdruck gebracht? Gab es viel Schreierei, viele hässliche Flüche? Gab es leise Spannungen? Wurden Wutgefühle unterdrückt oder ignoriert?
7. Was passierte, wenn du etwas Tolles geschafft hattest, eine Eins geschrieben oder ein Siegtor geschossen hast? Hat man dich gelobt? Dich mit Aufmerksamkeit

überschüttet? Dir etwas geschenkt? Oder wurde deine Leistung ignoriert? Waren deine Eltern nicht wirklich beeindruckt?
8. Was passierte, wenn du dir Ärger eingebrockt hattest? Wie sahen Bestrafungen aus?
9. Hatte irgendwer in deiner Familie Alkohol- oder Drogenprobleme? Oder war jemand kauf- oder spielsüchtig? Gab es Depressionen oder Selbstmorde? Wurde über diese Probleme gesprochen? Welchen Umgang mit Familiengeheimnissen hat man von dir erwartet?
10. Welchen Druck hast du vonseiten deiner Eltern gespürt? Welchen Zwängen warst du ausgesetzt? Musstest du bestimmte Dinge tun, dich auf bestimmte Art verhalten, anders sein, als du von Natur aus warst?

Liebe und Zärtlichkeit zeigen

Wie man Gefühle zeigt und Liebe zum Ausdruck bringt, lernen wir gewöhnlich in unserer frühen Kindheit am Beispiel unserer Eltern. Wer in einem Elternhaus aufgewachsen ist, in dem körperliche Nähe, Umarmungen und Küsse selbstverständlich waren, dem fällt es später meist sehr leicht, Liebe auszudrücken und Nähe zu zeigen. Wer dagegen ohne viel körperliche Nähe und Wärme aufgewachsen ist, tut sich später meist schwer, zärtliche Gefühle zu äußern. Die Liebe aber lebt vom Geben und Nehmen. Umso wichtiger ist es herauszufinden, auf welche Arten und Weisen Ihr Partner Liebe gibt und Liebe entgegennimmt. Die folgenden Fragen helfen Ihnen dabei.

1. Was muss ich tun, damit du dich von mir geliebt fühlst? Kannst du mir ein paar Beispiele nennen? Was gibt dir das Gefühl, geborgen und aufgehoben zu sein?
2. Fühlst du dich in unserer Beziehung absolut geliebt und verstanden? Wann besonders? Kannst du mir ein Beispiel nennen?
3. Was veranlasst dich dazu, die Schotten dichtzumachen, dich gänzlich zurückzuziehen? Wann fühlst du dich von mir zurückgewiesen? Wie kann ich das künftig ändern?
4. Hast du erste oder frühe Erinnerungen an das Gefühl, geliebt zu werden?
5. Gibt es Momente, in denen du Liebe zurückweist oder nicht zulässt?
6. Was macht dich glücklich? Nenne drei Dinge (keine Personen).
7. Gab es Momente, in denen du dich so glücklich fühltest, wie du es nie für möglich gehalten hättest?
8. Gab es Momente, in denen ich dir besonders zeigen konnte, dass ich dich liebe und unterstütze?
9. Gab es Momente, in denen du meine Unterstützung besonders gebraucht hast und ich an deiner Seite war?
10. Was bedeutet Liebe für dich? Hat sich deine Definition von Liebe im Laufe der Jahre oder während unserer

Beziehung geändert? Was bedeutet es für dich, jemanden zu lieben und im Gegenzug geliebt zu werden? Wie sieht das aus? Wie fühlt sich das an?

Große Erwartungen und Werte verstehen

Wie Sie unausgesprochene Annahmen in neue, nachvollziehbare Erkenntnisse wandeln, erfahren Sie hier. Sie werden überrascht sein, wie viele Paare die großen Lebensthemen unberührt liegen lassen. Ebenso erstaunt werden Sie sein, wie beruhigend das Wissen ist, auf selber Wellenlänge zu liegen – oder zumindest zu wissen, wo Sie der gleichen Meinung sind und wo nicht. In den folgenden Fragen geht es um große Lebensthemen. Nehmen Sie sich also für jede einzelne die nötige Zeit.

1. Spielte Religion und Glaube in deinem Elternhaus eine große Rolle? Inwiefern haben dich diese Glaubensvorstellungen als Kind geprägt? Inwiefern beeinflussen sie dich noch heute? Welche Werte hatten oder haben deine Eltern, welche haben deiner Meinung nach gefehlt? Und inwiefern sind sie Vorbild oder Modell für dich und deine eigene Familie heute?
2. Wie viele Kinder hast du dir mit mir vorgestellt (wenn überhaupt)? Hat sich das im Laufe unserer Beziehung geändert?

3. Magst du deinen Job? Was erwartest oder erhoffst du dir für deinen weiteren Berufsweg? Wie lange siehst du dich selbst in diesem Beruf? Würdest du dich beruflich gerne verändern?
4. Welche Pflichten unserer jeweiligen Familie gegenüber siehst du für uns als Paar beziehungsweise als Einzelner? Gibt es hier irgendwelche Grenzen? Oder anders gesagt: Was wird von dir erwartet? Wenn du zum Beispiel Urlaub hast? Wie sieht es mit finanzieller und emotionaler Unterstützung aus?
5. Wie definierst du Untreue und Betrug? Was wäre schlimmer für dich, emotionale Untreue oder eine rein körperliche Affäre? Warum?
6. Wie sollen wir Feiertage begehen? Sind einige für dich wichtiger als andere? Oder ist dir einer besonders wichtig? Wie steht es mit Jahrestagen oder Geburtstagen?
7. Wenn deine Eltern einmal alt und pflegebedürftig sind, gehst du dann davon aus, dass wir sie pflegen? Ist es dir wichtig, sie auch finanziell zu unterstützen? Willst du sie zu uns holen? Oder in einem nahegelegenen Heim unterbringen, damit wir für sie da sein können?
8. Wie viel Wir-Zeit wünschst du dir? Haben wir deiner Meinung nach eine gesunde Beziehung? Wie viel Ich-Zeit wünschst du dir? Hast du das Gefühl, du brauchst mehr Freiraum?
9. Eine vielleicht schwierige Frage, aber wie denkst du über das Älterwerden? Wie wird es später sein? Wie

werden wir unseren Lebensabend verbringen? In einem Altenheim? Oder zu Hause bis zum Schluss?
10. Gibt es Unternehmen, Produkte oder Geschäfte, die du aus moralischen, politischen oder humanitären Gründen boykottieren willst? Und gibt es Unternehmen, Initiativen oder Gruppen, die du gerne unterstützen oder für die du dich (oder auch als Paar oder Familie) gerne engagieren möchtest?

Mit schmerzhaften Erinnerungen umgehen

Respektieren Sie die Grenzen Ihres Partners. Wenn er nicht bereit ist, die folgenden Fragen zu beantworten, so ist das vollkommen in Ordnung. Er muss sich einlassen und offen sein, seine Ängste zu erforschen, die mit diesen Fragen an die Oberfläche kommen können. Drängen Sie ihn nicht, denn damit haben Sie nichts gewonnen. Indem Sie seine Grenzen respektieren, stärken Sie Ihr Band mehr, als wenn Sie auf Antworten beharren. Wenn Sie eine schmerzhafte Wunde aufdecken, die geheilt werden muss, fragen Sie behutsam weiter: »Was kann ich tun? Wie kann ich dir helfen?«

1. Bevor wir uns kennenlernten, was war dein schlimmstes Date?
2. Was war das schmerzlichste Erlebnis, das du je hattest?

3. Hat dich schon mal jemand bloßgestellt? Willst du mir davon erzählen?
4. Trägst du heute noch irgendwelche alten Schamgefühle mit dir herum? Gibt es irgendetwas, für das du dich schämst?
5. Gibt es Dinge, die du in jungen Jahren getan hast, die du im Rückblick lieber anders gemacht hättest?
6. War irgendjemand früher grausam zu dir? Wurdest du als Kind oder Erwachsener gemobbt? Willst du mir davon erzählen? Geht es dir heute noch nach?
7. Jeder Mensch tut Dinge, die ihm später unangenehm oder peinlich sind. Hat dich irgendwer einmal in Verlegenheit gebracht oder blamiert?
8. Gibt es Entscheidungen oder Handlungen aus deiner Vergangenheit, die du im Nachhinein bereust? Kannst du mir eine Sache nennen? Wenn du die Zeit zurückdrehen könntest, was würdest du anders machen? Welchen Ratschlag würdest du deinem jüngeren Ich geben?
9. Gibt es Dinge, die du früher nicht ändern konntest und mit denen du heute noch zu kämpfen hast?
10. Hatte jemand in deiner Familie oder auch einer deiner früheren Beziehungspartner Alkohol- oder Drogenprobleme, ein gestörtes Essverhalten oder sonstige psychische Störungen? Wie wurde damit umgegangen (wenn überhaupt)? In welcher Weise hat dich das beeinflusst? Was denkst du, beeinflusst es dich noch heute?

Die gemeinsame Zukunft betrachten

Es sind nicht nur die Dinge, die Sie erleben und erfahren, welche Sie zu dem Menschen machen, der Sie sind; es sind auch die Dinge, die Sie sich für die Zukunft erträumen. Ihre Hoffnungen, Ihre Wünsche, Ihre Tagträume sind ein wichtiger Teil von Ihnen, und auch Ihr Partner har Hoffnungen und Wünsche. Es mag zunächst ungewohnt sein, sich mit ihm darüber auszutauschen. Aber mit etwas Kreativität lassen sich einige Träume durchaus erfüllen. Sie können Ihrem Partner vielleicht kein Traumhaus bauen, aber für den nächsten Urlaub eines mieten. Lernen Sie, Ihre gemeinsame Zukunft zu träumen!

1. Male dir deinen Traumurlaub aus (Geld spielt keine Rolle), wo bist du, und warum gerade dort? Bist du am Meer? In den Wäldern? An einem einsamen, stillen Ort? Oder mitten im Trubel? Bist du mit einer Gruppe unterwegs? Oder nur zu zweit mit mir?
2. Wo auf der Welt und wie würdest du gerne wohnen? Wie würde dein Haus aussehen? Eine Blockhütte tief im Wald? Eine Villa in Italien? Oder wäre es genau das Haus, in dem wir beide heute wohnen?
3. Wenn Geld keine Rolle spielte, was würdest du tun und warum? Eine Traumkarriere starten? Dich sozial engagieren? Wenn ja, wofür? Für das örtliche Tierheim oder

eine karitative Einrichtung? Oder würdest du einfach in den Tag hineinleben?
4. Wo siehst du uns (und dich) in einem Jahr? In fünf Jahren? In zehn Jahren? Wenn wir in Rente sind? Wie stellst du dir unseren gemeinsamen Lebensabend vor? Was können wir heute tun, um darauf hinzuarbeiten?
5. Wenn du irgendetwas in unserem Leben ändern könntest – was wäre es?
6. Wenn du drei Wünsche frei hättest, was würdest du dir wünschen und warum?
7. Wenn Geld, Zeit und Umstände keine Hindernisse wären, wie würdest du die kommenden sechs Monate verbringen?
8. Wenn du eine Sache an uns als Paar ändern könntest, was wäre es? Wenn ich den Zauberstab schwingen und – Simsalabim! – unsere Beziehung traumhaft schön zaubern könnte, wie würde sie aussehen? Wie würde sie sich anfühlen?
9. Gibt es irgendetwas, wie zum Beispiel Ansichten, Verhaltensweisen oder sonst irgendetwas, das deine oder meine Potenziale einschränkt, oder auch unsere Beziehungspotenziale? Hast du irgendwelche Ideen, wie man diese Einschränkungen lösen könnte?
10. Was können wir künftig tun, um unsere Beziehung stärker zu machen? Was könnten wir für *uns* tun? Was fällt dir dazu ein?

Dankbarkeit zeigen

Im Laufe der Zeit werden die Dinge, die Sie an Ihrem Partner einst so liebten (seine Ruhe und Klarheit in Stresssituationen, seine Spontaneität oder Abenteuerlust), oft zu den größten Konfliktauslösern. Doch ablehnende Gedanken sind der sichere Einstieg in eine Negativspirale. Kultivieren Sie stattdessen eine innere Haltung der Dankbarkeit gegenüber Ihrem Partner, denn Dankbarkeit zu zeigen, ist weit mehr als nur Respekt und Wertschätzung zu bekunden. Ihr Gehirn wird quasi umgeschult, Ihr Denken neu organisiert. Ihre Aufmerksamkeit wird so mehr auf das Positive gerichtet. Entwickeln Sie ein Gespür für die guten Aspekte Ihrer Beziehung, und sie bekommt eine ganz neue Dynamik.

Am besten gelingt dies, indem Sie Erinnerungen teilen, »die das Herz erwärmen«, wie mein Vater zu sagen pflegte. Es ist immer erstaunlich, wie sich Paare durch einen Ausflug in gemeinsam erlebte Zeiten plötzlich wieder emotional öffnen können und große, erhebende Gefühle wieder neu erwachen. Doch nicht nur für Paare, auch für Familien mit Kindern ist es ein schöner Zeitvertreib, wenn Sie zusammen im Auto oder um den Esstisch sitzen. Kinder lieben es, Geschichten zu hören und beispielsweise zu erfahren, wie ihre Eltern sich kennengelernt haben.

1. Was war dein erster Eindruck von mir?
2. Erinnerst du dich an alle Details bei unserem ersten Date? Wer hat wen gefragt? Was hast du angehabt? Lief alles so wie geplant?
3. Erinnerst du dich an eine besonders lustige Begebenheit bei unserem ersten Date?
4. Wann hast du gemerkt, dass du den Rest deines Lebens mit mir verbringen möchtest? Hast du es gleich gewusst? Oder erst später?
5. Erinnerst du dich noch, wie du mir den Heiratsantrag gemacht hast (bzw. ich dir; bzw. wie wir uns füreinander entschieden haben)?
6. Was waren die glücklichsten Momente für dich in den letzten fünf Jahren? Im letzten Jahr? In den letzten sechs Monaten?
7. Was muss ich tun, damit du dich von mir geliebt fühlst? Was kann ich noch dafür tun?
8. Bei unserem ersten Date: Was hat dir besonders an mir gefallen?
9. Hast du Erinnerungen, die dir auch für schwierige Zeiten in unserer Beziehung Kraft geben?
10. Was findest du an mir einzigartig oder auch komisch (im positiven Sinne)?

Über Sex und Lust sprechen

Es kann ewig her scheinen. Für viele Paare, die ich in meiner Praxis erlebe, ist Sex ein Riesenproblem: Gewiss, sie tun sich schwer, darüber zu sprechen, es beschäftigt sie aber mehr, als sie zugeben. Und ist man erst raus aus der Übung, findet man nur schwer wieder hinein – so wie mit allem. Die gute Nachricht ist: Sex kann man genauso wenig verlernen wie Fahrradfahren. Einmal wieder angefangen, kann er seinen Platz in Ihrem Leben wiederfinden. Um das Thema wieder in den Vordergrund zu rücken, können Sie über Vorlieben und Abneigungen sprechen, ebenso über Wünsche und Bedürfnisse. Bei vielen Paaren wird so die Lust wieder geweckt, oder sie bekommen wenigstens das Gefühl, dass es wieder klappen könnte! Beginnen Sie mit den folgenden Fragen:

1. Wann hattest du die erste sexuelle Erfahrung, und mit wem? Kannst du sie beschreiben? War es schön? Nicht schön? Lustig? Komisch? Peinlich? Wie hat diese erste Erfahrung dein weiteres Sex- und Liebesleben geprägt?
2. Was findest du an mir besonders sexy? Was macht dich besonders an? Wenn ich etwas Bestimmtes tue, trage oder sage?
3. Gibt es Körperstellen, die du an dir nicht magst oder für die du dich genierst? (... eine super Gelegenheit, sich

mit dem Körper des Partners liebevoll und zärtlich zu beschäftigen).

4. Was macht dich besonders heiß? Welche Art Vorspiel magst du am liebsten? Was ist deine Lieblingsstellung beim Sex?
5. Was turnt dich ab? (das können Kleinigkeiten sein wie morgendlicher Mundgeruch oder Zähneputzen vor dem Partner; oder echte Lustkiller wie zum Beispiel ein zu kurzes oder gar kein Vorspiel). Seien Sie offen und ehrlich miteinander.
6. Hast du sexuelle Fantasien? Welche? Gibt es etwas, das du ausprobieren möchtest? Gleich jetzt? Heute Nacht? Am Wochenende?
7. Wann hattest du den besten Sex deines Lebens?
8. Hattest du schon einmal schlechten Sex? Wie war das?
9. Mit dem Älterwerden verändert sich auch der Sex. Wie ist das bei dir? Haben sich deine Vorlieben und Abneigungen gewandelt?
10. Hast du sexuelle Ängste? (Das können emotionale Ängste sein, wie zum Beispiel, dass Ihr Partner das sexuelle Interesse an Ihnen verliert, oder körperliche Ängste, wie zum Beispiel, dass Sie impotent werden könnten, dass Sie zunehmen, dass Ihr Körper nie mehr so sein wird wie vor den Geburten Ihrer Kinder ... – eine super Gelegenheit, Ihre/n Liebste/n mit einer eine Extraportion heilsamer Nähe zu verwöhnen!)

Drei schnelle Tipps für neuen Schwung in der Beziehung

Wenn Sie an Ihre Beziehung denken, fühlen Sie sich hoffnungslos oder irgendwie ambivalent? Oder haben Sie sich derart auseinandergelebt, dass Sie quasi getrennt voneinander ein eigenes Leben führen? Oder haben Sie so gar keine Idee, wie Sie es anstellen können, gemeinsam mit Ihrem Partner das Feuer in Ihrer Beziehung neu zu entfachen? Dann sind diese drei Tipps goldrichtig. Schritt für Schritt werden Sie die Veränderung spüren. Und wenn Sie beide das Gefühl haben, wieder offen füreinander zu sein, blättern Sie zurück zur »Gebrauchsanleitung für eine glückliche Partnerschaft«.

1. Schenken Sie ihm/ihr eine tägliche Dosis Dankbarkeit.
Wie wäre es, wenn Sie anfangen, ein Dankbarkeits-Tagebuch zu führen? Überlegen Sie mindestens drei Dinge, für die Sie Ihrem Partner dankbar sind, die Sie an ihm bewundern oder schätzen. Bedanken Sie sich jeden Tag mit einem lieben Wort bei Ihrem Partner.

2. Fragen Sie Ihren Partner, wie sein Tag war.
Preschen Sie nicht vor, und laden Sie nicht gleich die Hochs und Tiefs Ihres eigenen Tages bei Ihrem Partner

ab. Schenken Sie ihm bereitwillig ein Ohr. Wenn er gegen Ende des Tages nach Hause kommt, geben Sie ihm etwas Zeit, bis er sich umgezogen hat und zur Ruhe gekommen ist, und fragen Sie dann: »Hattest du einen schönen Tag?«, »Wie lief es mit deinem Projekt?«, »Konntest du mit deinem Chef sprechen?« oder: »Wie lief das Telefonat mit deiner Mutter?«

3. Zeit für Zärtlichkeiten.
Jeder hat andere Bedürfnisse und Wünsche, aber wir haben alle »Haut-Hunger«, das Bedürfnis, körperlich berührt zu werden, der eine mehr, der andere weniger. Schenken Sie Ihrem Partner jeden Tag ein paar Streicheleinheiten. Ein Kuss und eine Umarmung am Morgen, bevor er zur Arbeit geht, und am Abend, wenn er nach Hause kommt. Wenn Sie sich im Laufe der Jahre fremd geworden sind, lassen Sie es langsam angehen. Auch ein sanfter Kuss auf die Stirn oder Händchenhalten im Kino kann die körperliche Verbindung wiederherstellen und Gefühle neu entfachen.

Nachwort

Nennen Sie es einen magischen Kreis oder gutes Karma, aber jeder einzelne Schritt in jeder Schreibphase dieses Buches war von einem interessanten Zufall begleitet: Von der Entwicklungsphase am Anfang bis zur letzten Woche der Abgabe fanden all die Menschen, die in irgendeiner Form an diesem Buch beteiligt waren, ihre Liebe (wieder) oder brachten ihre Beziehungen auf die nächste Ebene. In der Woche, da ich mein Manuskript verschiedenen Verlegern vorstellte, verlobte sich meine wunderbare Agentin. Der Lektor, der es schließlich einkaufte, war frisch verlobt und heiratete wenige Wochen später. Seine Nachfolgerin war ebenfalls frisch verlobt, und während ich dieses Nachwort schreibe, weilt sie gerade in den Flitterwochen, genau wie meine Agentin auch! Nennen Sie es also Fügung, Magie oder die Engel der Liebe, die dieses Buch umgeben, aber ich hoffe inständig, dass dieser Kreis des Lichts auch Sie und Ihre/n Liebste/n umgibt.

Von vielen Menschen höre ich immer wieder die gleichen Fragen – »Wie machst du das nur? Dir nach so vielen Jahren immer noch die Probleme und Qualen der Paare anzuhören?« Meine Antwort ist immer gleich. Ich beobachte, und ich höre zu. Und das setzt auch mir manchmal sehr zu. Aber die Freude und das Privileg, teilhaben zu dürfen und zu sehen, wie Paare es schaffen, ihre Welt voll Schmerz, Wut und gebrochener Herzen in eine Welt voll inniger Liebe zu verwandeln, überwiegen am Ende alle Schmerzen und Qualen, die ich mit diesen Paaren durchlebe. Und Sie waren in diesem Buch mit dabei, konnten die Prozesse der Veränderung miterleben.

Ungeachtet unserer ethnischen Zugehörigkeit, Religion, sexuellen Orientierung oder politischen Ansichten gibt es einen universalen Wunsch, eine Sehnsucht, die uns alle vereint. Die Sehnsucht nach einer dauerhaften, liebevollen und glücklichen Beziehung. Wir wollen tief in die Augen unseres Partners schauen und darin sehen, dass wir geliebt und angenommen werden, so wie wir sind, um unseres wahren Ichs willen. Die Belohnungen einer erfüllten, lebendigen Beziehung stellen all die äußeren, unbeständigen und vergänglichen Dinge, die uns umgeben, in den Schatten. Haus, Job, Geld, das alles mag zehrend und wichtig erscheinen, kann einen Menschen aber niemals vollständig machen, in einer Weise, wie nur die Liebe es vermag. Eine erfüllte Beziehung hält allen Stürmen des Lebens stand. Mit einem Partner an der Seite, der einen hält, stärkt und manchmal auch leitet, lassen sich temporäre Krisen bewältigen.

Junge, frisch verliebte Paare fragen mich oft, ob die

Leidenschaft, die sie füreinander haben, genau so bestehen bleiben wird. »Nein«, sage ich dann. »Sie wird anders, reicher und tiefer werden, und zwar so, wie es nur nach vielen gemeinsam erlebten Jahren sein kann. Und in vielerlei Hinsicht wird sie wachsen und noch bedeutender sein, als sie es jetzt ist!« Doch auf diese emotionalen Belohnungen stößt man nicht zufällig, sie lassen sich auch nicht herbeizaubern. Sie müssen reifen, und das braucht nicht nur harte Arbeit, sondern auch die Bereitschaft, die Ursachen für Konflikte immer wieder neu zu ergründen, sowie den festen Willen, aneinander zu wachsen.

Insbesondere wenn Sie aus einem Elternhaus kommen, in dem mehr Streit als Liebe herrschte, braucht es viel Mut, an die emotionalen Belohnungen einer erfüllten Beziehung zu glauben und neue Wege zu suchen. Wenn Sie eine turbulente Kindheit hatten, wünschen Sie sich für sich selbst und Ihre Familie etwas Besseres: ein Heim voller Liebe, Wärme und Lachen, in dem die Freude die unvermeidlichen Konflikte überwiegt. Als Kind konnte man sich die Eltern oder auch die Beziehung zu den Eltern nicht aussuchen. Doch das Schöne daran, erwachsen zu sein, ist, dass Sie eine zweite Chance bekommen, um die emotionale Erfüllung zu erhalten, die Ihnen als Kind verwehrt geblieben sein mag.

Doch der wahre Grund, warum ich dieses Buch geschrieben habe, ist der, dass wir unsere Suche nach einer harmonischen, glückerfüllten und dauerhaften Beziehung, die mit der Zeit immer stärker wird, viel zu schnell aufgeben. Ich weiß, dass Sie jetzt, am Ende des Buches angelangt, den Wunsch und die feste Absicht haben, sich eine solche Beziehung zu schaffen, auch wenn es manchmal zwei Schritte vor und einen zurück gehen wird. Es wird ein steiniger Weg sein, aber einer, der die Reise wert ist. Und nicht vergessen: Halten Sie stets Ausschau nach allen positiven Dingen, nach Veränderungen, achten und schätzen Sie einander und gehen Sie Konflikte gemeinsam an.

In diesem Buch steckt eine gute Absicht. Sie wissen jetzt, inwiefern negative Muster und emotionaler Ballast aus der Vergangenheit bis in Ihre heutige Beziehung hineinwirken. Doch Sie müssen diesen Ballast nicht bis in alle Zeiten mit sich tragen. Es liegt an Ihnen, sich ganz frei davon zu machen. Ich bin der festen Überzeugung, dass Sie mit Ihrem guten Willen, mit meinen Tipps aus diesem Buch und der Inspiration der Paare, die Ähnliches durchgemacht haben wie Sie jetzt, eine Beziehung schaffen können, die sich anfühlt wie der sicherste Ort auf der Welt. Ich habe erlebt, wie Paare, deren Beziehung ein einziger Scherbenhaufen war, zurück in eine solide, leidenschaftliche, dauerhafte und beneidenswert glückliche Beziehung finden. Ganz gleich, wo Sie gerade stehen – indem Sie sich Zeit nehmen, dieses Buch zu lesen und die Tipps und Werkzeuge auszuprobieren, ist der erste große Schritt in eine wunderbar strahlend neue Zukunft bereits getan.

Nachwort

Ich hoffe, dieses Buch gibt Ihnen die Hoffnung zurück, gibt Ihnen Rüstzeug an die Hand sowie die Inspiration, damit Sie an sich glauben. Sie sind mehr als nur die Summe Ihrer negativen Verhaltensweisen, und Sie sind stärker als alle Konfliktschleifen. Und Sie sind durchaus fähig, eine Beziehung zu nähren und zu leben, die von Dauer ist und hält.

Namaste!

Dank

An diesem Buch über Liebe und Partnerschaft waren viele Menschen als Geburtshelfer der Liebe beteiligt. Zunächst einmal schulde ich allen Einzelpersonen, Paaren und Familien, die mir das Privileg gewährten, mit ihnen zu arbeiten, meinen allergrößten Dank. Ihr Mut und ihre Bereitschaft bewegten mich zutiefst und haben mich mehr gelehrt, als ich in Worte fassen kann.

Ich hatte das große Glück, mich mit vielen fähigen und talentierten Lehrern und Mentoren der therapeutischen Gemeinschaft austauschen zu können, von denen einige enge Freunde wurden. Dr. Michael Solomon, Dr. Lewis Yablonsky, Dr. Ronald Alexander, Dr. med. Louann Brizendine, Virginia Satir, Dr. John Gottman, Dr. Stan Katz, Dr. Marion Solomon und die vielen Kollegen am Maple Counseling Center, wo ich ein therapeutisches Praktikum absolvierte, sie alle haben mich überaus inspiriert. Meinen Kollegen im Ortsverband Marin County der California Association of Marriage and Family Therapists gebührt mein allergrößter Respekt, sie machen mich stolz auf unseren wunderbaren Beruf. Beeinflusst haben mich vor allem die Arbeiten von Dr. med. Salvador Munuchin, Dr. med. Carl Whitaker, Dr. med. Otto F. Kernberg und Dr. med. Heinz Kohut.

Ein besonderer Dank geht an Dr. Dean Edell, einem Freund und Rollenvorbild, der mir zeigte, dass Medien auch genutzt werden können, um die Welt ein bisschen besser zu machen, und der mich lange angeschubst hatte, doch einmal »ein Buch« zu schreiben. Danken will ich auch Ronn Owens, einem treuen Freund und genialen Radiomoderator.

Dr. Jack Kornfield sowie die großartigen Lehrer von der Gemeinde Spirit Rock vermitteln mir seit zwei Jahrzehnten die Werte der Achtsamkeit, des Mitgefühls und der Dankbarkeit. *Namaste*!

Ich danke Eleanor Fields, meiner Mutter, die mich drängte, eine weniger befahrene Straße zu nehmen.

Danke sage ich auch meinen streitlustigen und fantastischen Freunden: Dr. Morgan Jensen, Bobbi Steger, Betsy Rosenberg, Dianne Fanning Flores, Vicky Livikas, Randi Braun, Sequoia Hoffstetter, Meli Cook, Debra Shelfo, Kathy Jacobson, Alyson Geller und Robin Zachary – sie alle sind immer für mich da in einem Kreis der Liebe.

Simone de Winter, Michelle Klink, Robin Gueth und Rev. Karyl Huntley haben meine Seele, meinen Körper und meinen Geist gesund erhalten, vielen Dank dafür. Katie McBride, Bibliothekarin an der Mill Valley Library, hat meine unbändige Gier nach Romanen gestillt, und

Rhys Ludlow nahm mich jederzeit in ihre treuen Hände. Ein herzliches Dankeschön geht an Rabbi Susan Lieder.

Elf Jahre lang hat Babette Perry, meine geliebte Agentin, meine Karriere begleitet, mit sehr viel Kompetenz und Sachverstand.

Harley Jane Kozak, meine beste Freundin, eine gute Mutter und brillante Autorin hat mich mit endlosen Realitäts-Checks, stundenlangen Tarot-Sitzungen und tonnenweise Zitronen aus ihrem Garten versorgt.

Und ein besonders großes, dickes Dankeschön geht an das ganze *Love Repair*-Team:

An meine Agentin bei Sterling Lord Literistic, Inc., Celeste Fine, danke für deine Kompetenz, Inspiration und dein unglaubliches Bauchgefühl. An Caitlin McDonald und John Maas, danke für eure Unterstützung und hilfreichen Vorschläge. An Garth Sundem, ein weiterer Geburtshelfer dieses Buches, der mir mit der Schlussredaktion mit Rat und Tat zur Seite stand. Danke, dein Talent wurde nur noch von deinem Enthusiasmus, deiner Kompetenz und deinem großen Können überboten.

Ein weiteres Dankeschön geht an Cara Bedick bei William Morrow, die Göttin aller Lektoren, die überaus reizend, geduldig und klug ist und die Dinge auf den Punkt bringt. Ein Riesenglücksfall. Danke, Cara.

Und schließlich danke ich meinem geliebten Eric dafür, dass er mich immer unterstützt, stets an mich glaubt und unseren wunderbaren Liebeskreis aufrechterhält –

und das schon seit 16 Jahren. ... Worte sind nicht genug. Eric, ich danke dir dafür, dass du da warst, wenn aus fünf Minuten vor dem Computer mal wieder acht Stunden wurden, wenn die Wir-Zeit mal wieder auf der Strecke blieb, wenn andere *mishegas* des Lebens mich mal wieder zu vereinnahmen drohten. Dein Mantra hat mir stets geholfen: »Du schaffst das.« Mein guter, alter Dad hatte Recht: Von allen Männern bist du der allerbeste!

Quellen

Die Studie des Gottman Institute, welche in Kapitel 1 behandelt wird, findet sich in John M. Gottmans and Robert W. Levensons Artikel »Marital Processes Predictive of Later Dissolution: Behavior, Physiology, and Health«, *Journal of Personality and Social Psychology* 63, 2 (1992), S. 221.

Die Studie, die in Kapitel 2 angesprochen wird und die darüber Auskunft gibt, wie die Konzentration auf das Positive in einer Beziehung die Struktur unseres Gehirns verändert, wird erläutert in Alice M. Isen and Thomas E. Shalker »The Effect of Feeling State on Evaluation of Positive, Neutral, and Negative Stimuli: When You ›Accentuate the Positive,‹ Do You ›Eliminate the Negative‹?«, *Social Psychology Quarterly* 45, 1 (1982), S. 58–63.

Die Forschungen von Arthur Aron et al. über die Auswirkungen des gemeinsamen Erlernens neuer Fähigkeiten mit dem Partner, die in Kapitel 3 zur Sprache kommen, werden näher behandelt in »Couples' Shared Participation in Novel and Arousing Activities and Experienced Relationship Quality«, *Journal of Personality and Social Psychology* 78, 2 (2000), S. 273.

Die Ergebnisse von Richard A. Easterlins Studie, die in Kapitel 7 vorgestellt wurden, werden diskutiert in »Will Raising the Incomes of All Increase the Happiness of All?«, *Journal of Economic Behavior & Organization* 27, 1 (1995), S. 35–47.

Register

Achtsamkeit 62 ff., 244 ff.
Affäre 101, 221, 226, 228, 233, 234, 247, 248, 268, 345
Ängste 106, 107, 156, 157, 323

Beratung, voreheliche 321
Beziehung 142, 177, 291, 292
– gesunde 290
– glückliche 67 ff.
– Identität und 140
– Rollenverhalten und 115
Beziehungskonflikt 56 ff.
Beziehungsmuster 89, 125, 211
– toxische 74
Beziehungsregeln 174
Beziehungsstreit 35 ff.

Dankbarkeit 65, 350, 354
Distanz 162, 164

Einsamkeit 73, 337
Elternschaft 317, 323
Erpressung, emotionale 310
Erwartungen 38, 39, 42, 99, 106, 108, 116, 117, 252, 344

Familie 191 f., 196, 198
Familienkonstellation 271, 278
Findungsphase 271 ff.
Fluchtgedanken 261
Frau, Mann und 45, 71, 87, 88, 168, 263

Gaslighting 223 f.
Gedankenmuster 46
Gefühle 44, 119, 342
Geschlechterrolle 299, 331
Gewalt 210, 231
Gewohnheiten 110 ff.
Grenzenaustesten 260

HEARTwork (Übungen) 121, 179, 238, 280, 325
Hoffnung 12, 38, 39, 75
Ich-Land 26, 135

Ich-Zeit 55, 140, 151, 183
Intimität 135, 137, 175

Jobverlust 306, 312

Kampf-oder-Flucht-Reaktion 44, 45, 61
Kinder 77, 108, 168, 173, 175, 210, 213, 232, 251, 266, 272, 276, 315, 344
Kommunikationsverhalten 15
Konflikt 51, 321
Konfliktschleife 16-20, 28, 34, 55
– Auseinanderleben 289 ff.
– Elternfalle 79 ff., 103
– Komm-her-geh-weg 24, 133, 136, 140, 159, 162
– Perspektive und 105
– Scham-Schuld-Spirale 187 ff., 207
– Test, Test, 1 2 3 ... 252
Körperbewusstsein 62

Liebe 40, 41, 278, 342
Liebeskreis 16 ff., 28, 43, 95
Lust 136, 352

Mann, Frau und 45, 71, 87, 88, 168, 263
Mitgefühl 147
Mut, emotionaler 70, 74, 144, 172, 174, 212, 266, 287, 288

Nähe 162, 164
Neugier 290

Partnerschaft, glückliche 333 ff.
Patchworkfamilie 271 ff., 276, 278

Quick Tipp 77, 93, 95, 106, 108, 119, 149, 162, 163, 165, 176, 177, 200, 213, 236, 258, 269, 278, 303, 304, 314

Reaktionsmuster 34, 205, 211
Respekt 189, 292
Rolle 25, 89, 104, 107, 110, 127, 196, 271, 271, 276, 313, 314, 330, 341
Rollenbild 299
Rollenerwartung 192
Rollenklischee 331

Rollentausch 303, 304
Rollenverhalten 115
Rollenverständnis 329, 331

Scham 225, 231, 232
– gesunde 225 f., 235, 248
– toxische 232 f.
Scheidungsrate 41
Schuldgefühl 225, 232
Schutzmechanismus 21, 24
Schwarzer-Peter-Spiel 189, 207
Seitensprung 145, 223, 226, 227, 236, 247
– totale Transparenz und 228, 235, 237, 248
– Vertrauensvorschuss und 249
– Verzeihen und 250
Selbstbild 160
Selbstwert 211
Sex 167 ff., 352
Streit 23, 33, 58
– als Chance 15
Streitmuster 13, 16, 21, 28, 29

Traumata 36
Trennung 11, 48, 261

Untreue 236

Veränderungen 25, 114, 170, 290, 291, 305, 321, 324, 328, 329, 359
Verantwortung 86, 87, 188, 189
Vergangenheit 36, 146, 148, 359
Verhaltensmuster 34, 137
Verhaltensweisen, reaktive 72 f.
Verstehen, einsichtsvolles 257
Vertrauen 221, 251

Wenn-Dann-Spiel 49, 50, 95, 167 ff.
Wertschätzung 37, 71, 292, 350
Wir-Zeit 55, 151, 184
Wut 187 ff., 204, 205, 207, 209 ff., 213, 242 ff.

Zärtlichkeit 78, 175, 342, 355
Zorn 21, 55, 61, 74, 78, 188, 204 f., 207, 212 f., 217, 221
Zuhören 200 f.